패턴사 산잉의
인형옷 패턴 수업

DOLLS
CLOTHING MAKE

일러두기

1. 이 책에 수록된 패턴은 16인치(약 40cm) 베이비돌 기준으로 만들어졌습니다. 인형에 따라 길이와 둘레는 조절이 필요할 수 있습니다. 다른 사이즈의 인형을 가지고 있다면 30~33쪽을 참고하여 직접 원형 패턴을 만든 다음 응용해보세요.
2. 모든 만들기 과정은 손바느질과 재봉틀 사용이 둘 다 가능합니다.
3. 패턴에 수록된 치수 중 숫자의 단위가 따로 나오지 않은 것은 모두 센티미터(cm)가 기준입니다. 예를 들어 0.5라고 표기된 경우 0.5cm를 뜻합니다.
4. 책에 수록된 30가지 패턴은 원형 패턴을 활용하는 대표적인 예시입니다. 패턴 제도에는 정답이 없으니 원하는 디자인을 구상하고 원형 패턴을 마음껏 활용하며 본인만의 스타일을 만들어가세요.
5. 이 책에 수록된 30가지 아이템은 모두 레이어드하거나 코디하기 좋게 밸런스를 맞췄어요. 마음에 드는 상의와 하의를 골라서 만들며 나만의 스타일로 코디해보세요.
6. 맞춤법 및 외래어 표기는 기본적으로 국립국어원 표기법을 따랐습니다. 그러나 패턴이나 재봉 전문용어나 관용적인 표현, 통일성이 중요한 표현은 독자의 이해도를 높이기 위해 기존 표기법 대신 많은 사람들이 사용하는 형태로 실었습니다.

기초부터 잡아주는 베이비돌 패턴&재봉 교과서

패턴사 샨잉의
인형옷 패턴 수업

패턴 디자이너 샨잉 지음

PROLOGUE

입히고 꾸미는 인형 놀이의 즐거움,
아기자기한 옷과 소품으로
더 버라이어티하게 느껴보세요!

인형 놀이를 즐기는 여러분, 반갑습니다!
인형옷에 푹 빠진 패턴사 샨잉이에요.
그저 인형이 좋아서 옷을 만들었을 뿐인데
그 내용을 묶어 책으로 내게 되다니 뿌듯하면서도 조금 쑥스럽네요.

저는 하나의 옷을 완성하기까지의 과정 중
가장 중요한 단계가 바로 패턴을 만드는 부분이라고 생각했어요.
패턴 제도는 2차원의 그림을 3차원으로 구현하는 첫 단계거든요.
말하자면 막연하기만 하던 상상 속 디자인을
실제 현실로 끌어오는 과정이라고 할 수 있어요.
그래서 그 일을 오래도록 사랑해왔답니다.
베이비돌 옷을 만들면서도 원형 패턴부터 시작해서
밤늦도록 가봉에 수정에 재가봉까지…… 사람 옷만큼 정성을 들이곤 했지요.

패턴을 몰랐던 시절, 저도 제대로 예쁜 옷을 만들어보고 싶다는 욕구가 늘 있었어요.
분명 상상 속에서는 멋진 옷이었는데
막상 만들면 원하는 디자인대로 나오지 않아 속상할 때도 많았죠.
그때의 마음을 떠올리며 블로그에 인형옷 만들기 포스팅을 조금씩 올려왔어요.
같은 취미를 가진 분들과 직접 소통하며 도움을 드리고 싶었답니다.
누가 시킨 것은 아니었지만, 저의 작은 지식을 나눌 때마다
많은 분들께 감사 인사도 받고 이렇게 책까지 내게 되었으니
저의 '덕질'은 성공한 셈이네요~!

"고작 인형옷 하나 만드는데 패턴까지 알아야 하나?"라고 생각하실 수도 있어요.
물론 패턴의 모든 것을 자세하게 알 필요는 전혀 없답니다.
하지만 패턴의 기초를 알아두면 원하는 디자인의 옷을 내 손으로 직접 만들 수 있어요!
인형놀이를 하는 사람이라면 누구나 '나만의 인형'을 꾸미고 싶은 로망이 있잖아요.
패턴 수업은 그 로망에 한 발짝 다가서게 도와줄 거예요.

인형옷을 만들기 시작해서 책이 만들어지기까지 정말 많은 일들이 있었어요.
직장도 바꿨고, 이사도 했지요. 하지만 그중 가장 멋진 사건은
책 작업과 함께 임신과 출산 과정을 겪었다는 거랍니다.
태교로 배냇저고리를 만들어야 할 시기, 인형옷과 씨름하던 저에게
싫은 소리 한마디 없이 곁에서 응원해준 남편,
그리고 건강하게 태어나준 우리 꾸미에게 이 책을 바칩니다.

2017년 11월

패턴 디자이너 샨잉

CONTENTS

PROLOGUE : 4

READY
패턴 제도를 시작하기 전에

인형옷을 만들 때 필요한 준비물 : 12

인형옷 패턴 제도에 쓰이는 제도 약자 : 13

인형옷 패턴 제도에 쓰이는 부호 : 14

FASHION LOOK BOOK : 15

CHAPTER 1
BASIC LESSON
패턴 기본기 다지기

PART 1
원형 패턴 만들기 [몸판·팬츠·소매] : 30

PART 2
하의 패턴의 기초 : 34

 스커트

 **BASIC** 기본스커트 : 35

 1 A라인스커트 : 38

 2 플레어스커트 : 41

 3 개더스커트 : 45

 4 플리츠스커트 : 48

 5 턱스커트 : 52

 팬츠

 1 와이드팬츠 : 56

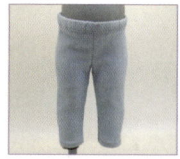 2 스키니팬츠 : 59

 3 반바지 : 62

PART 3
상의 패턴의 기초 :65

 칼라

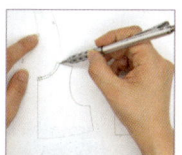
BASIC 칼라
:66

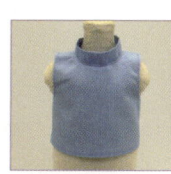
1 스탠드칼라
:68

2 플랫칼라
:70

3 셔츠칼라
:74

4 리본칼라
:78

5 후드
:80

 소매

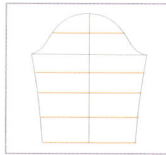
BASIC 소매
:86

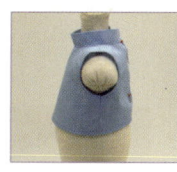
1 민소매
:88

2 셔링소매
:89

3 돌먼소매
:94

4 드롭소매
:98

5 래글런소매
:103

CHAPTER 2
STEP UP LESSON
실전! 패턴 워크

PART 4
스타일리시 베이비돌 패션 : 110

 스커트

1 턱스커트
: 111

2 테니스스커트
: 113

3 셔링스커트
: 115

4 프릴스커트
: 118

 팬츠

1 블루머
: 121

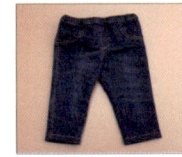
2 스키니진
: 123

3 핫팬츠
: 126

4 오버올
: 129

 상의

1 래글런티셔츠
: 134

2 맨투맨
: 137

3 베스트
: 140

4 턱소매블라우스
: 143

5 셔츠
: 146

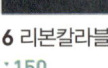
6 리본칼라블라우스
: 150

7 오프숄더블라우스
: 154

8 플랫칼라블라우스
: 157

원피스

1 세일러칼라원피스
:161

2 로웨이스트원피스
:165

3 롱원피스
:169

4 오버올원피스
:173

5 스탠드칼라원피스
:176

재킷&코트

1 데님재킷
:180

2 투버튼재킷
:185

3 레인코트
:190

4 래글런코트
:193

5 트렌치코트
:197

소품

1 양말
:202

2 크로스백
:204

3 보닛
:206

4 에이프런
:208

실물 도안 :210

READY

패턴 제도를
시작하기 전에

인형옷을 만들 때 필요한 준비물

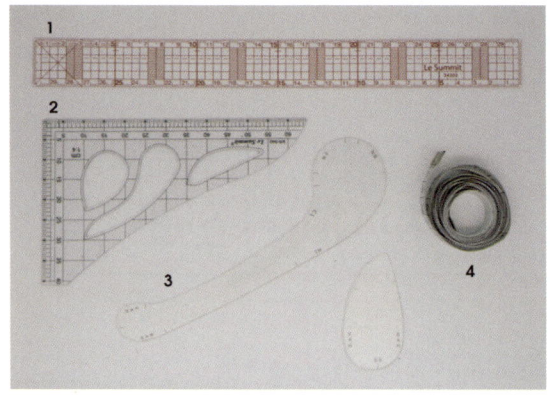

1 **그레이딩자** 가로세로 모눈이 있는 직선용 자로 평행선, 직각선, 시접선 등을 그릴 때 사용한다.
2 **삼각자(축도자)** 안쪽에 모양자가 있는 삼각자를 사용하여 곡선자 대용으로 사용한다.
3 **곡선자** 목둘레선, 진동둘레선 등 패턴의 다양한 곡선을 그릴 때 사용한다.
4 **줄자** 패턴의 곡선길이를 재거나 인형의 신체 사이즈를 잴 때 사용한다.

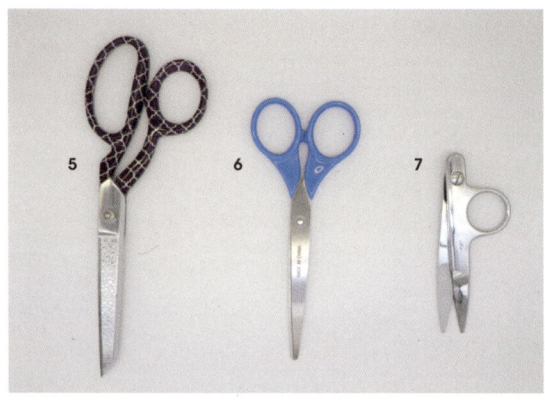

5 **재단가위** 원단을 자르는 가위. 종이를 자르지 않아야 오래 사용할 수 있다.
6 **종이가위** 패턴을 자르는 가위.
7 **쪽가위** 실을 자르거나 박음질이 잘못된 부분을 뜯을 때 쓴다.

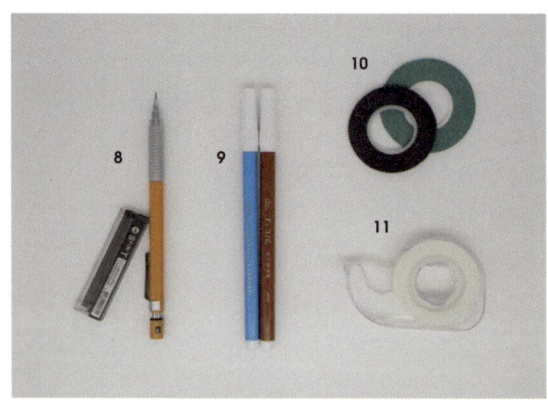

8 **샤프** 제도 전용 샤프. 0.5mm(HB, H) 심을 사용한다.
9 **초크펜** 원단에 패턴을 옮길 때 사용한다. 물이 닿거나 열을 가하면 지워지는 것이 좋다.
10 **라인테이프** 인형 원형을 만들거나 가봉한 원단 위에 라인을 그릴 때 쓴다.
11 **반투명 테이프** 테이프 위에 연필이 그어지므로 패턴을 그리거나 수정할 때 유용하게 사용할 수 있다.

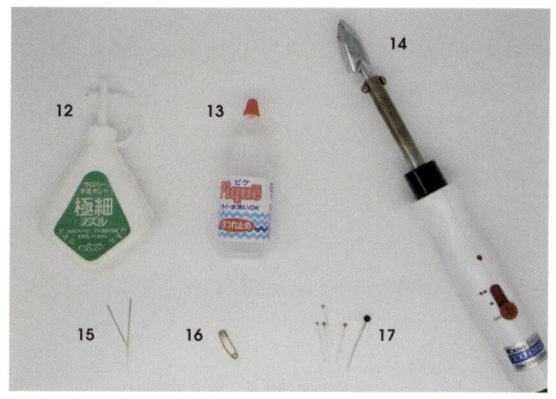

12 **패브릭 본드** 원단을 임시 고정하거나 간단한 바느질을 대체할 때 사용한다.

13 **올풀림방지액** 원단의 가장자리가 풀어지는 것을 방지한다. 원단 오버로크 대용으로 쓴다.

14 **미니 다리미** 인형옷의 시접을 가르거나 다릴 때 유용하다.

15 **바늘** 손바느질할 때 사용한다. 원단 두께에 따라 호수를 바꿔가며 쓴다.

16 **옷핀** 고무줄이나 끈을 통과시킬 때 사용한다.

17 **시침핀** 박음질 전 임시 고정용으로 사용한다.

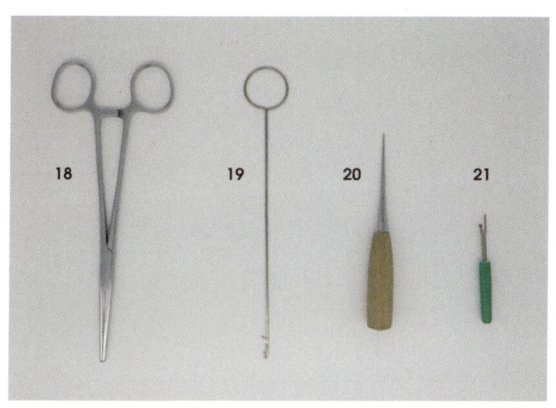

18 **겸자** 봉제된 원단의 폭이 좁거나 깊어 손으로 뒤집기 어려울 때 쓴다.

19 **뒤집개** 가는 끈을 뒤집을 때 사용한다. 끝을 걸어서 겉으로 뒤집으면 된다.

20 **송곳** 박을 때 원단을 눌러주거나, 옷을 뒤집은 후 모서리를 정리할 때 사용한다.

21 **실뜯개** 박음질이 잘못 되었을 때 실을 뜯는 용도로 사용한다.

인형옷 패턴 제도에 쓰이는 제도 약자

F(front)	앞판	WL(waist line)	허리둘레선
B(back)	뒤판	BL(bust line)	가슴둘레선
CF(center front)	앞중심	HL(hip line)	엉덩이둘레선
CB(center back)	뒤중심	SNP(side neck point)	목옆점
SS(side seam)	옆선	SP(shoulder point)	어깨끝점

인형옷 패턴 제도에 쓰이는 부호

1	식서		원단의 세로 방향. 식서 방향으로 재단하면 옷이 잘 늘어나지 않는다.
2	바이어스		원단의 45도 방향. 이렇게 재단하면 옷감이 사방으로 잘 늘어난다.
3	골선		원단을 접은 선. 패턴이 좌우대칭일 경우 절반만 제도하고 중앙에 골선을 그린다.
4	턱		접는 주름. 주름을 접는 방향에 따라 기호가 달라진다. 사선 윗부분의 옆면이 겉으로 나오는 부분이다.
5	다트		입체감을 살리기 위해 불필요한 여유를 없애고 접어 박는 위치를 표시한다.
6	선의 교차		제도 시 겹치는 부위에 사용한다.
7	등분		선을 같은 길이로 나눌 때 표시한다.
8	직각		직각으로 제도할 때 표시한다.
9	늘림		원단을 늘려 박는 부위에 사용한다.
10	오그림 (잔주름)		소매의 오그림분이나 잔주름을 표시한다.

FASHION
LOOK BOOK

HOW TO MAKE
리본칼라블라우스 p.150
핫팬츠 p.126
턱소매블라우스 p.143
오버올원피스 p.173

HOW TO MAKE
로웨이스트원피스 p.165

HOW TO MAKE

셔츠 p.146

투버튼재킷 p.185

테니스스커트 p.113

HOW TO MAKE
플랫칼라블라우스 p.157
크로스백 p.204

HOW TO MAKE
래글런티셔츠 p.134

HOW TO MAKE
스탠드칼라원피스 p.176

HOW TO MAKE

세일러칼라원피스 p.161
오프숄더블라우스 p.154
핫팬츠 p.126

HOW TO MAKE

턱소매블라우스 p.143
스키니진 p.123

HOW TO MAKE

래글런코트 p.193

투버튼재킷 p.185

트렌치코트 p.197

HOW TO MAKE
플랫칼라블라우스 p.157
베스트 p.140
턱스커트 p.111

HOW TO MAKE
맨투맨 p.137
스키니진 p.123

HOW TO MAKE
데님재킷 p.180

HOW TO MAKE
양말 p.202

HOW TO MAKE
턱소매블라우스 p.143
블루머 p.121
로웨이스트원피스 p.165

CHAPTER 1

BASIC LESSON

패턴 기본기 다지기

PART 1
원형 패턴 만들기
[몸판·팬츠·소매]

준비물 비닐랩, 투명테이프, 라인테이프

⁑ 원형 패턴 만들기

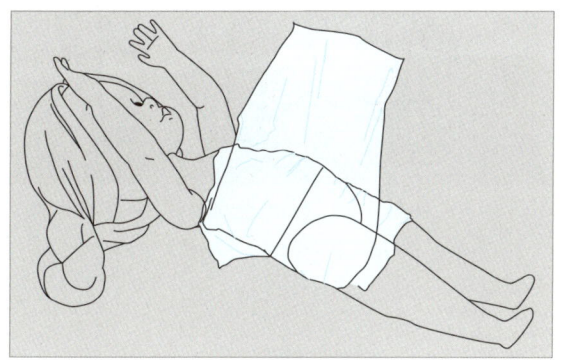

1 인형의 몸통, 다리, 팔을 각각 랩으로 감는다. 두세 번 돌려 빈틈없이 감고 투명테이프로 한 번 더 감아 고정한다.

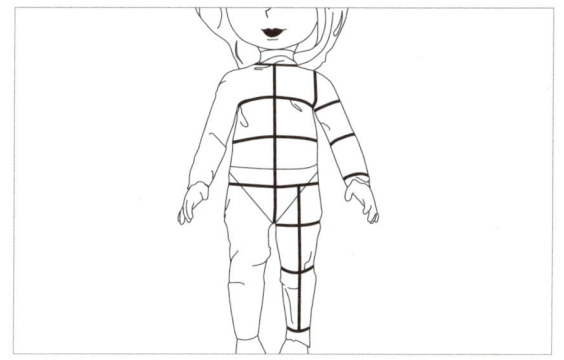

2 라인테이프로 몸의 부위를 구분하는 기준선을 붙인다.
　길이 기준선 – 앞중심, 뒤중심, 바지중심, 소매중심, 옆선
　둘레 기준선 – 목, 가슴, 허리(배), 엉덩이, 허벅지, 무릎, 발목, 진동, 소매통, 팔꿈치, 손목

원형 패턴 기준선 자리

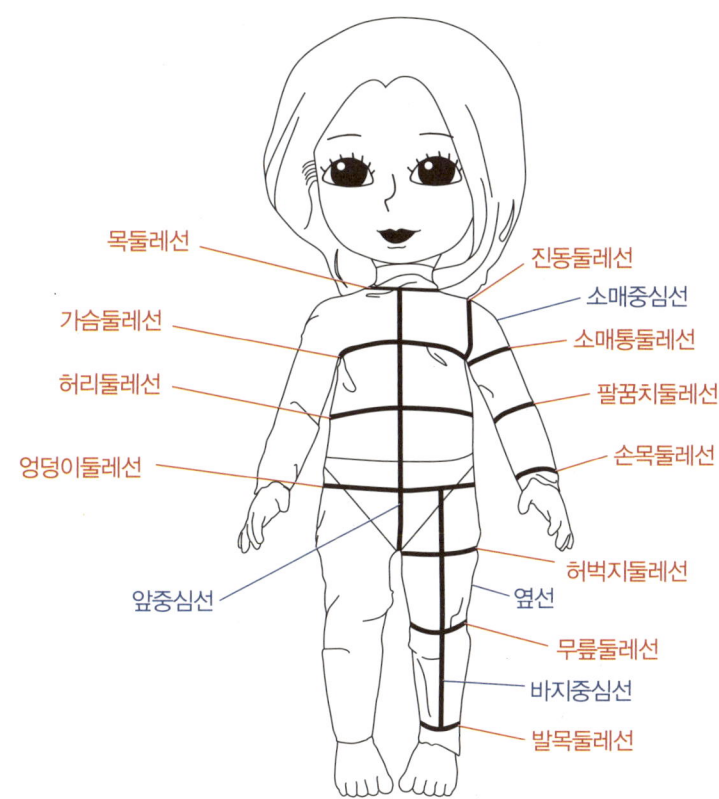

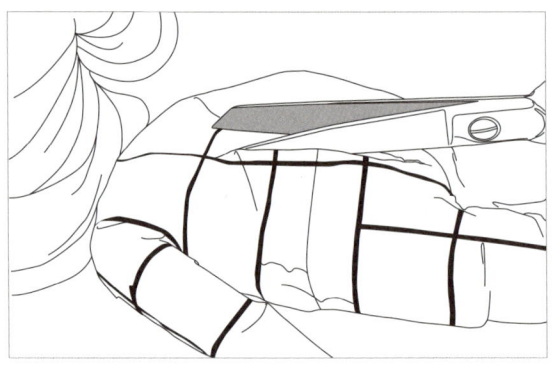

3 랩으로 감싼 본을 몸통의 앞뒤, 팔, 다리로 나누어 자른다. 앞중심과 뒤중심을 잘라 반으로 가르고, 배둘레선을 잘라 위와 아래를 구분한다.

4 상의의 앞판과 뒤판, 하의의 앞판, 뒤판, 소매의 본을 떼어 낸 모습.

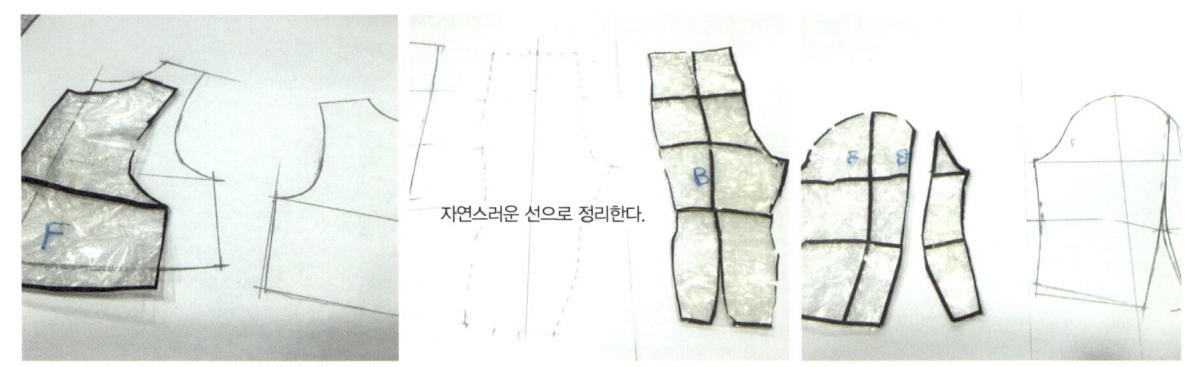

자연스러운 선으로 정리한다.

5 가위집을 내어 입체적인 부분을 평평하게 만든 다음 종이 위에 대고 자연스러운 곡선으로 베낀다.

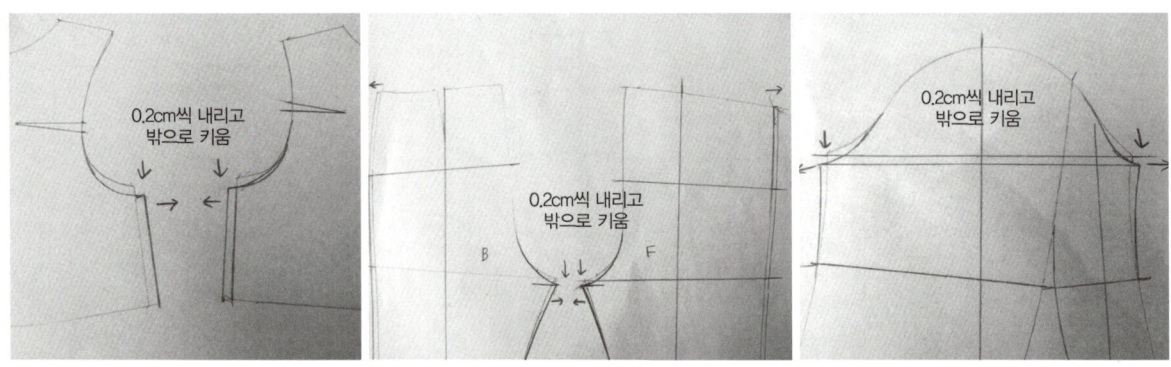

6 0.2cm씩 여유분을 넣고 어깨선, 옆선, 상의와 하의의 길이 등을 맞추어 다듬는다. 진동둘레와 소매산에는 길이가 같은 점들을 표시한다.

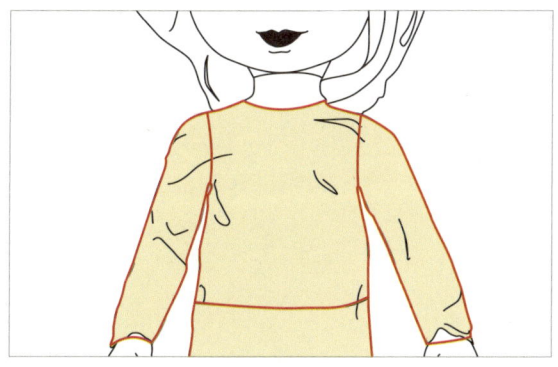

7 가봉하여 입혀보고 보정할 부분을 찾아 패턴을 수정한다.

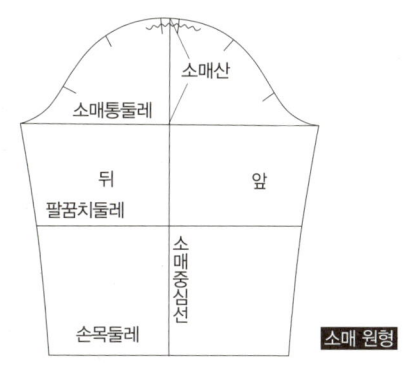

8 몸판, 소매, 팬츠 원형 완성!

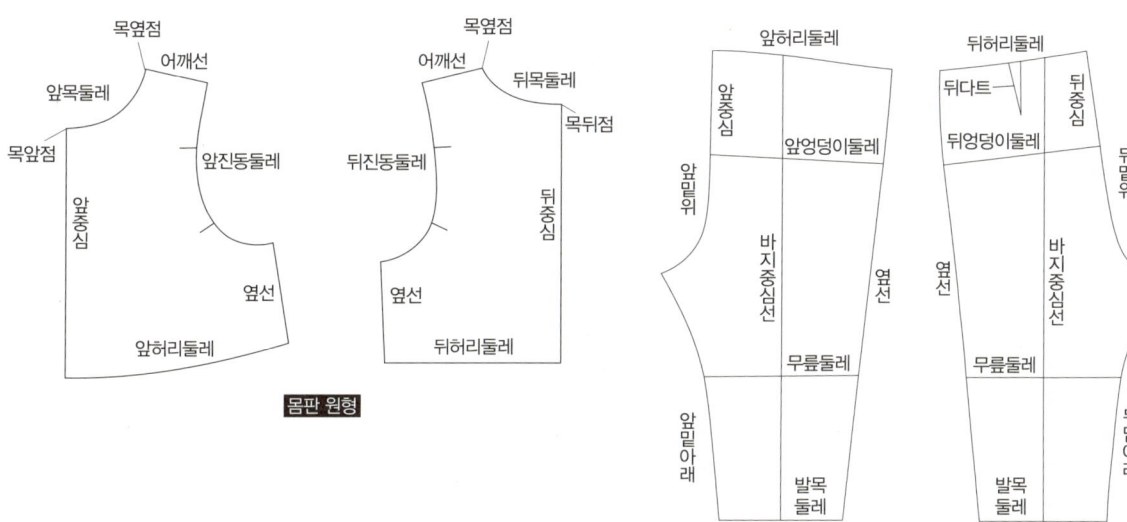

PART 2
하의 패턴의 기초

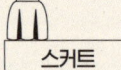 스커트 — **BASIC** 기본스커트
1 A라인스커트
2 플레어스커트
3 개더스커트
4 턱스커트
5 플리츠스커트

 팬츠 — 1 와이드팬츠
2 스키니팬츠
3 반바지

SKIRT

BASIC
기본스커트

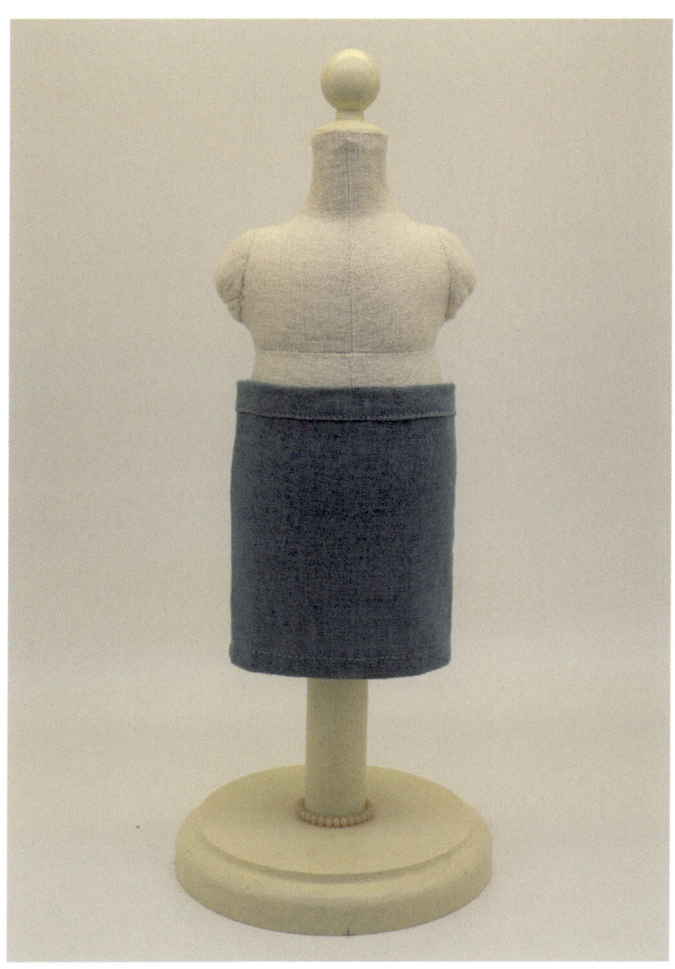

굴곡 없이 일자로 떨어지는 스커트.
타이트(tight)스커트라고도 부른다.

BASIC LESSON

PATTERN MAKING

팬츠 원형 패턴을 이용하여 기본스커트를 제도한다. 스커트 제도에 필요한 치수인 앞허리둘레, 뒤허리둘레, 엉덩이길이를 팬츠 원형 패턴에서 줄자를 세워 측정한다.

$$\frac{앞허리둘레}{2} = 6.8cm$$

$$\frac{뒤허리둘레}{2} = 5.2cm$$

엉덩이길이 = 3.6cm

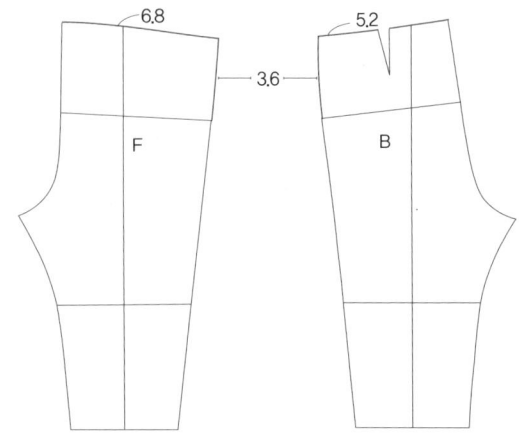

HOW TO MAKE

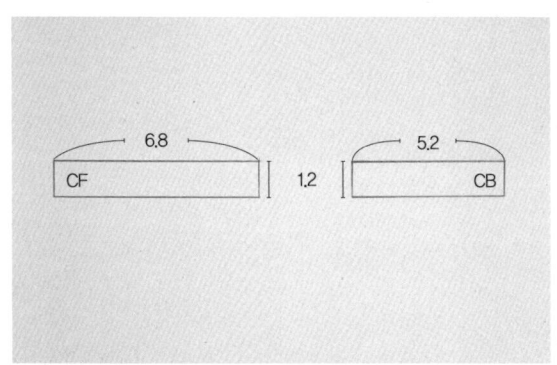

1 앞허리둘레/2(6.8cm), 뒤허리둘레/2(5.2cm)의 길이로 1.2cm 폭의 허리밴드 앞판과 뒤판을 그린다.

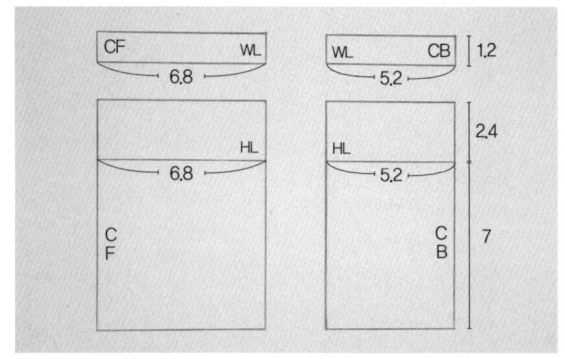

2 허리밴드와 같은 폭의 스커트 앞판과 뒤판을 그린다. 전체 엉덩이길이(3.6cm)에서 허리밴드 폭(1.2cm)을 뺀 2.4cm 만큼 아래로 내려 엉덩이둘레선을 그리고 엉덩이둘레선에서 7cm 내려서 무릎을 살짝 덮는 스커트 길이를 잡는다.

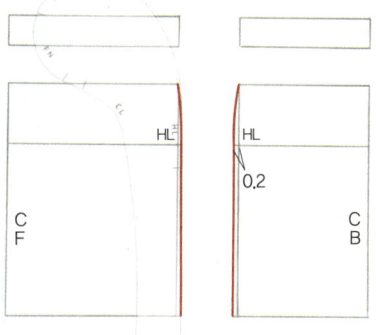

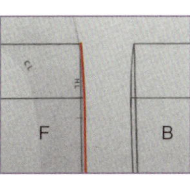

3 앞뒤 패턴의 엉덩이둘레선을 옆선 바깥쪽으로 각 0.2cm씩 연장하고, 엉덩이둘레선 아래는 수직선으로, 위는 자연스러운 곡선으로 그린다. 0.2cm씩 4곳에 여유분을 두어 인형의 몸보다 약 0.8cm 정도의 여유가 있다.

4 가봉해서 인형에 입혀보니 옆선이 조금 뒤로 치우친다. 몸통에서부터 옆선을 잡았는데 배가 나온 인형의 특성 때문에 하의 옆선이 뒤로 치우쳐 보인다. 자연스러운 옆선의 위치를 찾아 이동한다. 여기서는 앞쪽으로 0.6cm 옮겼더니 적절한 옆선 위치가 나왔다.

> **TIP** 눈에 크게 거슬리지 않는다면 옆선이 맞지 않는 채로 옷을 만들어도 괜찮아요. 하지만 어느 각도에서 찍어도 '사진발'이 잘 받는 옷을 만들려면 아무래도 옆선이 딱 떨어지는 게 좋답니다.

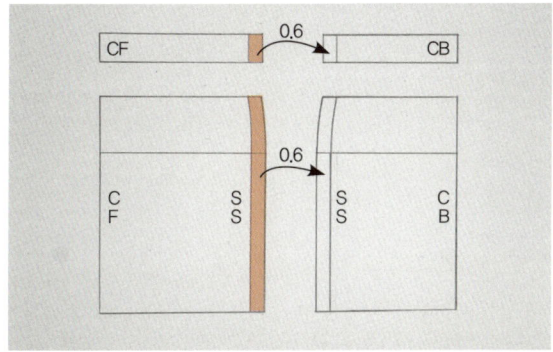

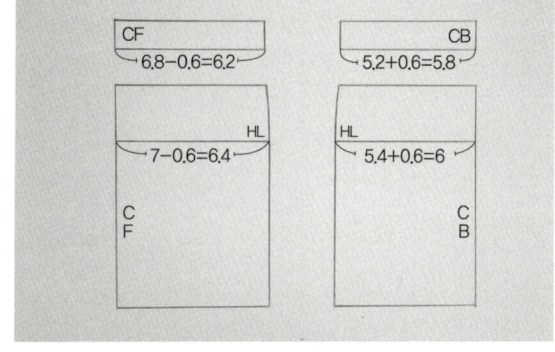

5 앞판의 옆선은 0.6cm 안쪽으로 옮기고 뒤판의 옆선은 0.6cm 바깥쪽으로 옮긴다. 옮긴 길이만큼 앞판은 줄어들고 뒤판은 늘어난다.

6 옆선 0.6cm 이동 후 패턴의 부위별 치수는
앞허리둘레/2 = 6.2cm, 뒤허리둘레/2 = 5.8cm
앞엉덩이둘레/2 = 6.4cm, 뒤엉덩이둘레/2 = 6cm가 된다.

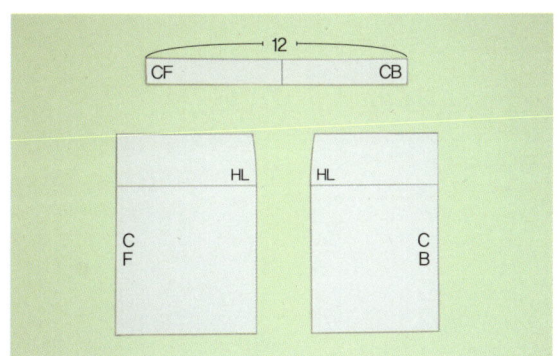

7 허리밴드 패턴은 앞뒤를 붙여 한 장으로 완성한다.

SKIRT

01
A라인스커트

엉덩이선부터 알파벳 A자 모양으로 퍼지는 스커트.
살짝만 퍼지는 것은 세미(semi)A라인이라 부르기도 한다.
기본스커트 패턴을 이용하여 A라인스커트를 제도한다.

 BASIC LESSON

HOW TO MAKE

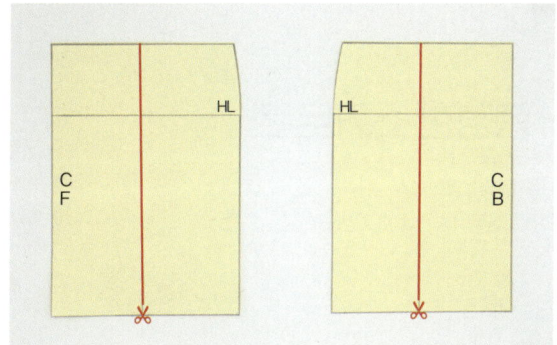

1 기본스커트 패턴에 절개선을 넣는다. 여기서는 엉덩이둘레 가운데에 넣었다.

2 절개선을 자르고 밑단을 0.8cm 정도 벌려서 새 종이에 옮겨 그린다. 엉덩이둘레선 위치도 꼭 표시한다.

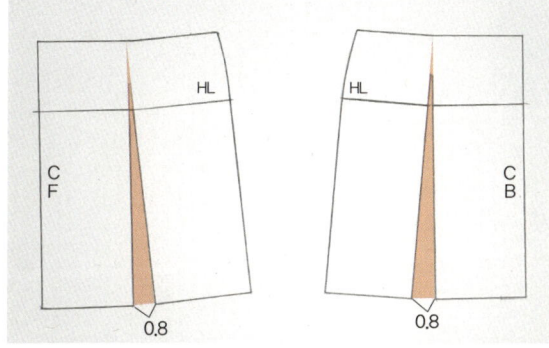

3 뒤판도 같은 방법으로 절개선을 자르고 0.8cm 벌려 새로운 패턴을 그린다.

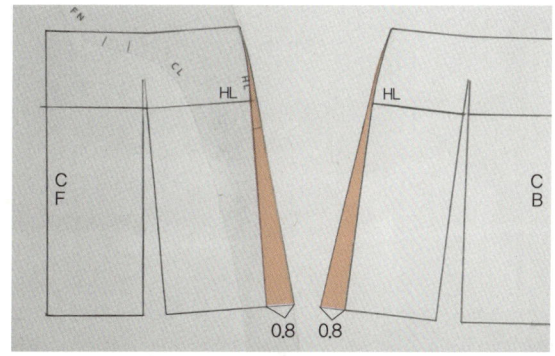

4 옆선에서도 퍼지는 부분이 있어야 자연스러운 A라인이 된다. 가운데 벌린 정도와 같거나 작은 폭으로 넓힌다. 엉덩이둘레선 위는 곡선자를 이용하여 살짝 곡선으로 그리고, 엉덩이둘레선 아래는 직선으로 그린다.

> **TIP** 옆선을 늘리는 폭에 따라 옆선 변형 시작 위치가 달라져요. 밑단을 많이 벌린다면 허리둘레선부터 옆선을 변형해야 하지만, 적게 벌린다면 엉덩이둘레선에서 변형을 시작해도 됩니다. 패턴이 너무 각지지만 않으면 괜찮아요.

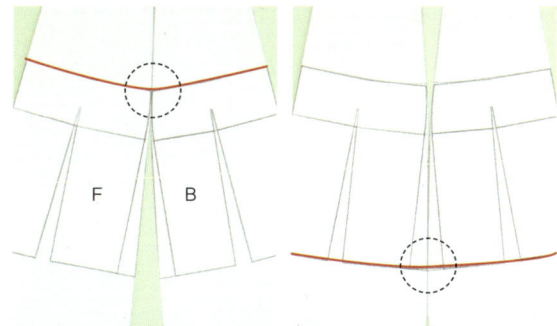

5 옆선과 중심선만 먼저 잘라낸 다음 앞뒤판의 허리선이 이어지게 놓고 자연스러운 곡선이 되도록 곡선자로 수정한다. 같은 방법으로 밑단도 앞뒤판이 이어지게 놓고 곡선으로 수정한다.

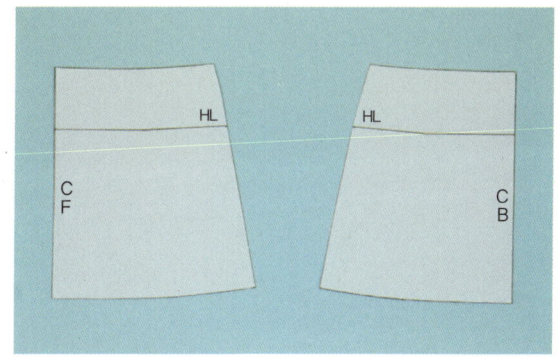

6 완성된 패턴의 모습.

A라인의 폭을 조정해 더 풍성한 스커트로!

좀 더 풍성한 A라인스커트를 만들고 싶다면 가운데 절개선과 옆선에서 퍼지는 분량을 넓힌다.
절개선의 개수를 늘리고 퍼지는 정도를 넓히면 플레어스커트에 가까워진다.

퍼지는 분량을 1.5cm으로 넓힌 A라인스커트.

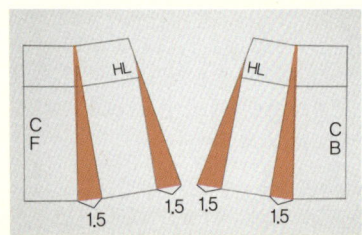

1 절개선과 옆선에서 1.5cm씩 넓힌다. 퍼지는 분량이 커지면 굳이 곡선으로 그릴 필요 없이 허리둘레선 끝에서 직선으로 그리면 된다.

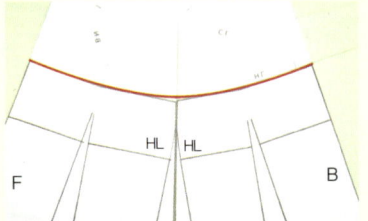

2 스커트의 허리선과 밑단을 자연스러운 곡선으로 수정한다. 퍼지는 정도가 커질수록 패턴의 변형이 심해지므로 자연스럽게 수정하도록 한다.

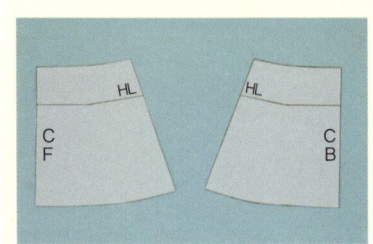

3 완성된 패턴의 모습.

SKIRT

02
플레어스커트

A라인보다 더 풍성하게 퍼진 스커트를 플레어(flare)스커트,
혹은 써큘러(circular)스커트라고 한다.
퍼지는 각도에 따라 90도, 180도, 360도 스커트로 다양하게 디자인할 수 있다.
180도 스커트와 360도 스커트를 제도해서 비교해보자.

180도 플레어스커트

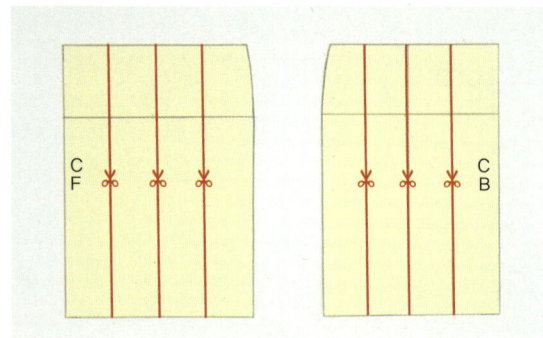

1 플레어스커트는 넓히는 부분이 많아서 절개선의 수가 많을수록 자연스럽게 퍼진다. 기본 스커트 패턴 앞뒤판을 엉덩이둘레선 기준으로 4등분하여 절개선을 넣는다.

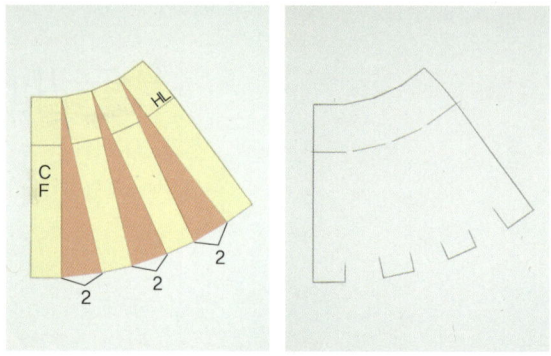

2 절개선을 자른 다음 새 종이에 2cm씩 벌려서 대고 외곽선을 베껴 그린다.

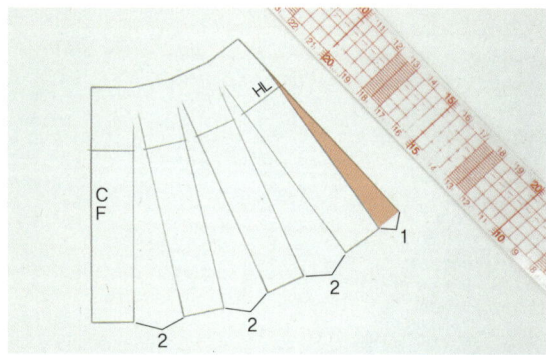

3 옆선은 절개선에서 키운 양과 같거나 작은 폭으로 넓히는 게 자연스럽다. 옆선에서 과도하게 넓히면 옆으로 뻗치는 디자인의 스커트가 되니 주의한다. 허리선 끝에서 밑단까지 직선으로 그리면 된다.

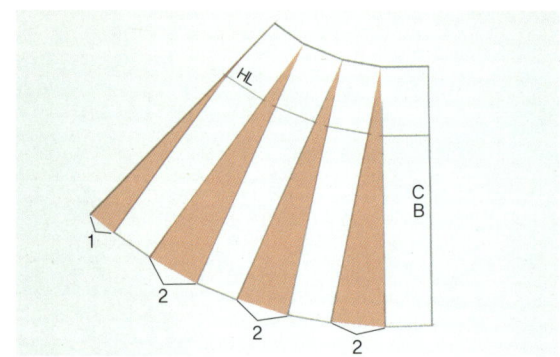

4 뒤판도 앞판과 같은 치수로 넓힌다.

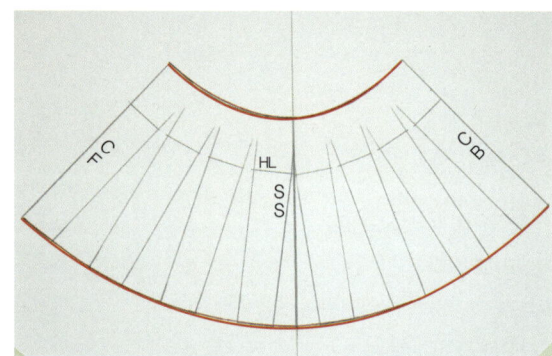

5 옆선을 잘라서 앞뒤판을 맞붙이고 곡선자로 각진 부분을 자연스러운 곡선으로 수정한다.

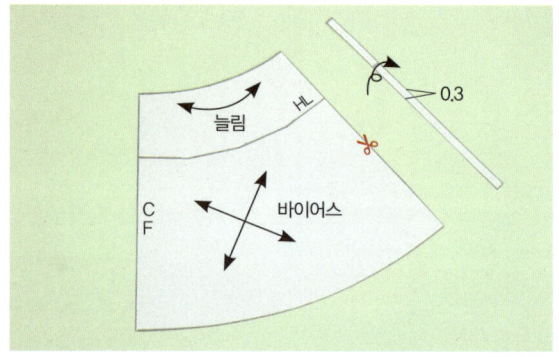

6 바이어스방향을 표시한다. 허리둘레선이 곡선으로 변형되어서 허리밴드와 연결할 때 늘어날 수 있는데 늘어날 분량을 패턴에서 미리 없애면 깔끔하게 연결된다. 앞뒤판 각각 옆선에서 0.2~0.3cm 폭을 잘라낸다.

> **TIP** 바이어스방향으로 원단을 재단해야 안정감 있고 자연스럽게 너울지는 플레어스커트가 돼요. 바이어스방향은 식서방향보다 신축성이 있고 부드러운 성질이 있답니다. 원단이 얇고 부드러운 경우라면 식서방향으로 재단해도 괜찮아요.

풍성한 360도 플레어스커트

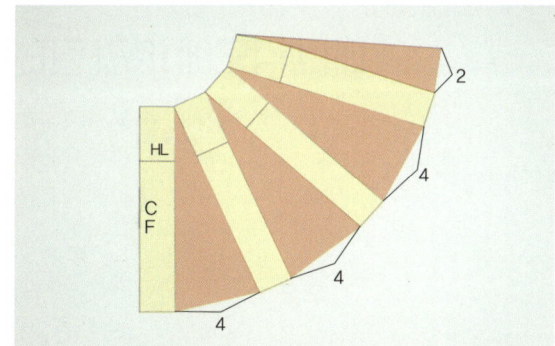

1-1 3개의 절개선에서 4cm씩 넓히고 옆선에서 2cm 넓힌다.

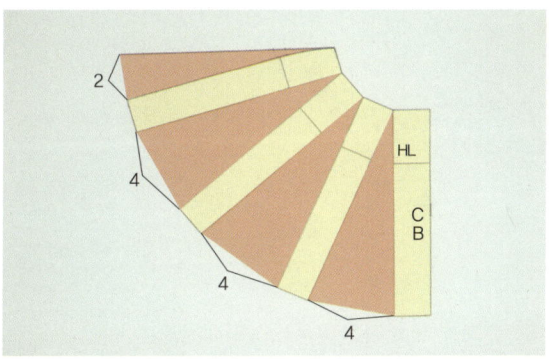

1-2

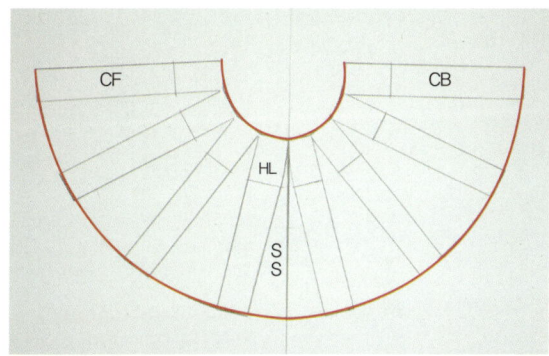

2 각진 허리둘레선과 밑단을 자연스러운 곡선으로 수정한다.

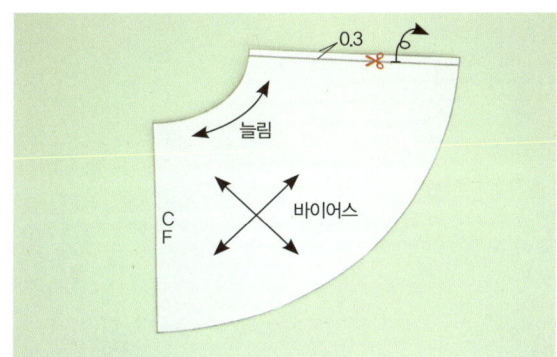

3 바이어스방향을 표시하고 봉제할 때 늘어날 것에 대비해 옆선에서 0.3cm를 미리 잘라낸다.

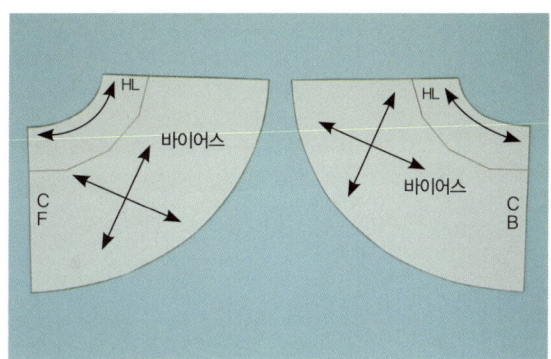

4 완성된 패턴의 모습.

패턴 각도에 따라 달라지는 플레어스커트 실루엣

플레어스커트는 퍼지는 각도에 따라 다양한 디자인이 가능하다.
여러 각도의 패턴을 만들어 디자인 감각을 익히는 것이 좋다.

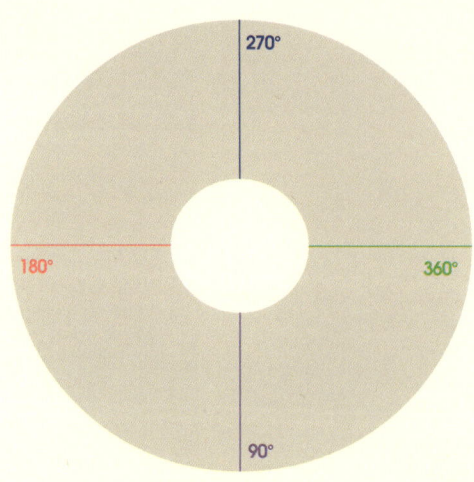

03
개더스커트

원단을 오그려 폭이 좁은 장식 주름을 만든 스커트를 셔링(shirring)스커트 또는 개더(gather)스커트라고 한다.
기본스커트나 A라인스커트 패턴에서 앞뒤판의 중심에 주름 분량을 추가하여 만들 수 있다.
패턴에 주름을 많이 넣을 때에는 내부에 절개선을 넣고 주름 분량을 나누어 넣어야 자연스럽다.
주름을 스커트의 1.5배, 2배, 3배 등으로 조절하여 다양하게 디자인할 수 있고
위쪽의 잔주름 양과 아래 너울지는 폭에 따라 느낌이 다른 스커트가 된다.
개더스커트를 인형 옷으로 만들 때는 재단과 봉제가 간단하도록 앞뒤판을 합쳐서 직사각형의 패턴으로 만든다.

BASIC LESSON

HOW TO MAKE

정식 제도 - 주름 분량과 너울 분량이 같은 개더스커트

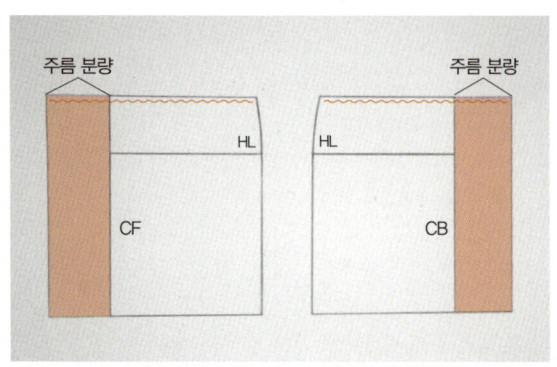 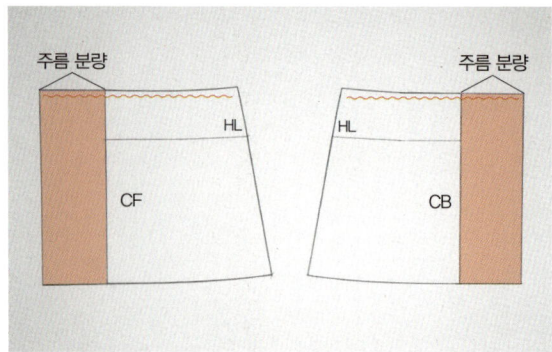

1 기본스커트나 A라인스커트 패턴에 주름 분량을 더하여 제도한다.
주름이 많아 엉덩이둘레가 충분히 크기 때문에 따로 엉덩이 여유를 잡을 필요가 없다.

정식 제도 - 주름 분량보다 너울 분량이 많은 개더스커트

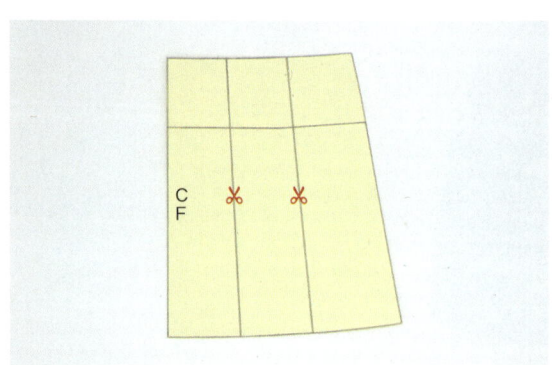 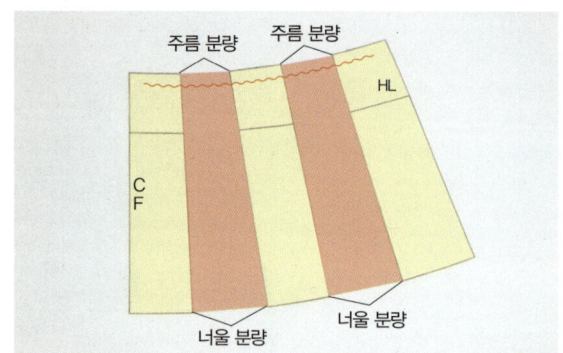

1 A라인스커트 패턴에 절개선을 넣은 다음 사이사이에 주름 분량을 나누어 넣는다.
위의 주름 분량과 아래의 너울지는 정도에 따라 각기 다른 형태의 스커트가 된다.

인형용 간단 제도 개더스커트

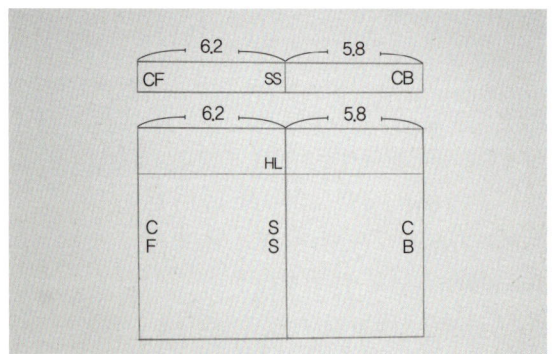

1 스커트의 허리밴드와 같은 폭의 앞판과 뒤판을 붙여 한 장의 패턴을 만든다. 주름이 많으므로 따로 엉덩이 여유분을 잡지 않는다.

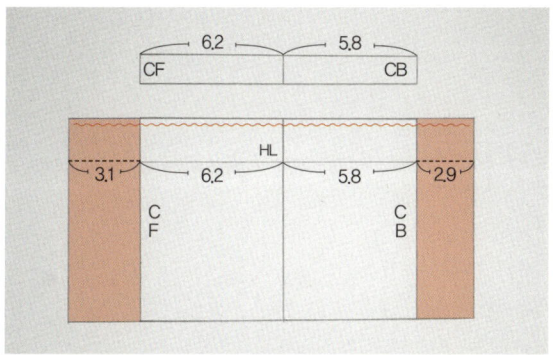 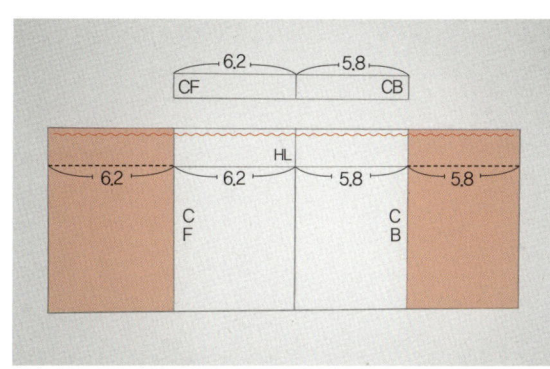

2 원하는 주름 분량을 앞판과 뒤판에 골고루 배치한다. 주름 1.5배 패턴을 만들려면 앞판 옆에 앞판의 절반인 3.1cm, 뒤판 옆에 뒤판의 절반인 2.9cm의 주름 분량을 각각 추가한다. 12cm인 스커트 폭에 6cm 주름을 추가해 18cm 폭의 1.5배 패턴이 된다.

주름 2배 패턴을 만들려면 앞판 6.2cm와 뒤판 5.8cm만큼의 주름을 각각 추가한다. 12cm인 스커트 폭에 12cm 주름을 더 넣으므로 24cm 폭의 2배 패턴이 된다.

SKIRT

04
플리츠스커트

스커트에 길게 접은 주름(pleat)을 잡은 스커트이다.
한쪽 방향으로만 접어 주름을 잡은 외주름, 마주보게 접은 맞주름 스커트가 있다.
기본스커트나 A라인스커트 패턴을 이용해서 제도한다.

 BASIC LESSON

기본스커트 응용 - 외주름 플리츠스커트

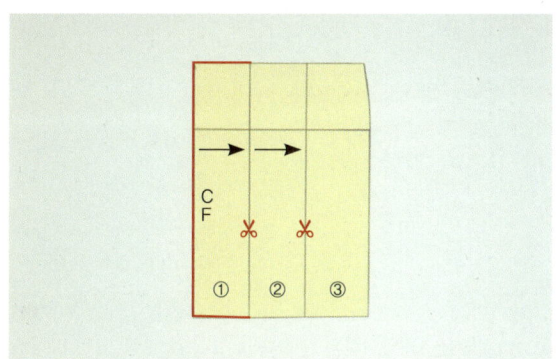

1 기본스커트에 원하는 위치와 개수에 따라 주름선을 그린다. 접는 방향도 함께 표기한 다음 새 종이에 ①번 절개부부터 베껴 그린다.

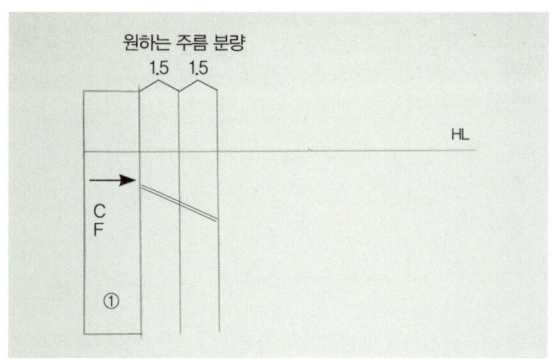

2 원하는 주름 분량만큼 엉덩이둘레선(HL)을 늘여 그린다. 외주름 1개당 2칸의 주름속을 그리고, 주름 접는 방향을 사선으로 표시한다.

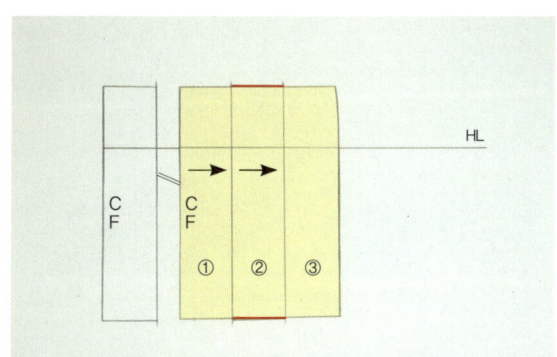

3 같은 방법으로 ②번 절개부와 주름속을 그리고, 주름 접는 방향을 표시한다.

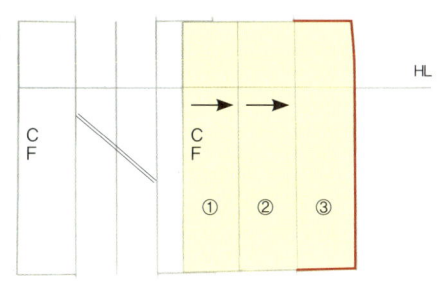

4 마지막으로 ③번 절개부를 그린다.

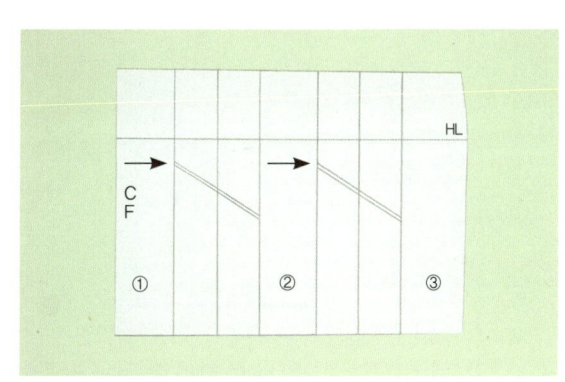

5 완성된 패턴의 모습.

A라인스커트 응용 - 맞주름 플리츠스커트

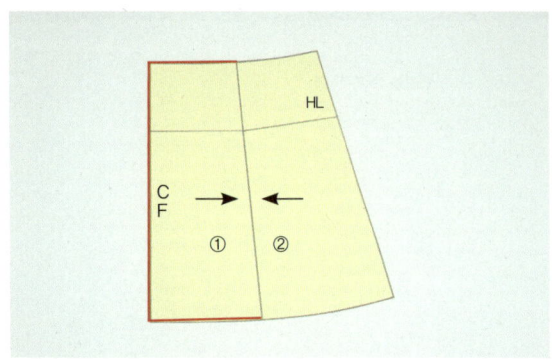

1 A라인스커트 패턴에 주름선을 넣고 절개한다. 새 종이에 ①번 절개부의 외곽선을 따라 그린다.

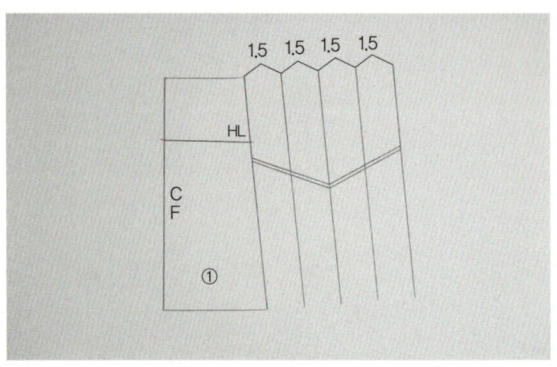

2 맞주름 1개당 4칸의 주름속을 그리고, 주름 접는 방향을 사선으로 표시한다.

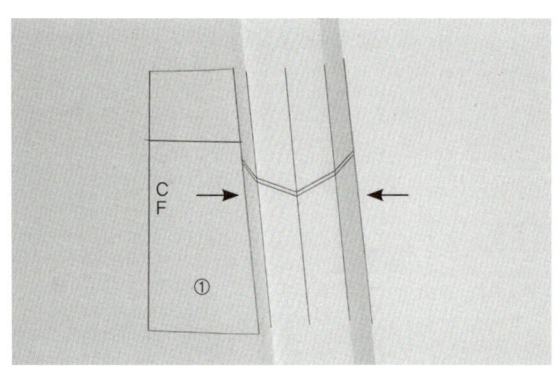

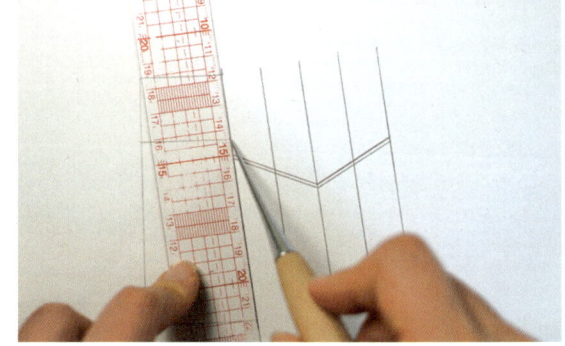

3 접는 선대로 주름을 접는다. 엉덩이둘레선이 일직선이 아니므로 맞주름은 주름을 접어가며 그리는 것이 좋다.

TIP 주름을 접을 때 송곳으로 그어 자국을 내서 접으면 깔끔하게 접혀요.

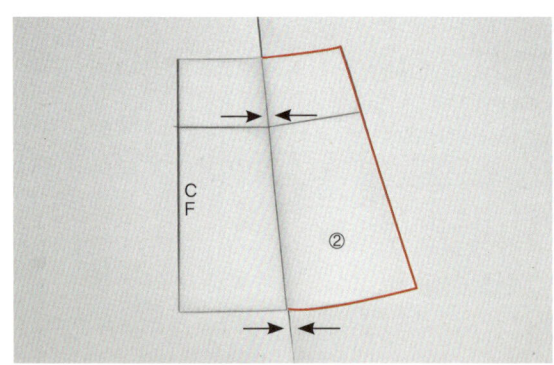

4 주름을 접은 상태에서 ②번 절개부의 외곽을 대고 그린다.

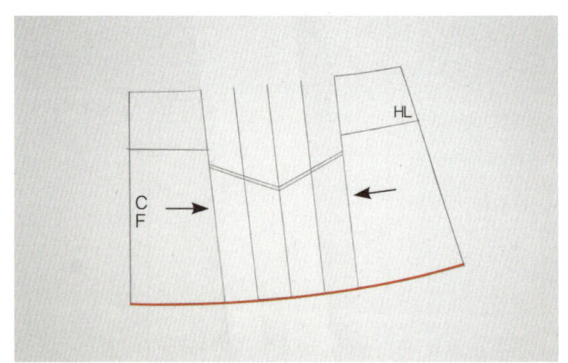

5 주름을 편 후, 밑단을 자연스러운 곡선으로 정리한다.

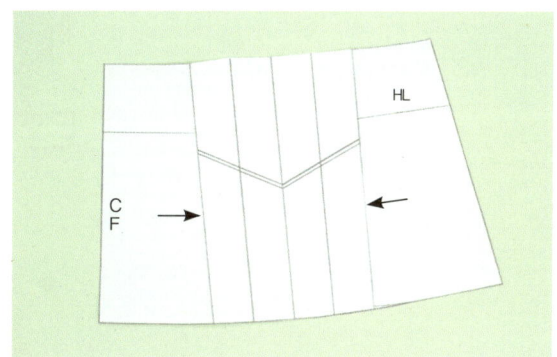

6 중심선과 옆선, 밑단을 자르고 접는 선대로 접은 다음 허리 둘레선을 가위로 잘라 완성한다.

7 완성된 패턴의 모습.

기본스커트 응용-테니스스커트

다양한 플리츠스커트 중에서 주름 간격이 일정한 테니스스커트를 제도해보자. 테니스스커트를 인형 옷으로 만들 때는 개더스커트처럼 재단과 봉제가 간단하도록 앞뒤판을 합쳐서 직사각형의 패턴으로 만든다.

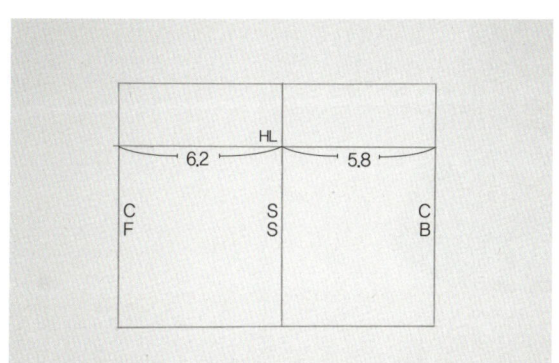
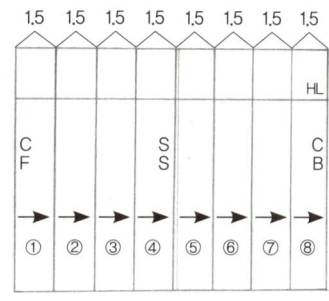

1 스커트의 허리밴드와 같은 폭의 앞판과 뒤판을 붙여 한 장의 패턴으로 만든다. 테니스스커트는 주름이 많아 엉덩이 둘레가 충분히 크기 때문에 따로 엉덩이 여유를 잡을 필요가 없다.

2 스커트 패턴에 주름선을 넣는다. 테니스스커트는 주름의 간격이 일정하니 전체 스커트 폭을 원하는 주름 개수로 나눈다. 12cm 스커트 폭을 8개의 주름으로 나누면 주름 하나의 폭은 1.5cm가 된다.

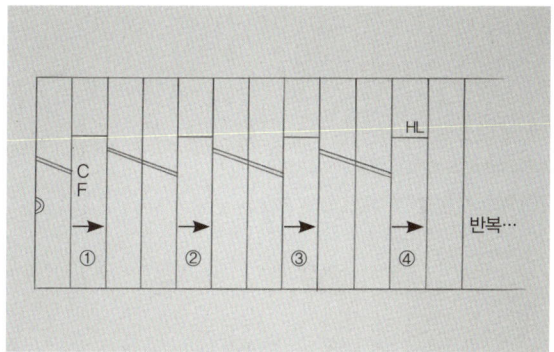
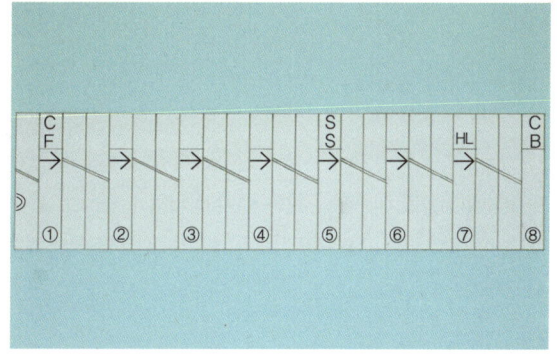

3 주름 사이에 주름과 같은 1.5cm 폭으로 주름속을 2개씩 잡는다. 주름속이 너무 좁으면 밑단의 주름 끝이 풀리기 쉽고, 너무 넓으면 겹치는 부분이 많아져 허리밴드와 봉제할 때 두꺼워진다.

4 완성된 패턴의 모습.

SKIRT

05
턱스커트

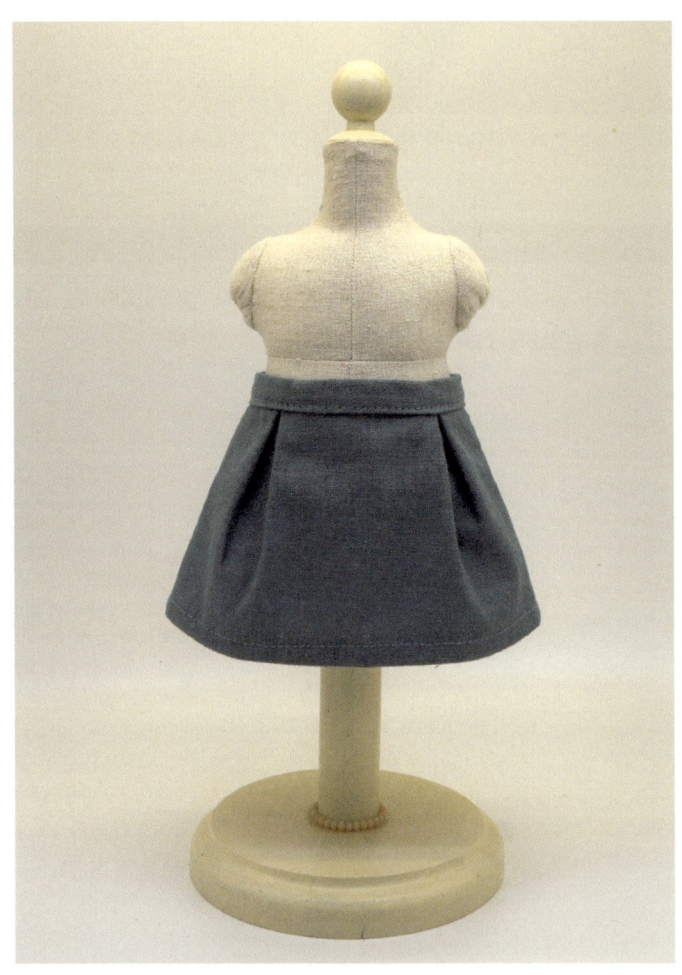

허리선부터 밑단까지 직선으로 주름을 잡는 플리츠스커트와 달리 허리선이나 밑단에 집는 주름(tuck)을 넣은 스커트.
허리선에만 주름을 접으면 스커트 밑단으로 갈수록 자연스럽게 퍼진다.
허리 윗부분에 주름을 많이 집어 스커트 밑단으로 갈수록 폭이 좁아지는 스커트는 테이퍼드(tapered)스커트라고 한다.
기본스커트나 A라인스커트 패턴을 이용해서 턱스커트를 만들 수 있다.

BASIC LESSON

허리선 외주름 턱스커트

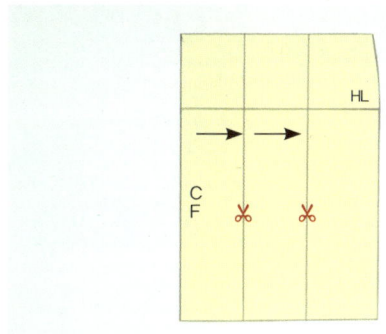

1 기본스커트 패턴에 원하는 주름의 위치와 개수를 정해 절개선을 넣는다. 주름을 접는 방향도 화살표로 표기한다.

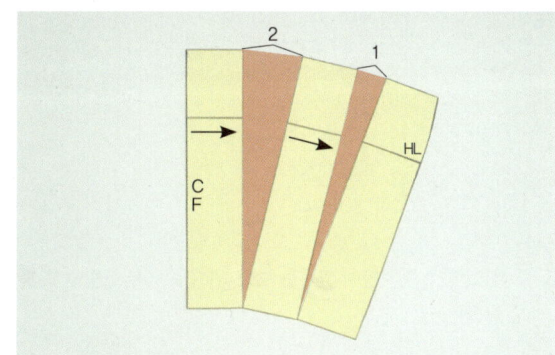

2 절개선을 잘라 원하는 주름 분량만큼 위쪽을 벌린다. 새 종이에 놓고 테이프 등으로 고정해서 베껴 그린다.

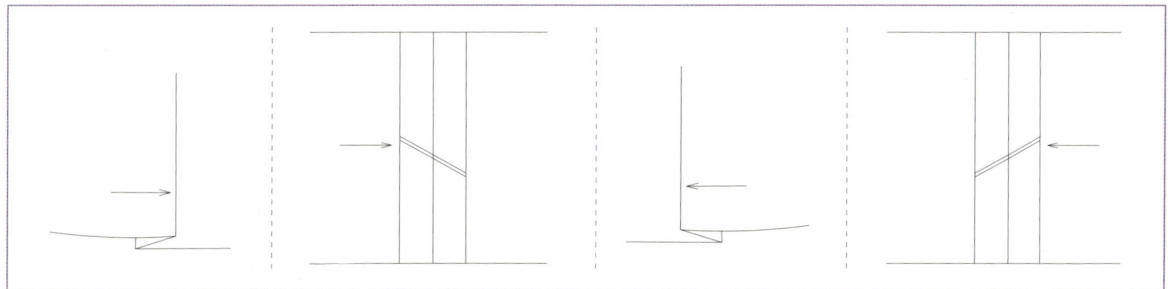

TIP 주름을 접는 방향에 따라 패턴에 기입하는 사선 모양이 달라져요. 오른쪽에서 왼쪽으로 주름을 잡을 때는 왼쪽이 내려간 사선을, 반대의 경우에는 오른쪽이 내려간 사선을 그리면 됩니다.

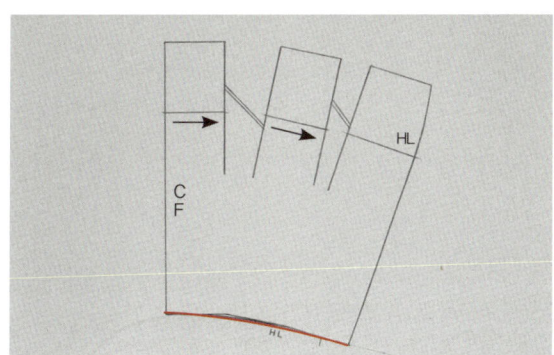

3 밑단은 곡선자를 이용하여 자연스러운 곡선으로 수정한다.

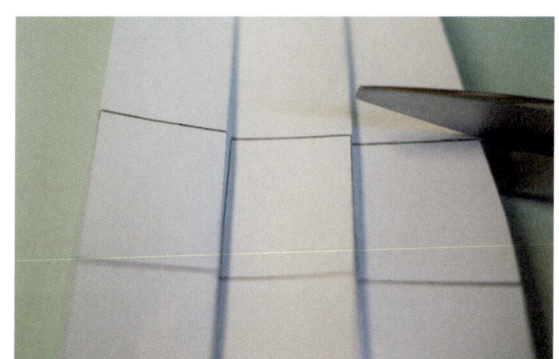

4 중심선과 옆선, 밑단을 먼저 자른 다음 주름을 선대로 접은 상태에서 허리선을 가위로 자른다.

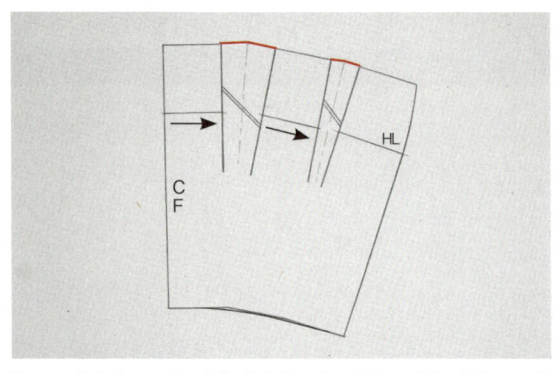

5 접었던 주름을 펼쳐 완성한 모습. 뒤판도 같은 방법으로 완성한다.

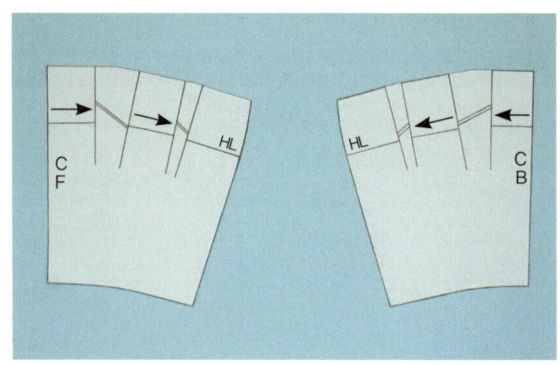

6 완성된 패턴의 모습.

허리선 밑단 맞주름 턱스커트

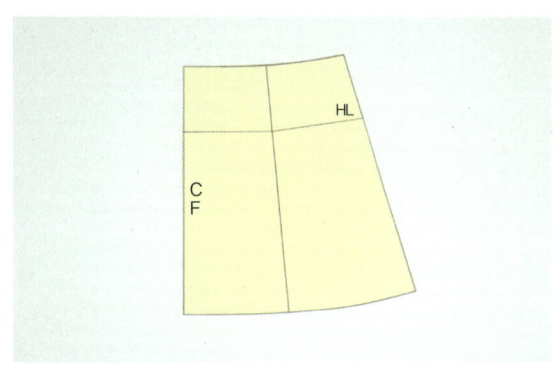

1 A라인스커트 패턴에 원하는 위치와 개수에 따라 절개선을 넣는다. 주름을 접는 방향도 함께 표기한다.

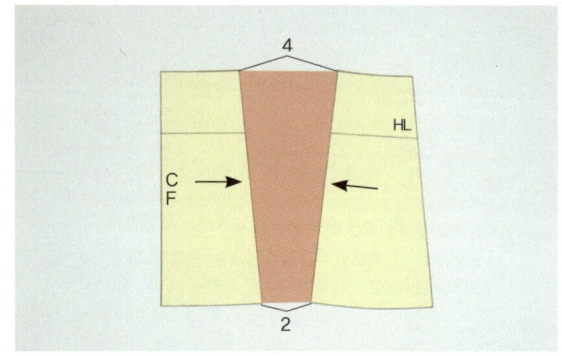

2 주름선을 따라 절개하여 원하는 주름 분량만큼 위아래를 벌린 다음 새 종이에 대고 그린다.

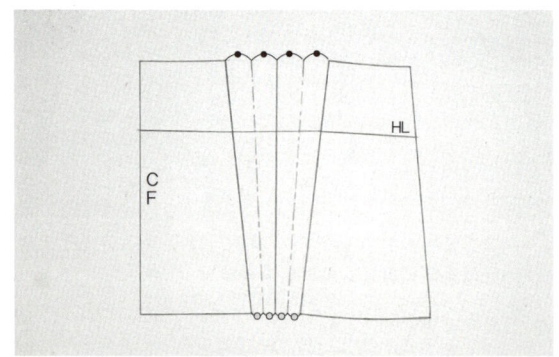

3 주름 분량을 4등분하여 맞주름 접는 선을 그린다. 위아래에 모두 주름을 접을 수 있도록 허리선에서 밑단까지 접는 선을 그린다.

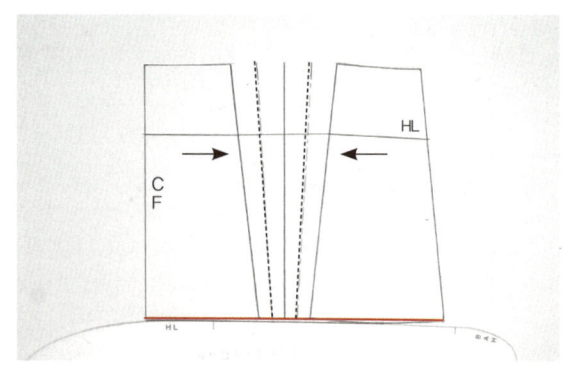

4 밑단은 곡선자를 이용하여 자연스러운 곡선으로 수정한다.

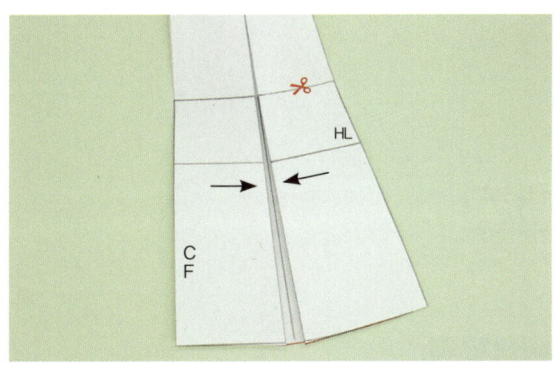

5 중심선과 옆선, 밑단을 먼저 자른 다음 선을 따라 주름을 접은 상태에서 허리선을 가위로 자른다.

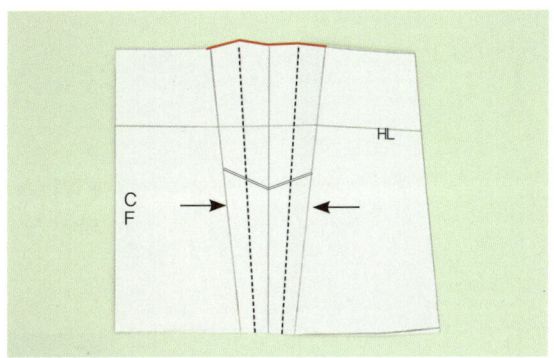

6 접었던 턱을 펼치면 이런 모양이 나온다.

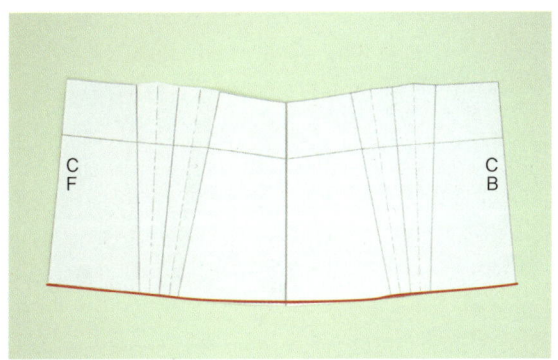

7 뒷판도 같은 방법으로 제도 후, 옆선을 붙여 밑단을 자연스러운 곡선으로 수정한다.

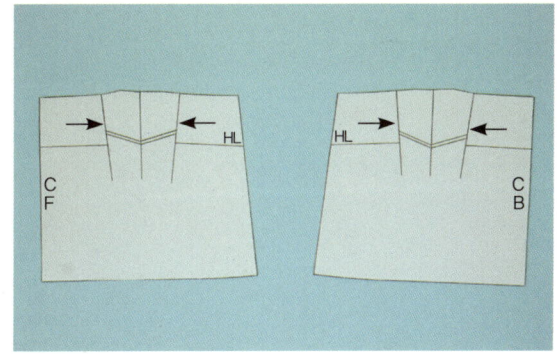

8 완성된 패턴의 모습.

PANTS

01
와이드팬츠

전체적으로 폭이 넓은 실루엣의 스트레이트형 팬츠.
종아리까지 오는 디자인은 와이드크롭팬츠(wide crop pants)라고도 한다.

BASIC LESSON

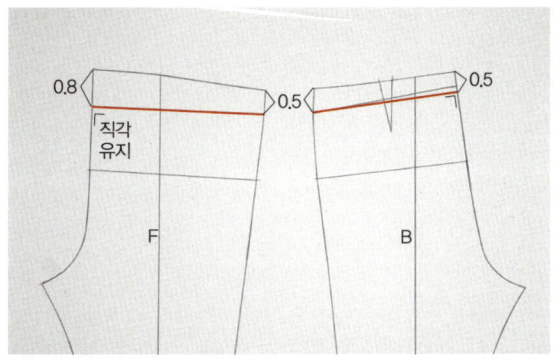

1 팬츠 원형에서 앞뒤 중심선에 직각을 유지하면서 허리선을 내린다.

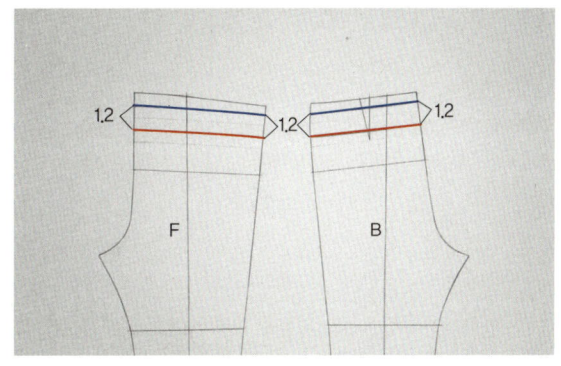

2 내린 허리선에서 허리밴드 폭을 표시한다.

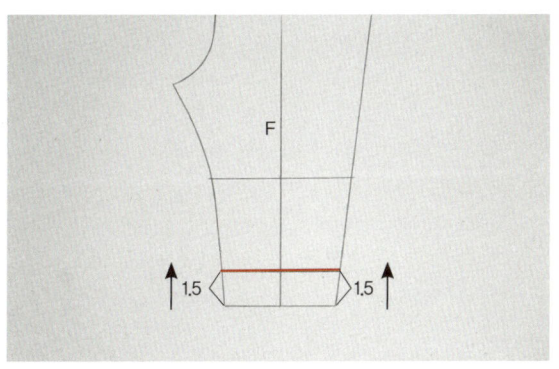

3 팬츠 길이를 줄인다. 여기서는 1.5cm 줄였다.

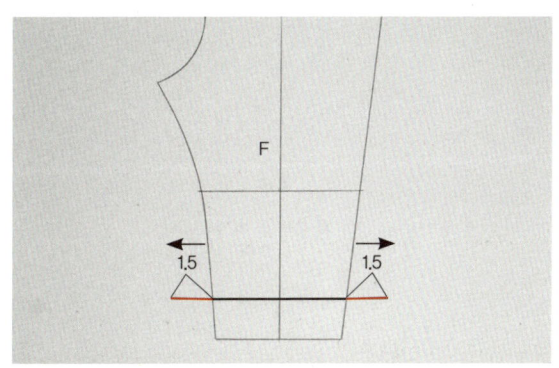

4 밑단에서 원하는 분량을 양쪽으로 나누어 넓힌다. 여기서는 1.5cm씩 넓혔다.

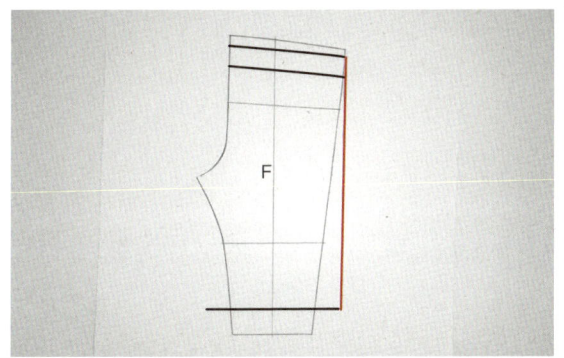

5 허리선에서 밑단까지 직선으로 옆선을 연결한다.

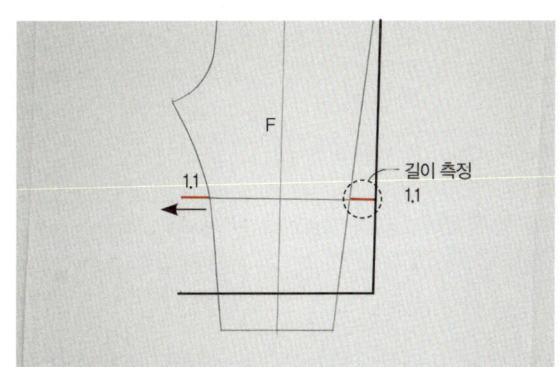

6 옆선 쪽 무릎선이 늘어난 길이를 재서 원쪽 무릎선도 같은 길이로 늘인다.

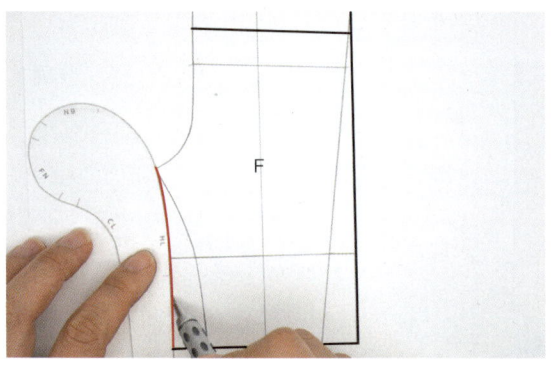

7 밑아래선을 연결한다. 무릎선 위는 곡선으로, 무릎선 아래는 직선으로 그린다.

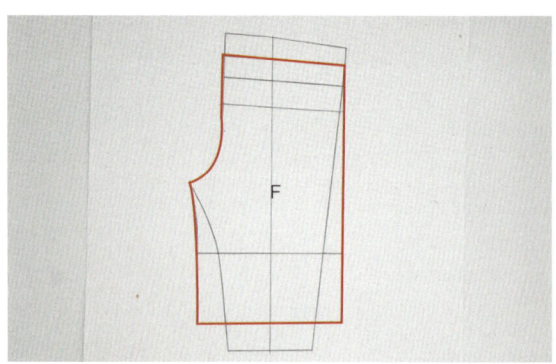

8 제도가 끝난 앞판의 모습.

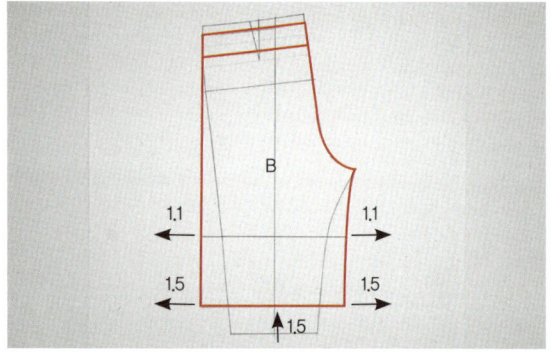

9 팬츠의 뒤판도 같은 방법으로 완성한다.

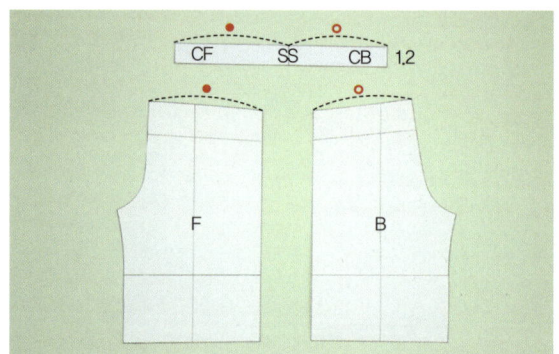

10 앞뒤 허리밴드를 연결하여 한 장으로 완성한다.

팬츠 허리선을 내리는 이유

팬츠 원형의 허리선은 배를 온전히 감싸고 있는 형태로 앞중심의 길이가 길다.
그래서 사람이나 인형이나 실제로 원형 그대로 팬츠를 만들면 흔히 말하는 배바지 스타일이 된다.
블루머 같은 편안한 고무줄 팬츠나 스커트 형태의 팬츠는 상관없지만
보통의 팬츠는 허리선을 내려 변형하는 것이 자연스럽다.

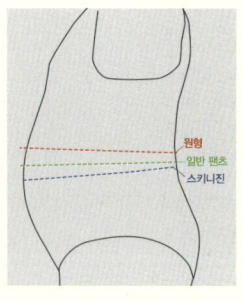

일반 팬츠 허리선

가장 긴 앞중심을 0.5~1cm 내리고 옆과 뒤중심은 0.3~0.8cm를 내려 엉덩이 길이가 일정하게 나오도록 하는 것이 일반적이다.

스키니진 허리선

스키니진과 같은 골반바지의 허리선은 앞이 많이 내려가고 뒤는 올라가 옆에서 보면 사선이다.
그래서 앞은 1~1.5cm, 옆은 0.8~1.2cm, 뒤는 0.6~1cm를 내려 구간마다 다르게 잡는다.

PANTS

02
스키니팬츠

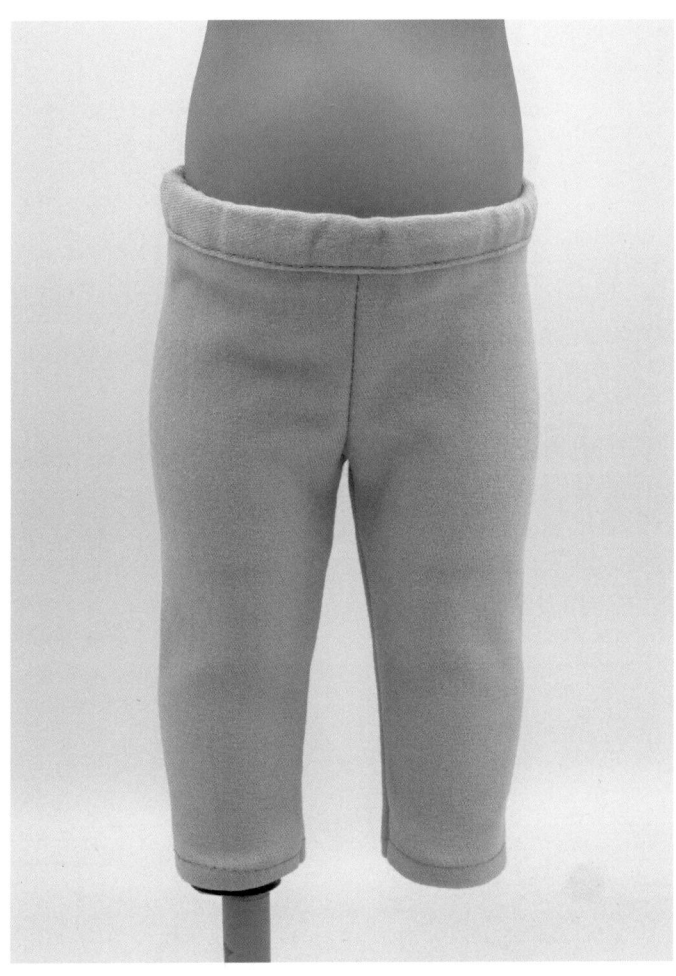

폭넓은 와이드 팬츠와 반대로 레깅스처럼 다리에 꼭 맞는 디자인의 팬츠.
허리밴드 길이보다 몸판 폭을 좁게 잡아 몸에 딱 붙게 제도한다.

HOW TO MAKE

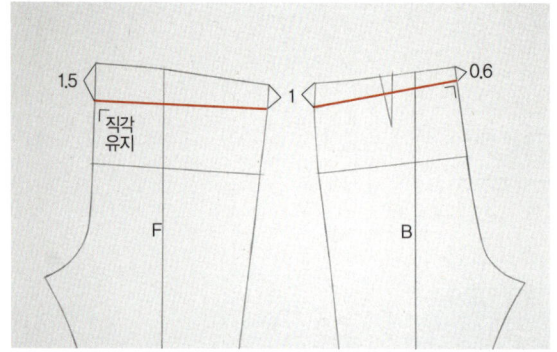

1 팬츠 원형에서 앞뒤 중심선에 직각을 유지하면서 허리선을 내린다.

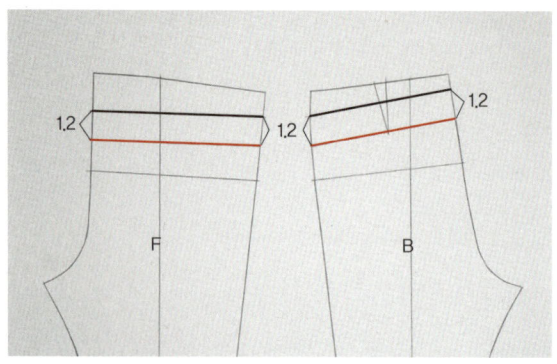

2 내린 허리선에서부터 허리밴드 폭을 표시한다.

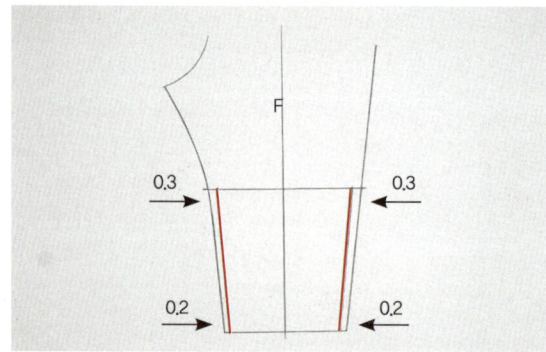

3 무릎선과 밑단에서 원하는 분량만큼 줄인다. 잘 늘어나는 원단을 쓸 때에는 더 많이 줄여도 된다.

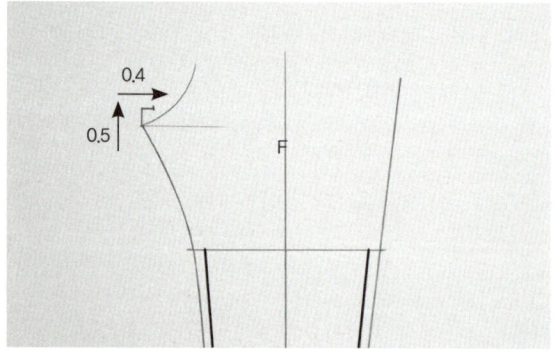

4 밑위점을 위로 0.5cm 올리고 안쪽으로 0.4cm 들인다. 잘 늘어나는 원단을 쓸 때에는 더 많이 줄여도 된다.

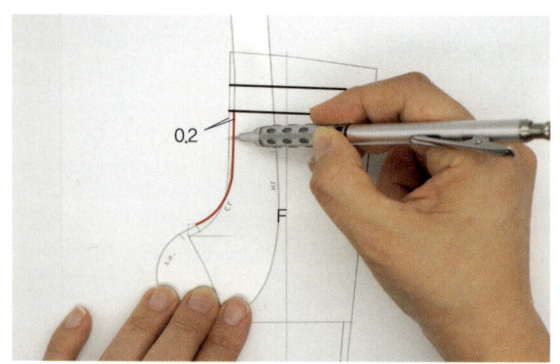

5 앞중심 쪽을 0.2cm 줄여 새로 잡은 밑위점과 연결한다. 잘 늘어나는 원단을 쓸 때에는 더 많이 줄여도 된다.

TIP 스키니진의 허리선 길이보다 몸판 폭을 적게 잡는 이유는?
61쪽 TIP 참고.

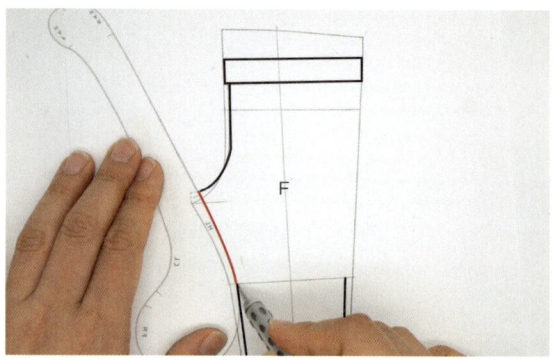

6 왼쪽 무릎선에서 밑위점까지 곡선자를 이용하여 자연스러운 곡선으로 연결한다.

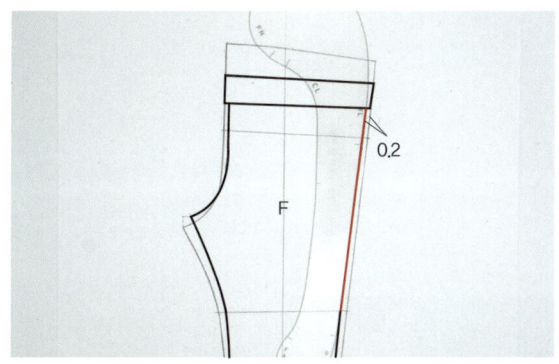

7 오른쪽 옆선을 0.2cm 줄여 무릎선과 연결한다.

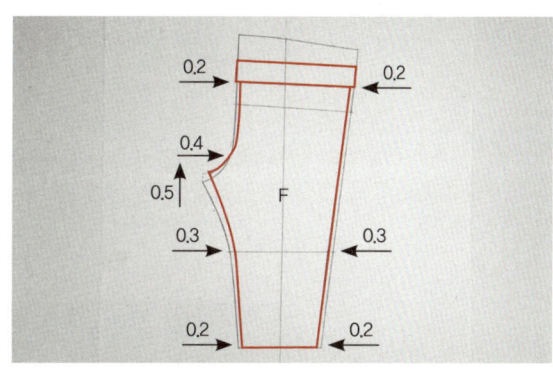

8 제도가 끝난 팬츠 앞판.

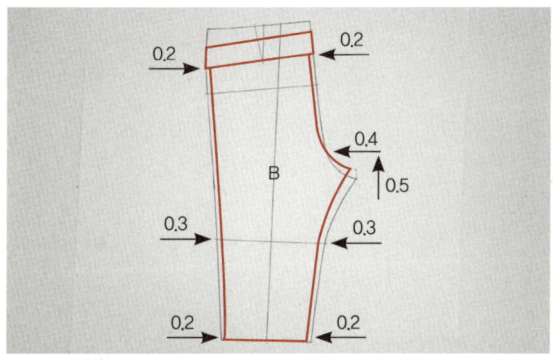

9 뒤판도 같은 방법으로 완성한다.

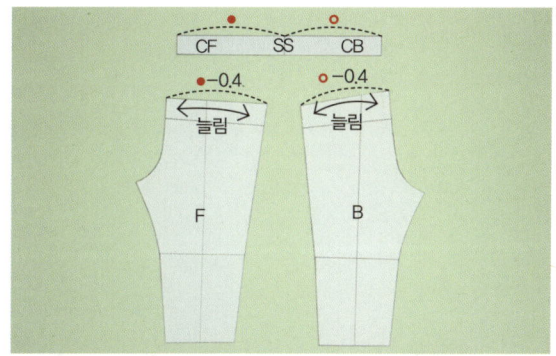

10 앞뒤 허리밴드를 연결하여 한 장으로 완성한다.

TIP

스키니진의 허리선 길이보다 몸판 폭을 적게 잡는 이유는?

일반적으로 허리밴드와 몸판의 허리둘레가 같아야 하지만 스판처럼 늘어나는 소재의 경우에는 허리밴드보다 몸판길이를 일부러 짧게 잡기도 한다. 허리밴드보다 몸판을 좁게 제도하면 원단을 늘여가며 박는 늘림봉제를 해야 한다. 이때 몸판이 당겨지면서 몸에 딱 붙는 스키니진이 만들어진다. 소재가 잘 늘어날수록 늘려서 박는 게 좋다.

옆선을 절개 없이 이어서 제도할 때 수정해야 할 부분

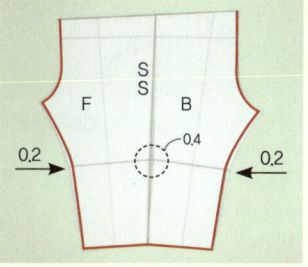

레깅스나 스키니진처럼 타이트한 소재의 팬츠는 시접 두께 때문에 옆선의 봉제선을 없애기도 한다. 이때 앞판과 뒤판의 옆선을 붙이는데, 무릎 부분을 많이 깎을수록 무릎 사이에 뜨는 공간이 생긴다.

이 분량은 양쪽에서 나누어 줄인다. 또 옆선을 붙이면서 허리선이나 밑단이 각지면 자연스러운 곡선으로 수정한다.

PANTS

03
반바지

길이가 무릎 위나 무릎까지 내려오는 짧은 길이의 팬츠.
팬츠 원형에서 길이만 줄이면 밑단이 벌어지므로 패턴의 각도도 조절해야 한다.

BASIC LESSON

HOW TO MAKE

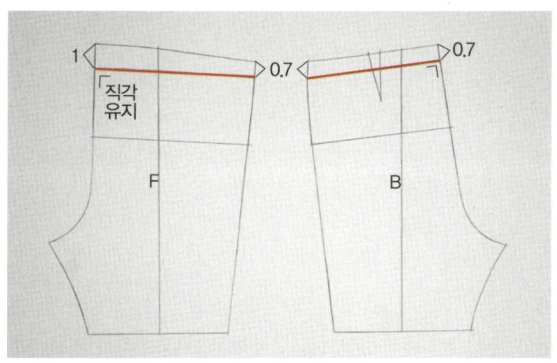

1 팬츠 원형에서 허리선을 내린다.

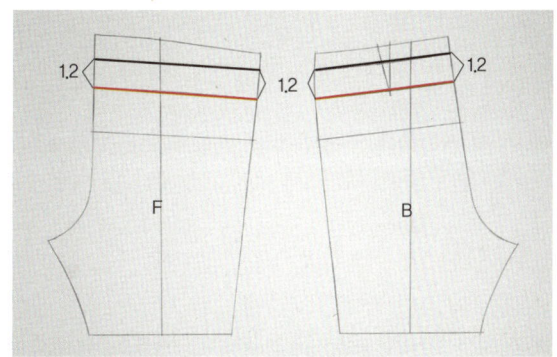

2 내린 허리선에서부터 허리밴드 폭을 표시한다.

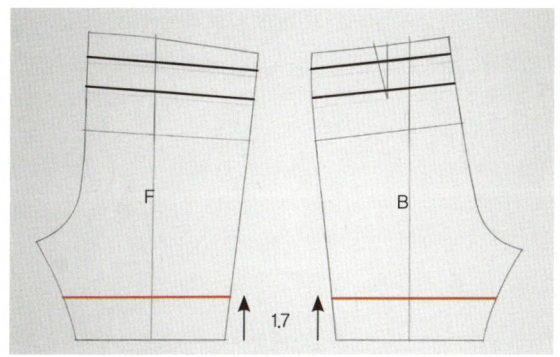

3 팬츠 길이를 줄인다. 여기서는 무릎 위로 1.7cm 줄였다.

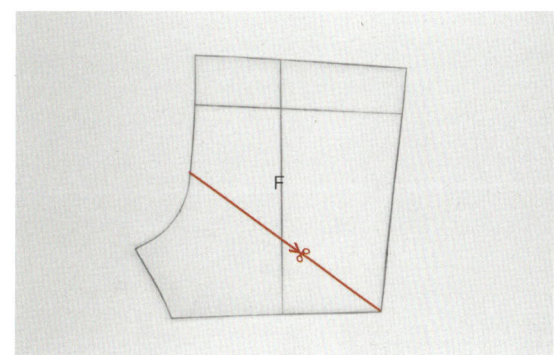

4 밑위선에서 앞뒤 중심을 향해 절개한다.

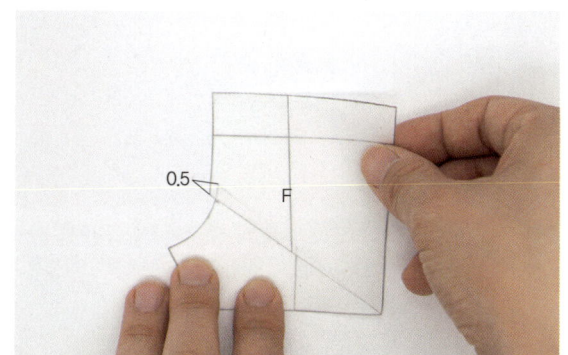

5 절개한 패턴의 밑위를 0.5cm 겹친다.

> **TIP 반바지에서 팬츠 밑위를 겹치는 이유**
> 팬츠 원형 패턴의 길이만 줄이면 반바지가 될 것 같지만, 실제로 이렇게 만들면 밑단이 벌어져 어색한 모양이 돼요. 팬츠 앞뒤중심을 집어 밑단을 모으는 과정을 거치면 안정적인 실루엣이 된답니다.

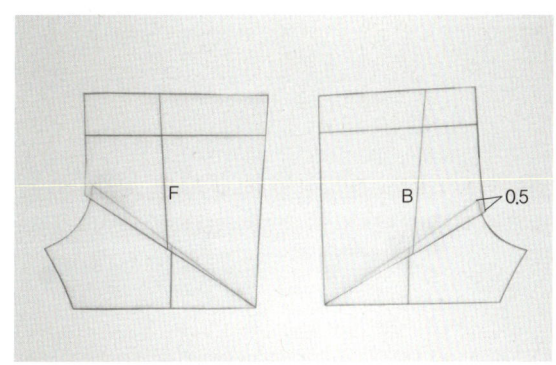

6 다른쪽 패턴도 똑같이 절개하여 0.5cm 겹친다.

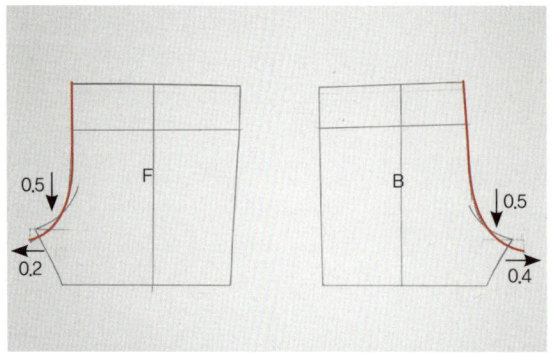 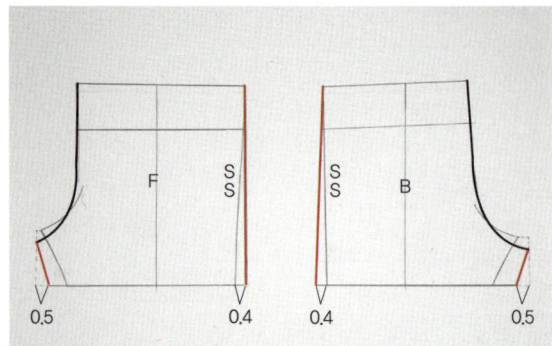

7 밑위선을 여유 있게 내리고 늘인 다음 자연스러운 곡선으로 연결한다. 앞에서 밑위를 겹치면서 밑위길이가 줄어들었으니 아래로 0.5cm 내리고 앞은 0.2cm, 뒤는 0.4cm 늘인다.

8 새 밑단선에 수직으로 밑아래선을 내린 다음 밑단에서 0.5cm 줄인다. 옆선은 팬츠 원형에서 원하는 분량만큼 늘여서(0.4cm) 자연스러운 곡선으로 연결한다. 옆으로 퍼진 A라인 실루엣을 원한다면 옆선에서 더 많이 늘인다.

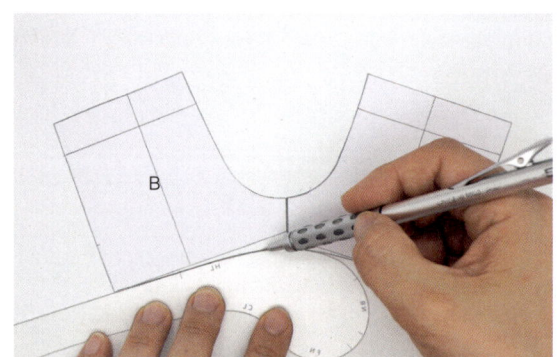 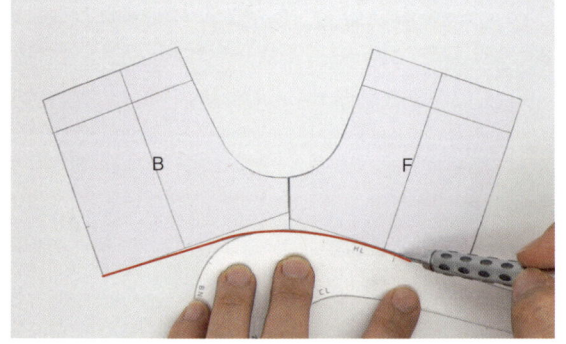

9 팬츠의 밑아래선을 붙여 각지지 않게 자연스러운 곡선으로 연결한다. 한 번에 그리지 말고 곡선자를 움직여 두 번에 나누어 그린다.

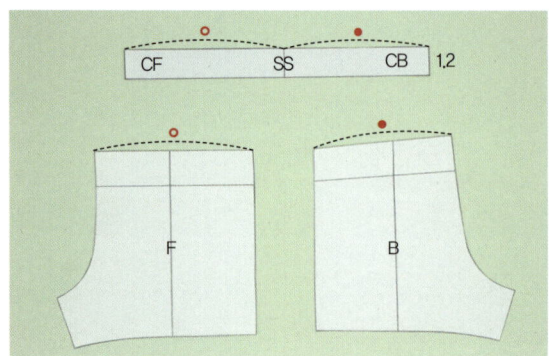

10 앞뒤 허리밴드를 연결하여 한 장으로 완성한다.

PART 3
상의 패턴의 기초

 칼라   **BASIC** 칼라
1 스탠드칼라
2 플랫칼라
3 셔츠칼라
4 리본칼라
5 후드

 소매   **BASIC** 소매
1 민소매
2 셔링소매
3 돌먼소매
4 드롭소매
5 래글런소매

TOP

BASIC
칼라

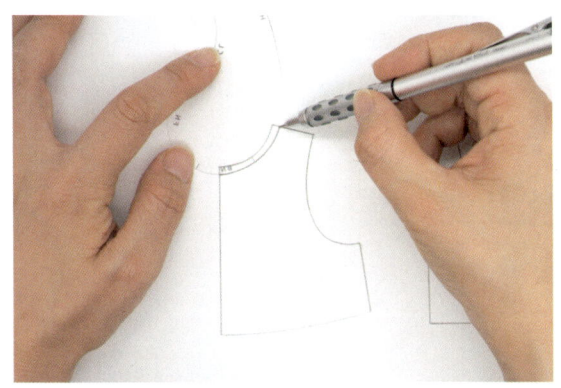
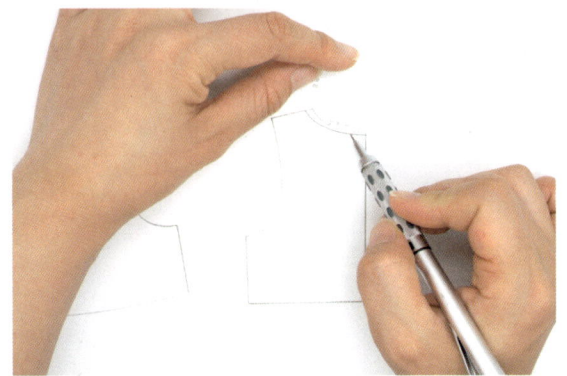

✂ PATTERN MAKING

1. 칼라를 위한 몸판의 변형

원형 패턴은 몸에 딱 맞는 목둘레를 제도한 것이므로 그대로 만들면 목 부분이 답답해 보인다. 따라서 칼라를 달 때는 목선을 변형해야 한다. 칼라의 디자인마다 목선 모양이 다르니, 원하는 칼라의 디자인이 옆목과 앞목, 뒷목에서 얼마나 떨어져 있는지 봐야 한다. 일반적으로 칼라가 옆목에서 얼마나 떨어졌는지 확인하여 원형의 옆목부터 판다. 옆목을 기준으로 앞목은 같거나 더 깊게, 뒷목은 옆목의 1/3~1/2 분량만큼 깎는다. 뒷목을 많이 파면 옷이 뒤로 넘어가거나 흘러내리니 주의해야 한다.

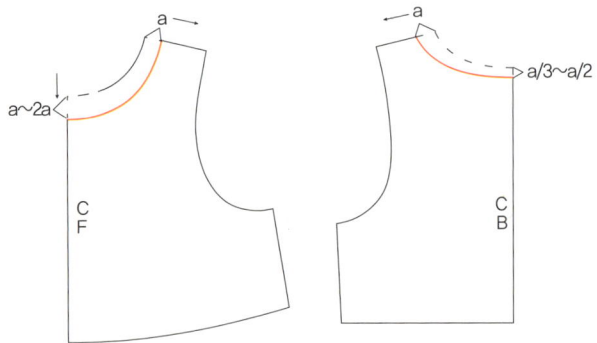

BASIC LESSON

2. 칼라가 없는 V넥, U넥, 보트넥의 변형

V넥   U넥

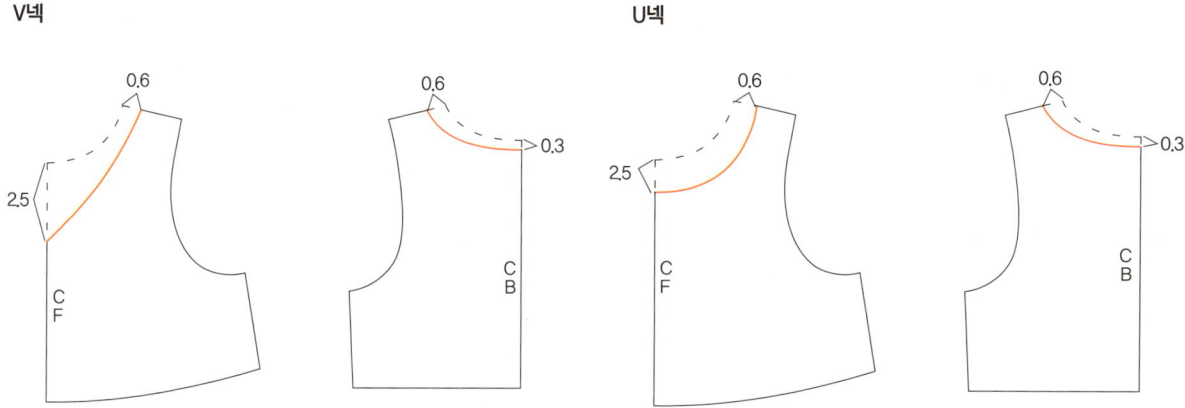

보트넥

옆목을 많이 파는 디자인이다. 소매나 안감을 달려면 어깨선이 일정 길이가 되어야 하니 옆목을 파다가 어깨선이 짧아질 경우 길이를 밖으로 연장하고 진동둘레를 수정한다.

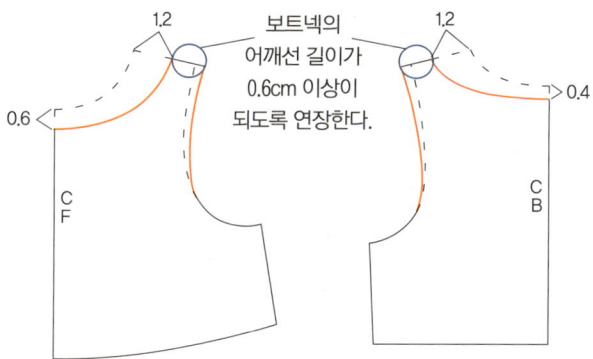

TOP

01
스탠드칼라

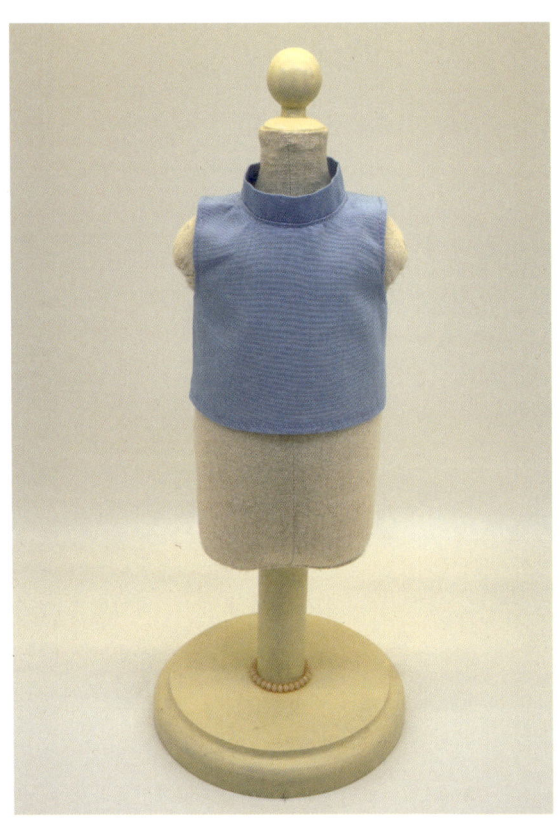
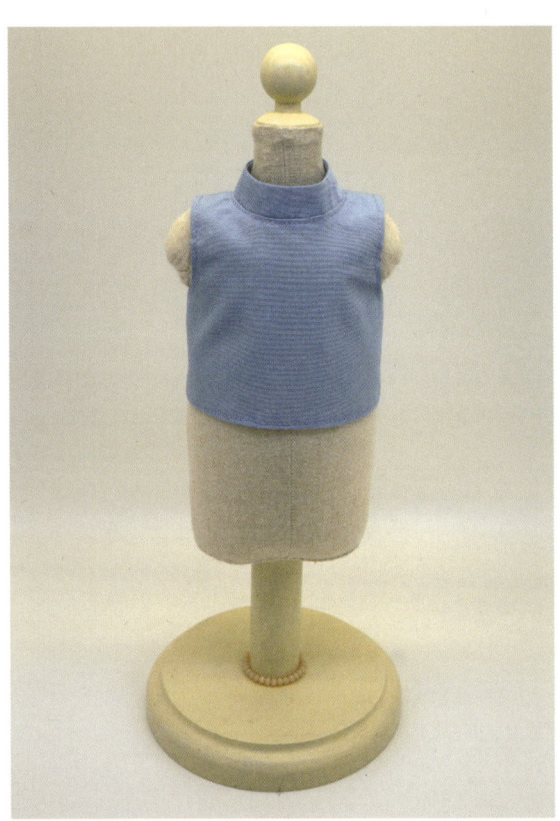

목둘레의 깃이 곧게 서 있으며 접어 넘기지 않는 칼라.
스탠딩(Standing), 차이니즈(Chinese) 칼라라고 한다.

BASIC LESSON

일자형 스탠드칼라

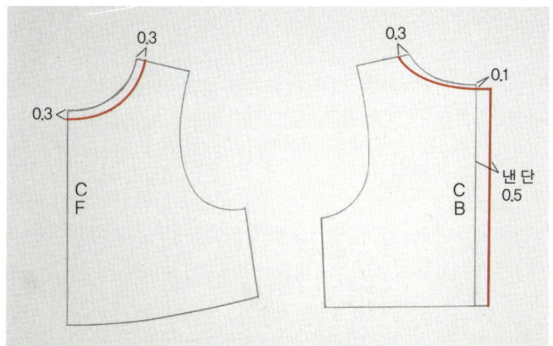
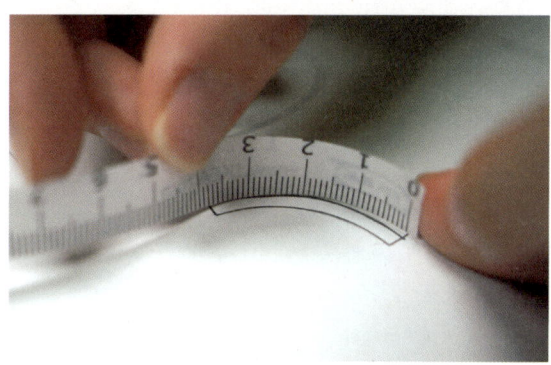

1 몸판의 앞목과 옆목에서 0.3cm, 뒷목에서 0.1cm 들여서 목선을 판다. 뒤중심선 바깥쪽으로 0.5cm 낸 단을 넣는다.

2 앞목둘레/2, 뒷목둘레/2 길이를 잰다.

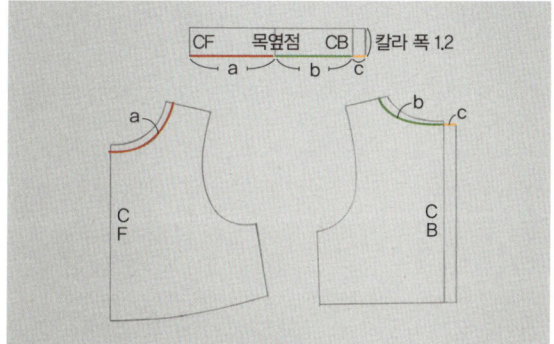

3 앞목둘레/2(a)+뒷목둘레/2(b)+낸 단(c)의 길이에 1.2cm 폭으로 직사각형 칼라 패턴을 그린다. a와 b 사이에는 목옆점을 표시한다.

곡선형 스탠드칼라

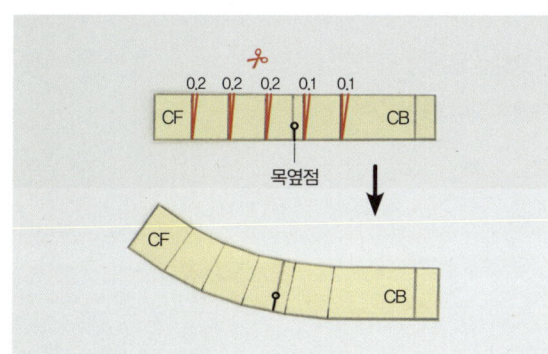
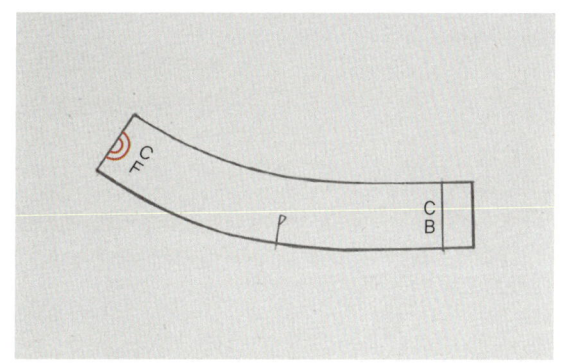

1 일자형 스탠드칼라는 위아래 길이가 같아서 목선을 판 옷에 붙이면 입었을 때 칼라 위쪽이 뜬다. 따라서 칼라 위쪽을 줄여 자연스럽게 몸에 맞는 칼라로 변형해야 한다. 패턴에 절개선을 넣어 줄이고 싶은 분량만큼 윗둘레를 줄인다. 절개선의 수가 많을수록 자연스러운 곡선이 되지만 인형 옷은 패턴이 작기 때문에 두세 군데만 줄여도 된다.

2 뒤쪽을 테이프로 붙여 고정하고 새 종이에 수정된 칼라의 외곽을 옮겨 그린 다음 칼라의 위아래 선을 자연스러운 곡선으로 다듬는다. 앞중심은 골(◎)로 표시하고 목옆점 표시와 낸 단 폭도 잊지 않고 표시한다.

TOP

02
플랫칼라

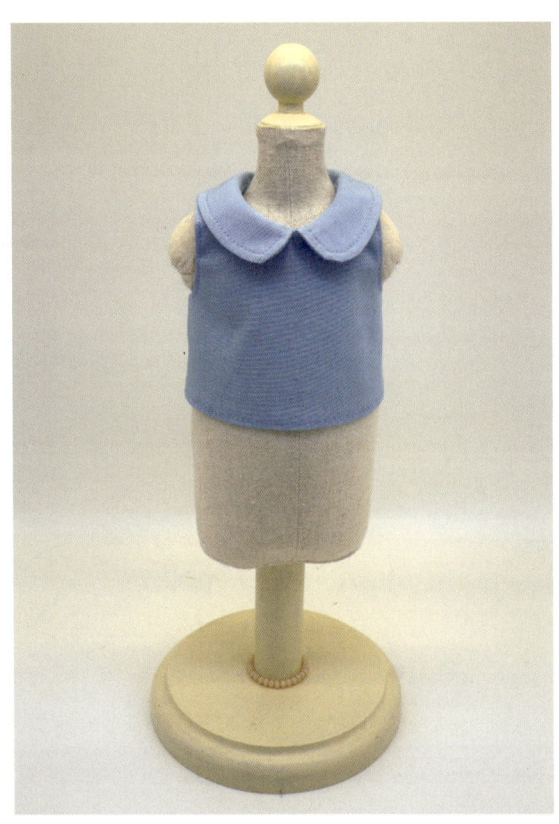
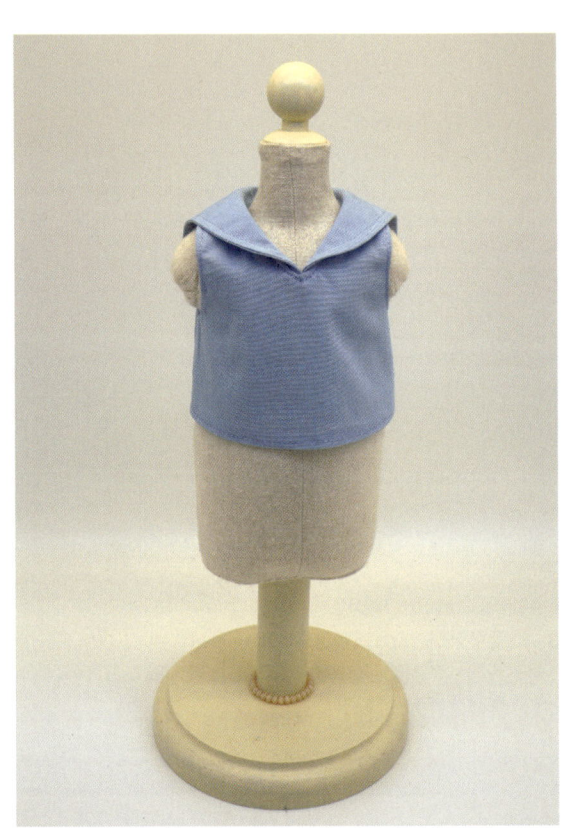

세우는 부분 없이 목선에서 바로 젖히는 납작한 칼라.
피터팬(Peter Pan)칼라와 세일러(sailor)칼라 등이 있다.

BASIC LESSON

피터팬칼라

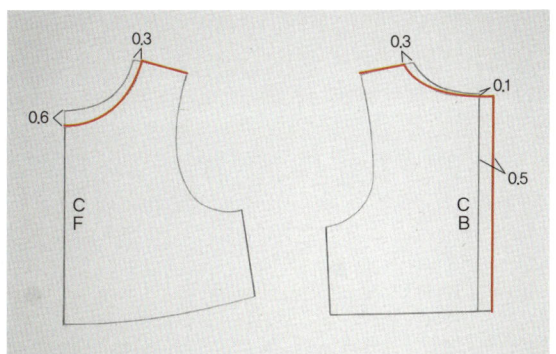

1 몸판의 앞목에서 0.6cm, 옆목에서 0.3cm, 뒷목에서 0.1cm 들여서 목선을 판다. 뒤중심선 바깥쪽으로 0.5cm 낸 단을 넣는다.

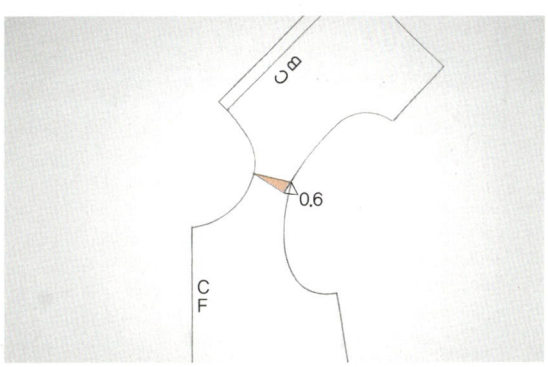

2 앞뒤판의 어깨선끼리 붙이는데 옆목을 기준으로 어깨끝점을 0.6cm 겹치게 둔다.

3 새 종이에 어깨를 겹친 원형을 베껴 그린다.

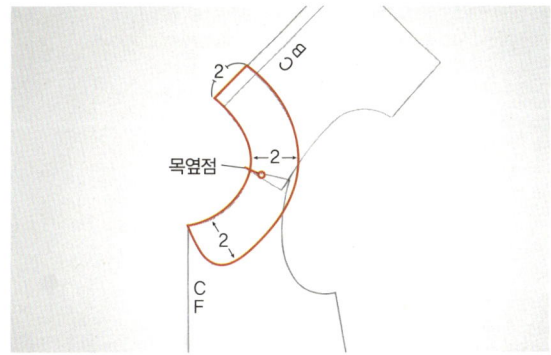

4 플랫칼라 모양을 그린다. 뒤중심으로부터 2cm 폭을 유지하다가 앞중심에서 둥근 칼라로 그린다. 목옆점 표시를 넣어 완성한다.

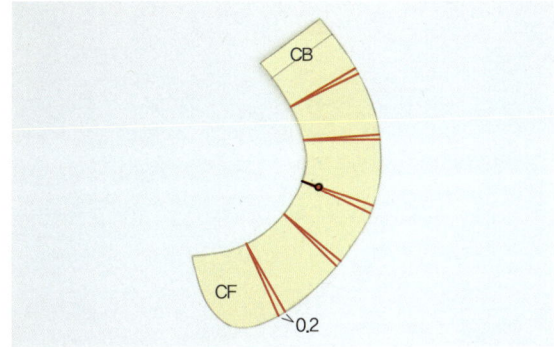

5 칼라가 뜨지 않도록 어깨 겹침분 0.6cm을 주었지만 가봉 과정에서 칼라가 몸판에 잘 눕지 않고 뜨면 칼라 패턴에 절개선을 넣고 외곽을 줄여서 조정할 수 있다.

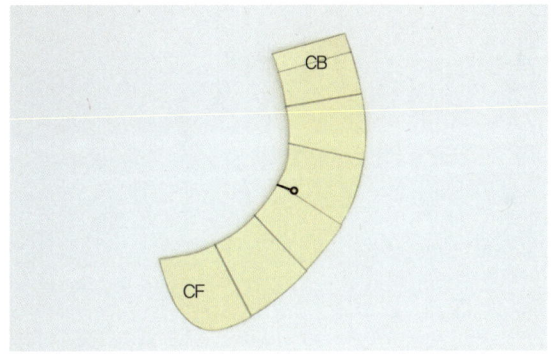

6 절개 부분을 모두 잘라내고 이어 붙여 수정한 패턴.

세일러칼라

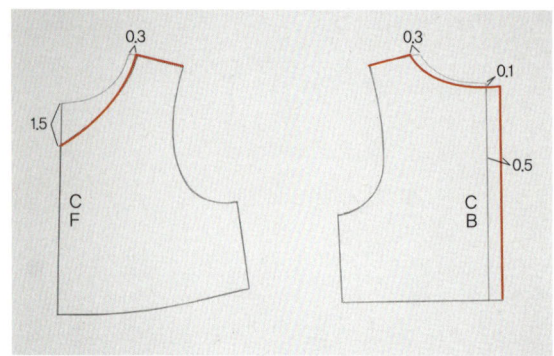

1 몸판의 앞목에서 1.5cm, 옆목에서 0.3cm, 뒷목에서 0.1cm 들여서 목선을 판다. 세일러칼라는 앞목선을 V자 곡선이 되게 다듬는다. 뒤중심선 바깥쪽으로 0.5cm 낸 단을 넣는다.

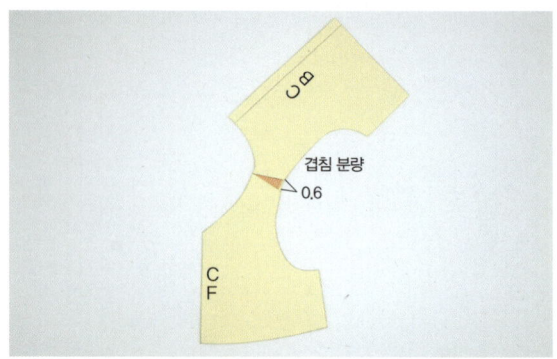

2 앞뒤판의 어깨선끼리 붙인다. 이때 옆목을 기준으로 어깨 끝점을 0.6cm 겹친다.

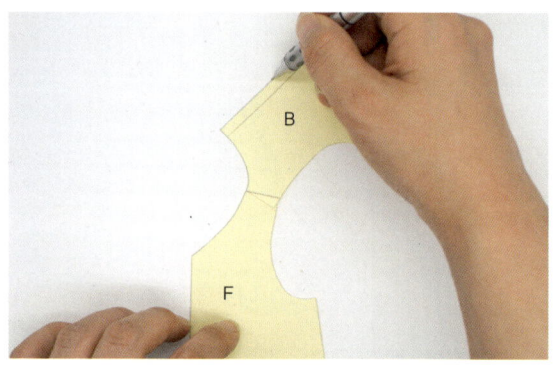

3 새 종이에 어깨를 겹친 원형을 놓고 베껴 그린다.

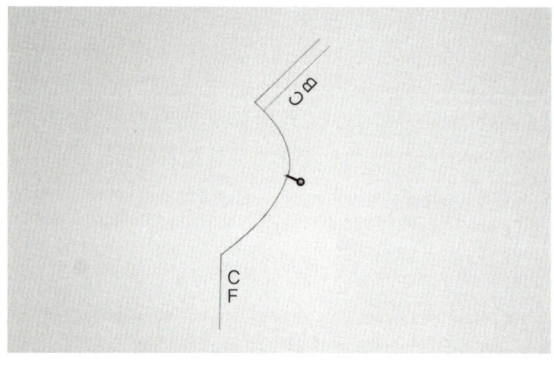

4 새 종이에 옮겨 그린 모습.

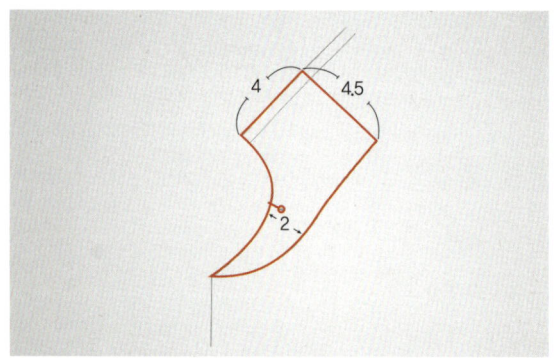

5 뒤중심 길이 4cm, 어깨 폭 2cm로 세일러 칼라 모양을 그린다. 목옆점 표시를 넣어 완성한다.

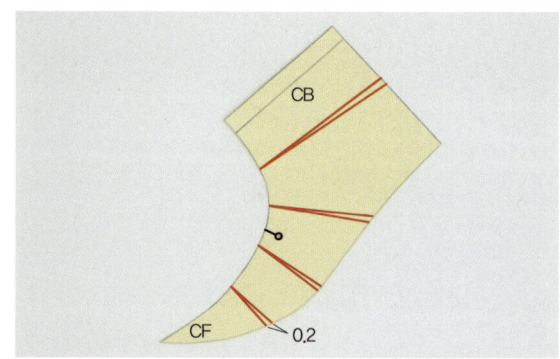

6 칼라가 뜨지 않도록 어깨 겹침분 0.6cm을 주었지만 가봉 과정에서 칼라가 몸판에 잘 눕지 않고 뜨면 칼라 패턴에 절개선을 넣고 외곽을 줄여서 조정할 수 있다.

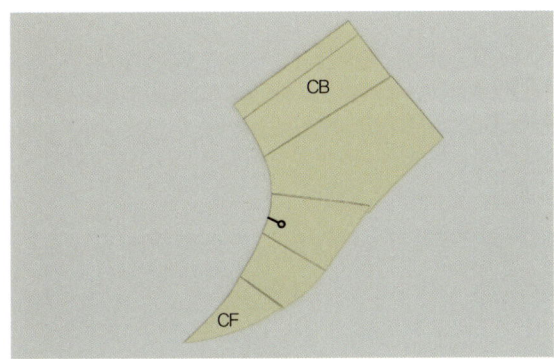

7 절개 부분을 모두 잘라내고 이어 붙여 수정한 패턴.

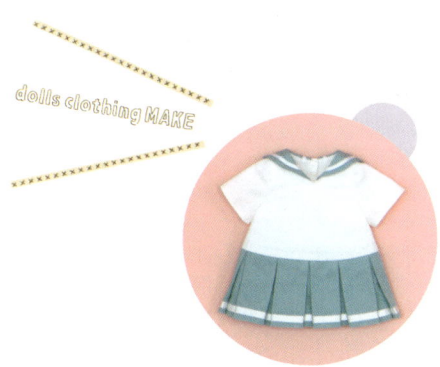

TOP

03
셔츠칼라

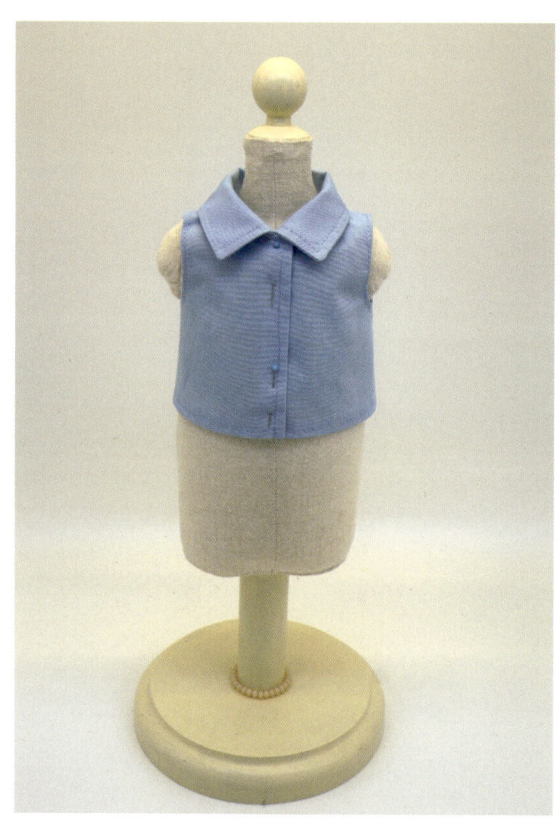
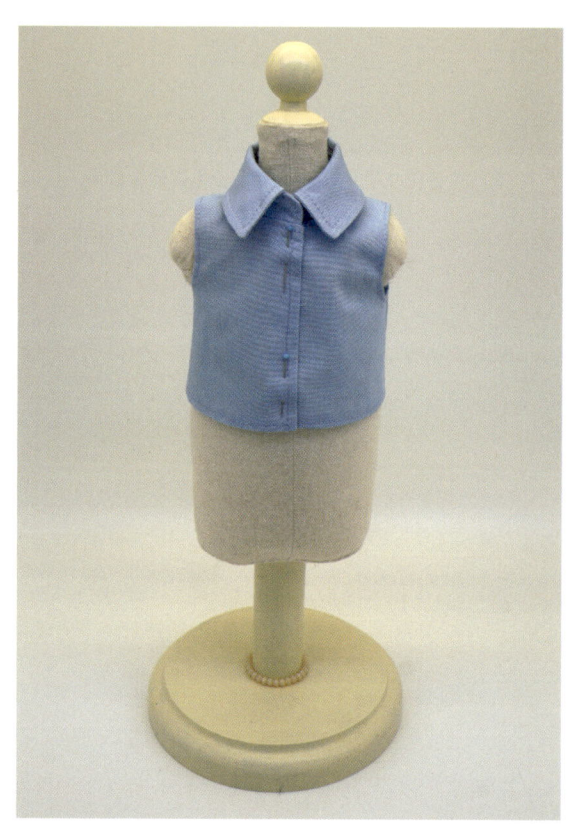

뒷목의 젖히는 부분이 서는 칼라를 말한다.
칼라 밴드가 있는 것과 없는 것이 있다.
칼라 끝은 보통 뾰족하거나 둥글게 파여 있다.

BASIC LESSON

밴드가 없는 셔츠칼라

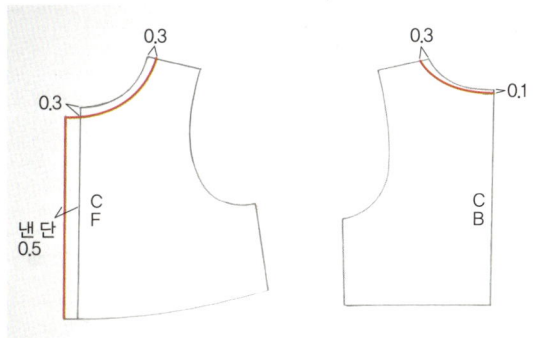

1 몸판의 앞목과 옆목에서 0.3cm, 뒷목에서 0.1cm 들여서 목선을 판다. 앞중심선 바깥쪽으로 0.5cm 낸 단을 넣는다.

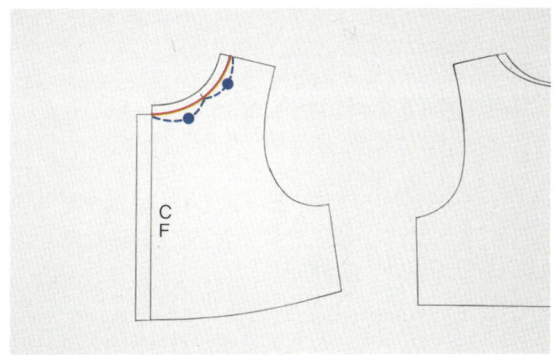

2 앞목둘레선을 2등분한다.

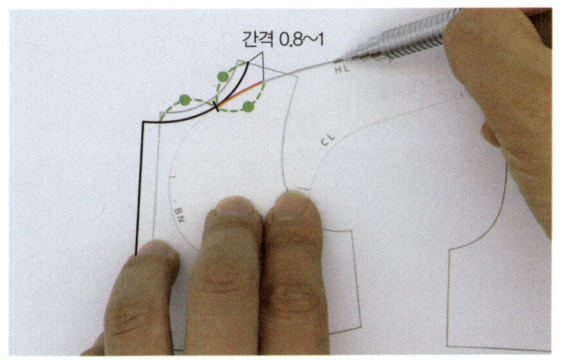

3 앞중심선에서 1/2지점부터 목선의 곡선과 대칭으로 반대 반향 곡선을 그린다. 기존 목선과의 간격은 0.8~1cm로 곡선 각도에 띠라 칼라의 외곽둘레가 달라진다.

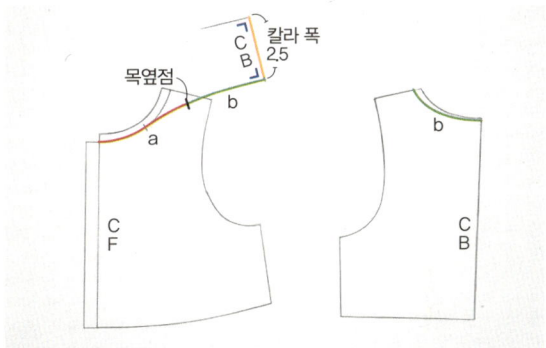

4 뒤목둘레/2(b)만큼 길이를 연장한 다음 직각으로 2.5cm 폭의 칼라를 그린다.

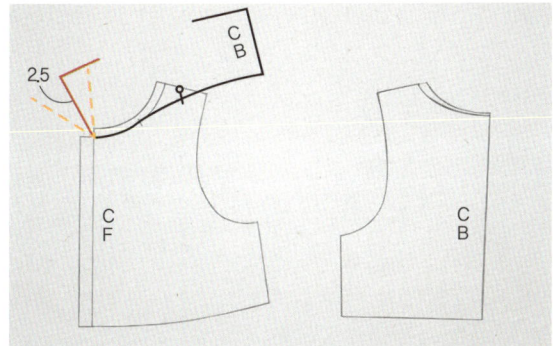

5 앞중심에서 2.5cm 폭으로 칼라를 그린다. 칼라의 앞은 디자인에 따라 다양한 각도로 그릴 수 있다.

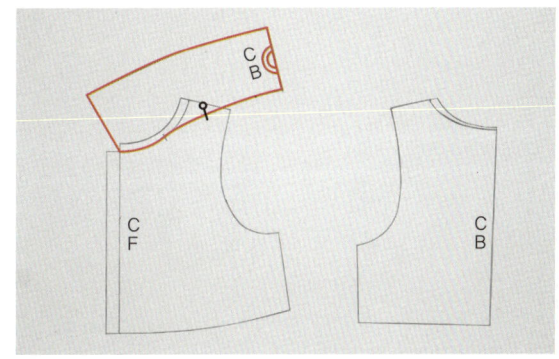

6 칼라의 앞과 뒤를 자연스러운 곡선으로 연결하여 외곽선을 완성한다. 목옆점을 꼭 표시한다.

TIP

칼라 외곽 길이 조정 방법

칼라의 외곽이 좁으면 외곽에 절개선을 넣어 벌린다. 칼라가 뜨면 반대로 절개선을 겹쳐서 조금씩 줄인다.

HOW TO MAKE

밴드가 있는 셔츠칼라

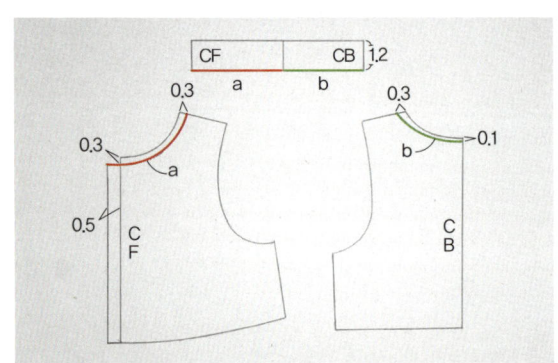

1 몸판의 앞목과 옆목에서 0.3cm, 뒷목에서 0.1cm 들여서 목선을 판다. 뒤중심선 바깥쪽으로 0.5cm 낸 단을 넣는다. 앞뒤목둘레의 길이를 잰 다음 앞목둘레/2+뒷목둘레/2 길이에 1.2cm 폭의 직사각형 칼라밴드 패턴을 그린다.

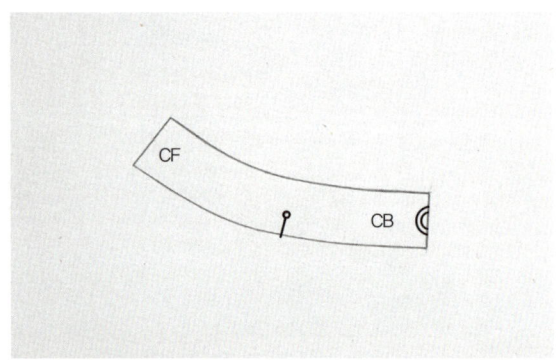

2 절개선을 넣어 윗둘레를 줄이고(p.000 곡선형 스탠드칼라 제도법 1번 참고) 새 종이에 수정된 칼라의 외곽을 옮겨 그린 다음 칼라의 위아래 선을 자연스러운 곡선으로 다듬는다. 뒤중심은 골(◎)로 표시하고 목옆점을 표시한다.

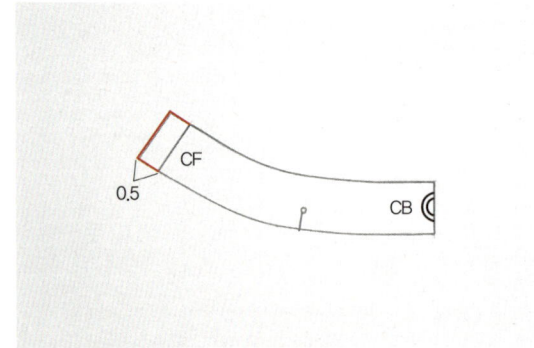

3 앞 낸 단의 폭 0.5cm만큼 앞중심에서 평행으로 늘인다.

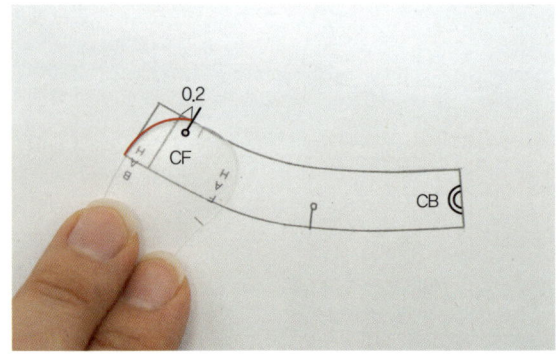

4 밴드에서 칼라의 시작위치를 설정한다. 앞중심에서 0.2cm 떨어진 곳에 칼라가 달릴 위치를 표시한다. 칼라 달릴 위치부터 낸 단까지 곡선으로 굴린다.

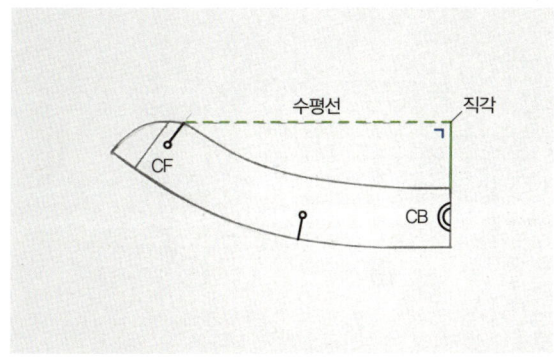

5 골을 연장한 선과 칼라의 끝이 직각으로 만나도록 보조선을 그린다.

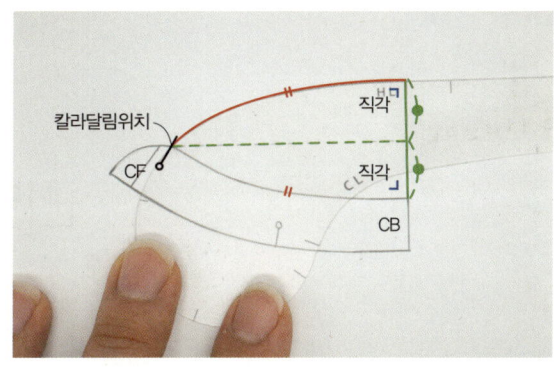

6 보조선을 기준으로 밴드의 곡선과 대칭으로 칼라의 아래 곡선을 그린다.

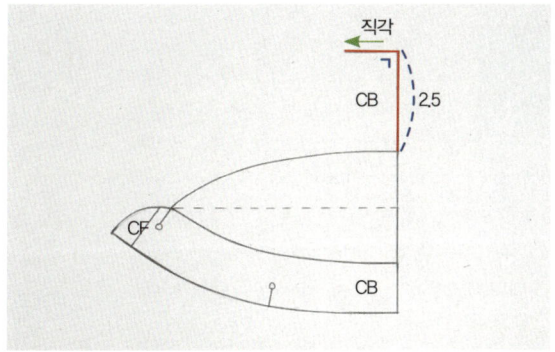

7 칼라의 폭 2.5cm만큼 수직으로 연장하고 직각선으로 칼라의 뒷부분을 그려둔다.

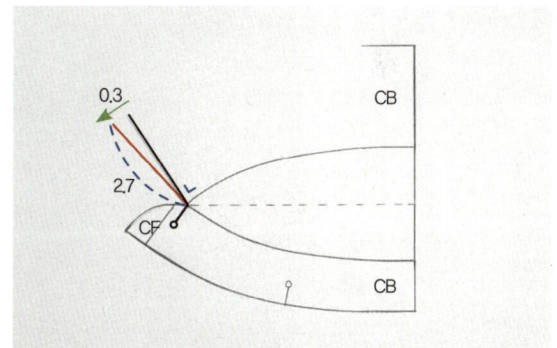

8 칼라의 앞부분은 칼라 아래 곡선에서 직각으로 올린 선에서 약간 앞쪽으로 이동한다. 앞 칼라의 각도와 길이에 따라 칼라의 디자인이 달라진다.

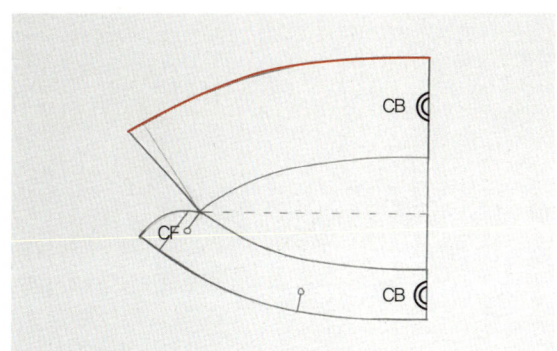

9 뒤중심에서 직각으로 칼라 폭만큼 유지하며 그리다가 중간 이후부터 칼라의 앞부분까지 자연스러운 곡선으로 그린다.

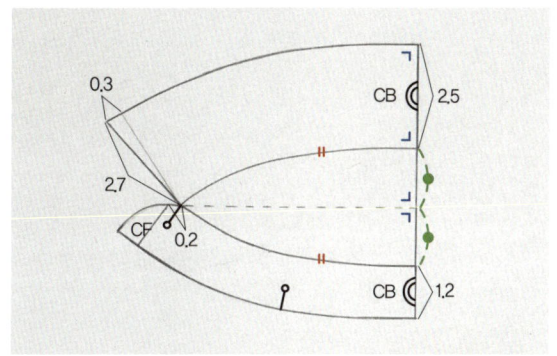

10 완성된 셔츠 칼라 패턴.

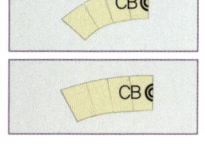

TIP 칼라의 외곽이 좁으면 외곽에 절개선을 넣어 벌리고 칼라가 뜨면 겹쳐서 조금씩 줄이세요.

TOP

04
리본칼라

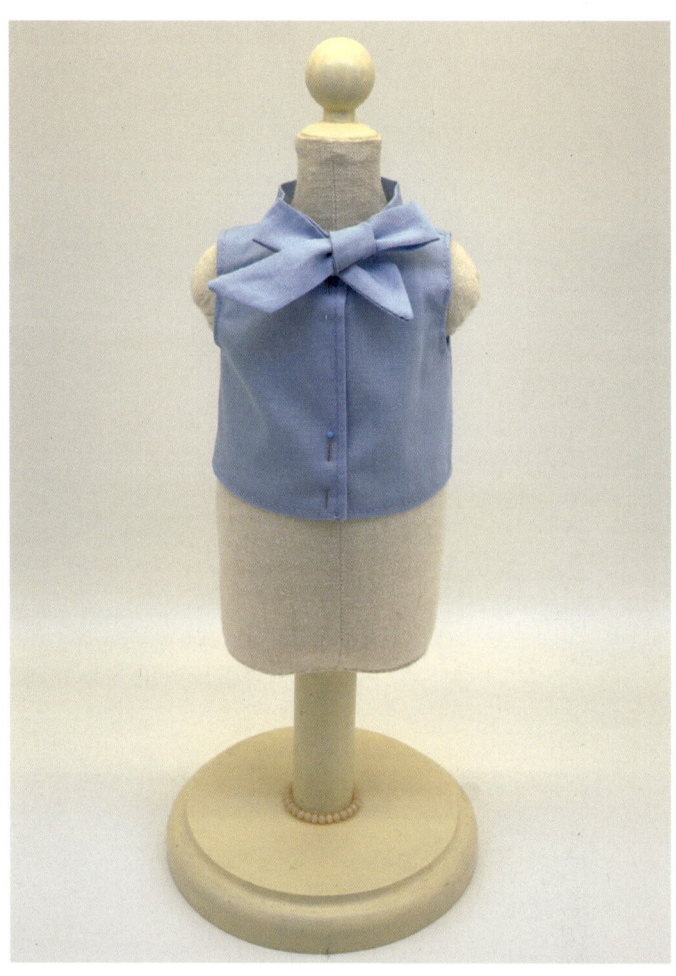

매듭을 묶을 수 있도록 칼라밴드 끝에 여분의 리본을 단 칼라.
앙증맞은 느낌을 줄 수 있어 인형 옷에 자주 쓰인다.

BASIC LESSON

HOW TO MAKE

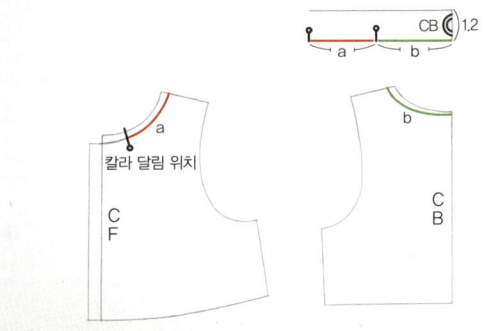

1 몸판의 앞목과 옆목에서 0.3cm, 뒷목에서 0.1cm 들여서 목선을 판다. 앞중심선 바깥쪽으로 0.5cm 낸 단을 넣는다.

2 리본이 시작되는 위치, 즉 칼라 달림 위치를 정하여 몸판에 표시한다. a와 b의 길이를 재서 1.2cm 폭으로 사각형의 칼라 패턴을 그리고 목옆점, 칼라 달림 위치를 표시한다.

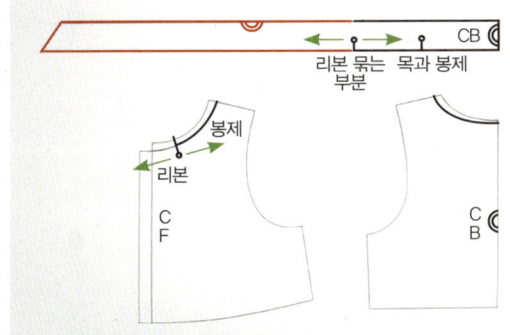

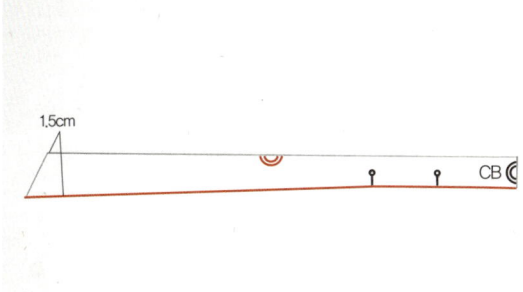

3 칼라 달림 위치로부터 원하는 리본 길이만큼 연장한다. 위쪽은 골(◎)을 표시한다.

4 리본의 폭과 모양은 원하는 디자인으로 설정할 수 있다.

dolls clothing MAKE

05
후드

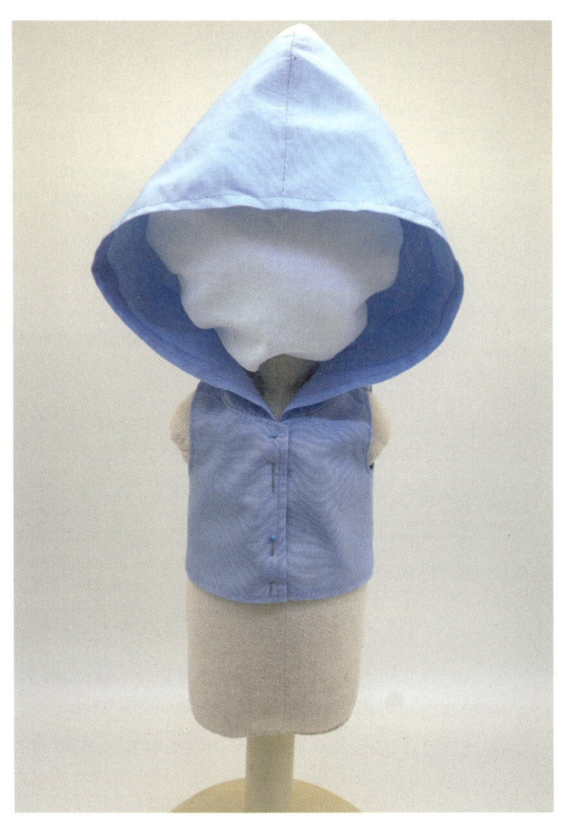
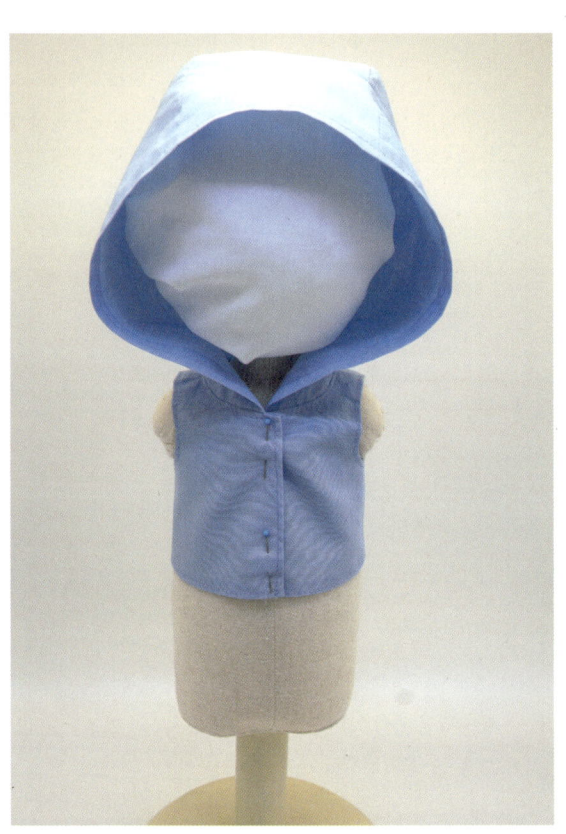

몸판에서 후드로 연결되는 칼라.
절개선 1개의 간단한 후드나 절개선 2개의 입체적인 후드를 디자인할 수 있다.
후드 뒤쪽에 트임을 주어 인형의 머리카락을 빼낼 수 있도록 제도했다.

BASIC LESSON

PATTERN MAKING

필요한 부위와 치수(예시)

- 후드 길이 : 머리 위에서 목앞점까지 길이/2 = 19.5cm
- 후드 폭 : 얼굴을 감싸는 후드의 둘레/2 = 14cm
- 앞몸판과 뒤몸판의 목 높이 차이 = 1.4cm

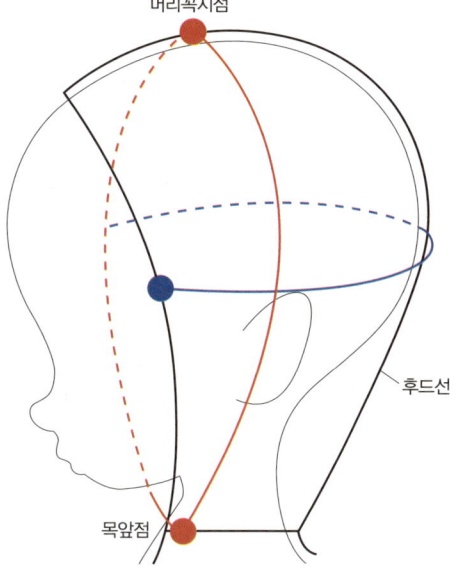

HOW TO MAKE

절개선 1개 후드

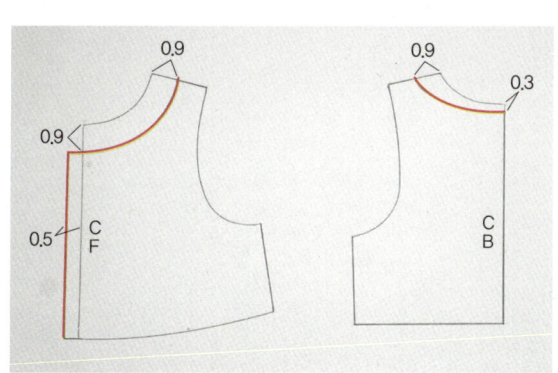

1. 몸판의 앞목과 옆목에서 0.9cm, 뒷목에서 0.3cm 들여서 목선을 판다. 앞중심선 바깥쪽으로 0.5cm 낸 단을 넣는다. 후드는 목둘레의 여유가 많아야 해서 목선을 깊이 판다.

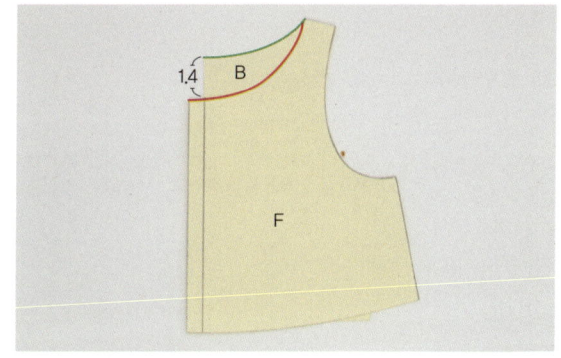

2. 앞 몸판 원형과 뒤 목판 원형의 목 높이 차이를 잰다. 여기서는 1.4cm이다.

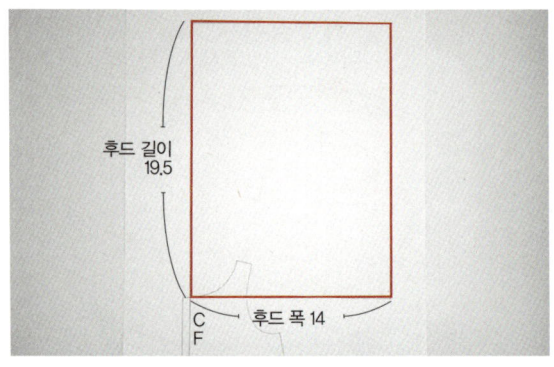

3 목앞점으로부터 후드 길이(19.5cm)만큼 위로 연장하고, 후드 폭(14cm)만큼 옆으로 연장해서 사각형을 그린다.

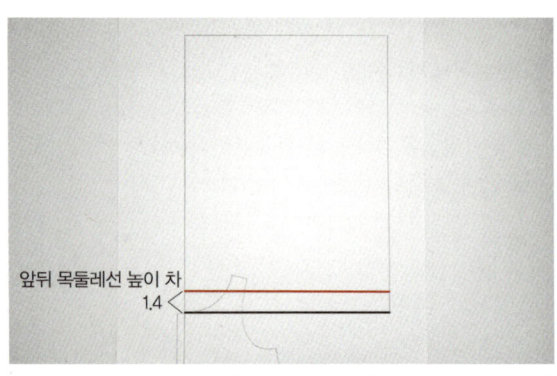

4 후드의 아래쪽 곡선을 그리기 위해 앞뒤 목 높이 차이(1.4cm)만큼 평행선을 그린다.

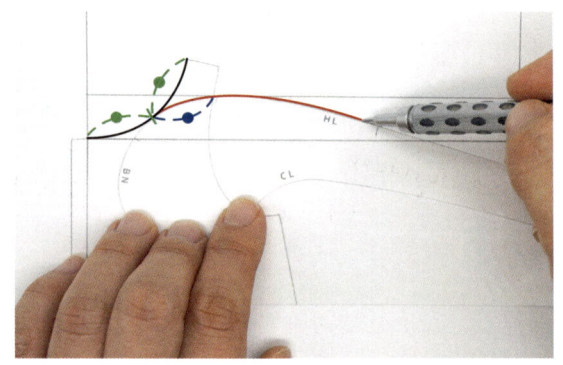

5 앞목둘레를 2등분하여 1/2지점에서 목옆점까지의 목선과 대칭으로 반대 방향 곡선을 그린다. 목옆점의 대칭된 점이 1.4cm 떨어진 목 높이 차이선에 닿도록 한다.

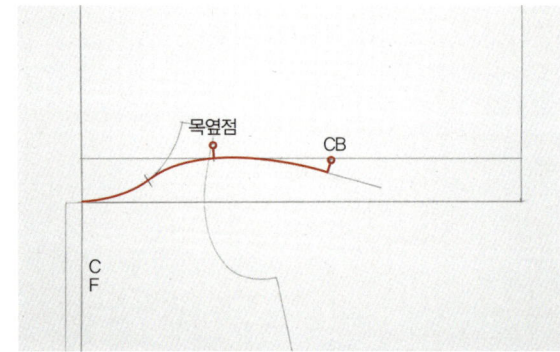

6 몸판의 앞뒤 목둘레 길이를 확인하여 목옆점과 뒤중심을 각각 표시한다.

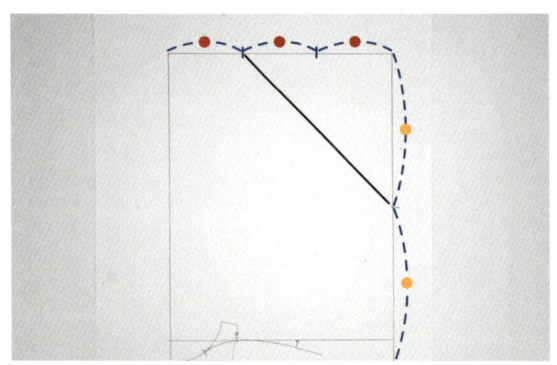

7 후드 사각형의 가로를 3등분하고 세로를 2등분하여 1/3지점과 1/2지점을 직선으로 이어 보조선을 그린다.

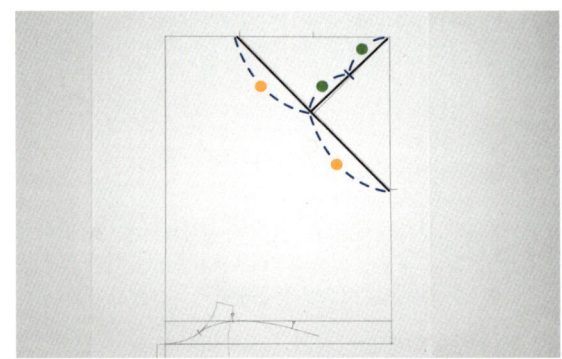

8 보조선을 2등분하여 꼭짓점과 연결하는 직선을 그리고 그 직선을 다시 2등분한다.

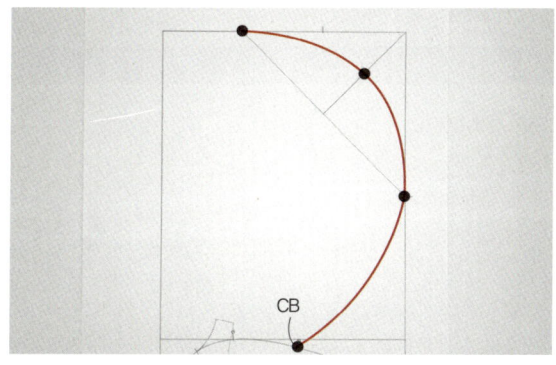

9 각 점들을 곡선으로 연결하여 후드의 곡선을 완성한다. 그대로 완성하면 후드가 되나, 머리숱이 많은 인형이 많으니 후드 밖으로 머리카락을 뺄 공간이 필요하다.

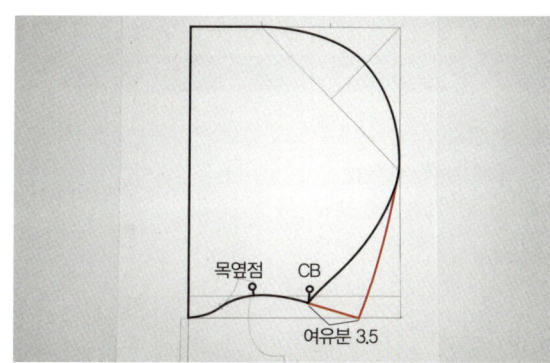

10 뒤중심으로부터 곡선을 바깥으로 3.5cm 정도 연장하여 후드의 곡선을 수정한다.

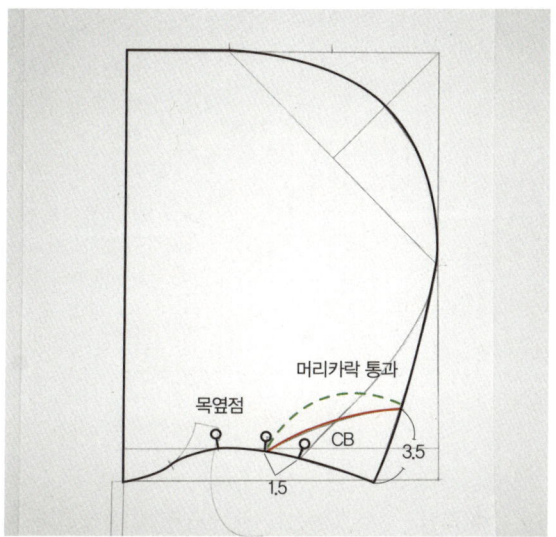

11 뒤중심으로부터 안쪽으로 1.5cm 떨어진 지점부터 후드 아래에서 3.5cm 떨어진 지점을 곡선으로 연결한다. 이 부분이 머리카락을 빼는 구멍이 된다. 트임 시작 위치와 높이는 인형에 따라 조절할 수 있다.

절개선 2개 후드

인형의 머리는 동그란데 후드의 절개선 1개로는 입체적인 실루엣을 나타내기 어렵다.
절개선을 2개 넣으면 머리 모양에 맞는 입체적인 후드가 만들어진다.

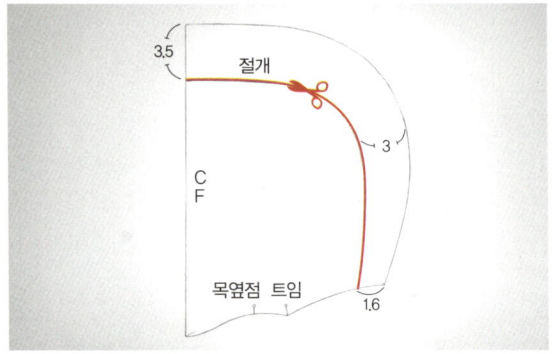

1 절개선 1개짜리 패턴에 절개선 폭(3.5cm)을 정하여 곡선으로 절개선을 넣는다.

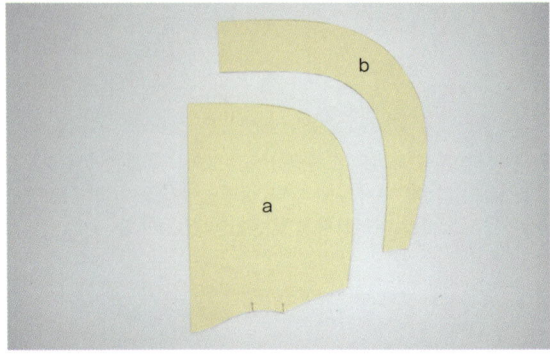

2 제도한 절개선을 따라 잘라 a와 b로 나눈다.

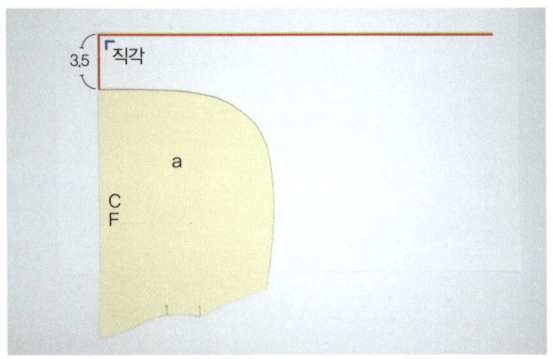

3 앞중심선을 따라 절개선 폭(3.5cm)만큼 a 위로 연장하여 수직선을 그린다.

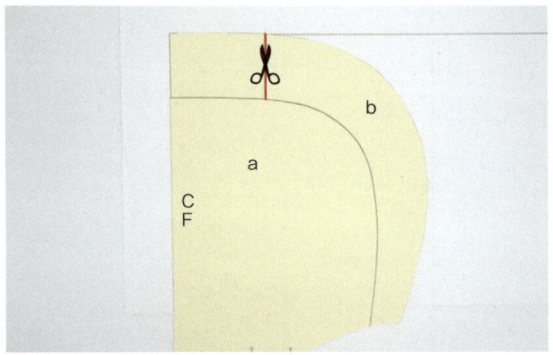

4 b의 표시 부분을 절개한다.

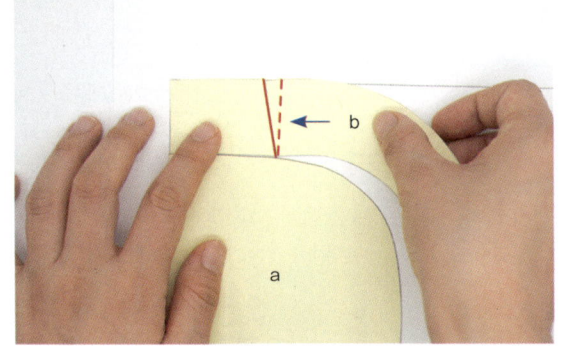

5 윗면이 수직선에 닿도록 위쪽을 겹쳐 고정한다. 아래쪽은 길이가 유지되도록 겹치는 부분이 없게 한다.

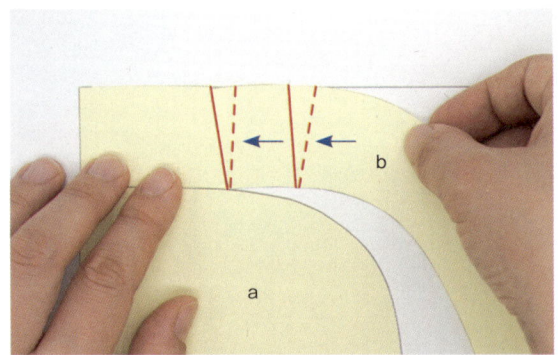

6 다음 절개선을 접어 직선을 따라 고정한다.

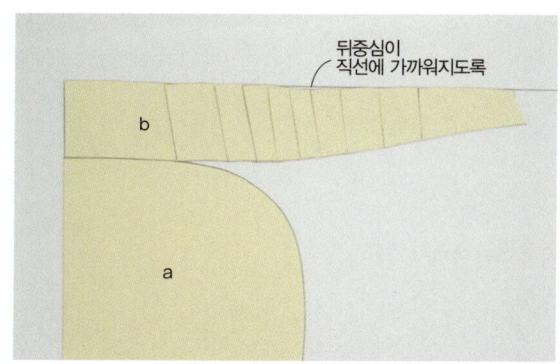

7 이 과정을 반복하여 뒤중심이 직선에 가까워지도록 만들고 새 종이에 베껴 그린다.

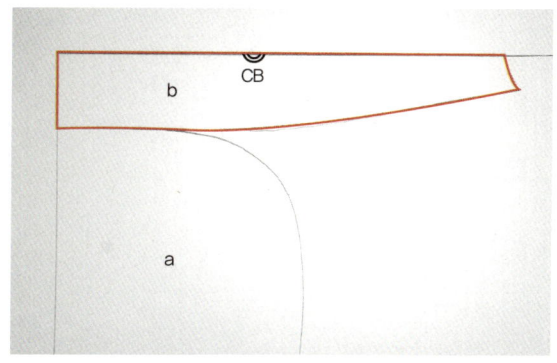

8 베껴 그린 패턴을 자연스러운 곡선으로 수정한다. 뒤중심은 골선(◎)으로 표시한다.

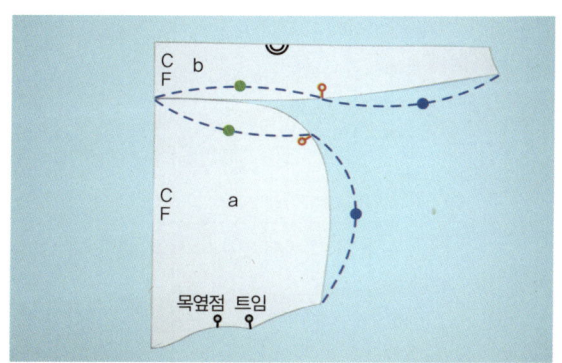

9 패턴 a와 b의 봉제선 길이가 동일한지 확인하고 봉제 지점을 표시한다.

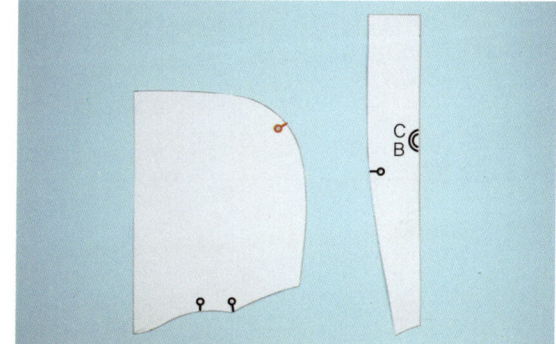

10 완성된 패턴의 모습.

TOP

BASIC
소매

PATTERN MAKING

1. 길이에 따른 소매 명칭

2. 몸판과 소매의 연결

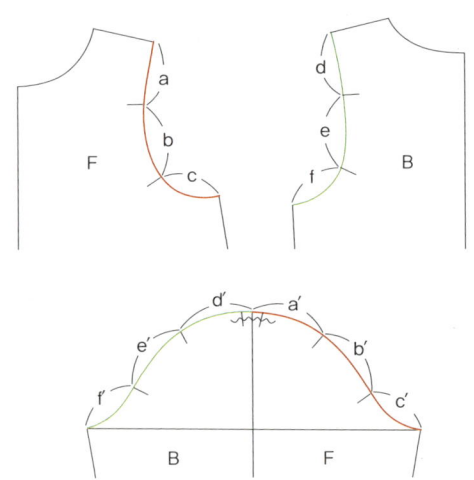

3. 소매 오그림

입체적인 재단을 위해 몸판보다 소매의 진동둘레를 길게 제도하는 방법이다. 봉제할 때 소매 위쪽을 오그려 몸판에 붙이면 어깨에서 소매로 이어지는 곡선을 둥글게 만들 수 있다. 몸판과 소매의 진동둘레 차이만큼 오그림 분량이 되는데 오그림 분량이 많으면 퍼프소매가 되고 적으면 봉제할 때 소매 원단을 잡아당겨 늘려 박아야 한다.

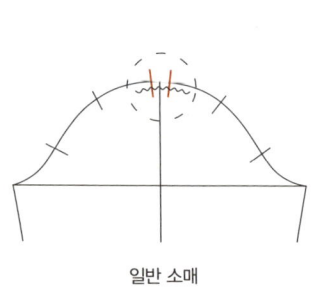

일반 소매

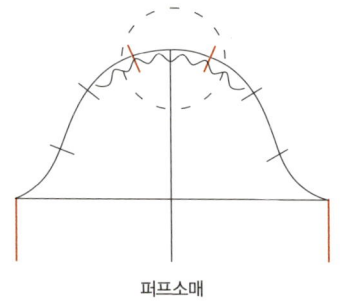

퍼프소매

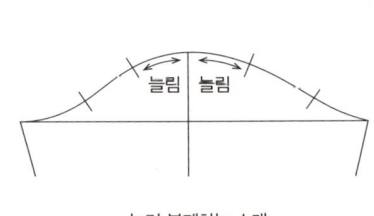

늘려 봉제하는 소매

BASIC LESSON

4. 소매 패턴 수정 방법

소맷부리 수정 방법

① 손목둘레를 늘일 때
원하는 둘레를 양쪽에서 나누어 늘인다. 양쪽 끝이 각지지 않게 깎아 아래 곡선을 볼록하게 굴린다.

② 손목둘레를 줄일 때
원하는 둘레를 양쪽에서 나누어 줄인다. 양쪽 끝이 각지지 않게 오목하게 굴린다. 인형 손이 클 경우 손목둘레에 맞추면 들어가지 않는다. 소맷부리 길이를 손 둘레보다 여유 있게 하거나 고무줄을 넣는 것이 좋다.

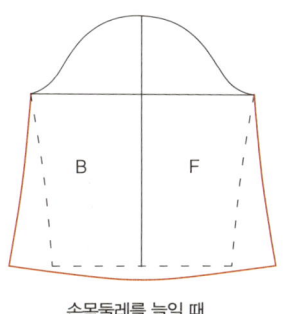

손목둘레를 늘일 때

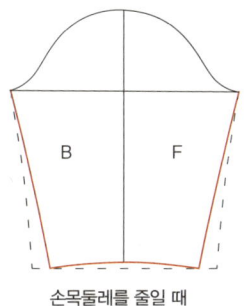

손목둘레를 줄일 때

소매통 수정 방법

① 소매통 둘레를 늘일 때
원하는 분량을 소매통 양쪽 끝에서 나누어 늘이고, 소매산을 낮춰 진동둘레와 길이를 맞춘다.
→ 소매통을 키우면, 소매산을 낮춘다.

② 소매통 둘레를 줄일 때
원하는 분량을 소매통 양쪽 끝에서 나누어 줄이고, 소매산을 높여 진동둘레와 길이를 맞춘다.
→ 소매통을 줄이면, 소매산을 높인다.

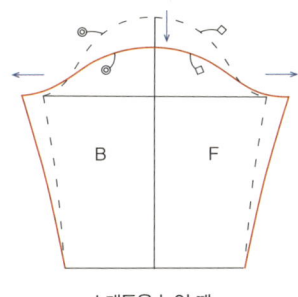

소매통을 늘일 때

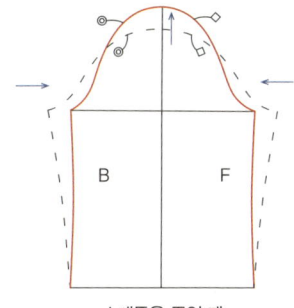

소매통을 줄일 때

몸판과 소매의 진동둘레 길이를 맞추는 방법

① 소매가 몸판보다 길 때
소매를 절개하여 남는 부분을 겹쳐서 줄인다. → 소매산이 낮아진다.

② 소매가 몸판보다 짧을 때
소매를 절개하여 모자란 만큼 벌려서 늘인다. → 소매산이 높아진다.

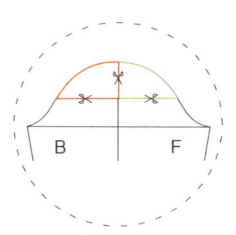 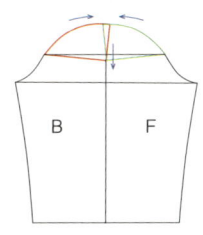

소매가 몸판보다 길 때

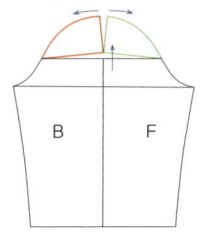

소매가 몸판보다 짧을 때

TOP

01
민소매

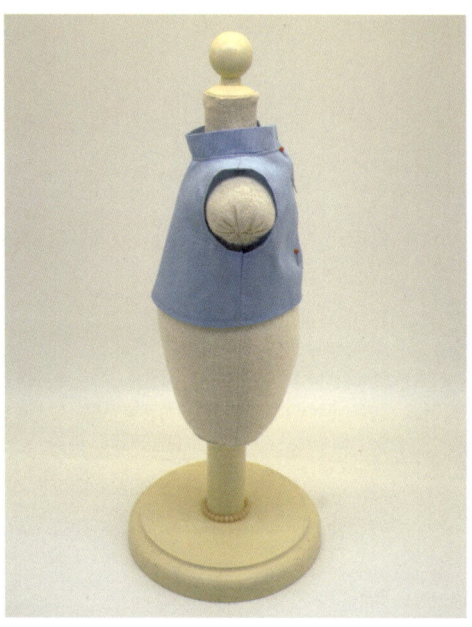

몸판 원형은 소매가 있는 디자인이 기준이므로, 소매가 없는 민소매는 진동깊이를 올려 그린다.

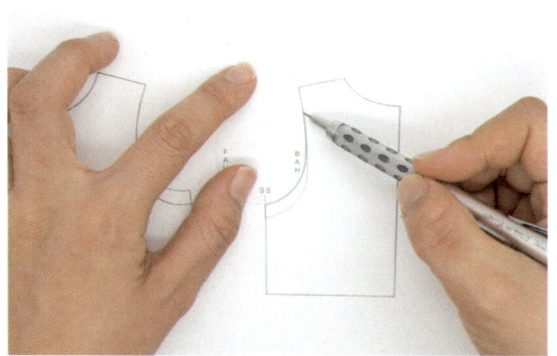

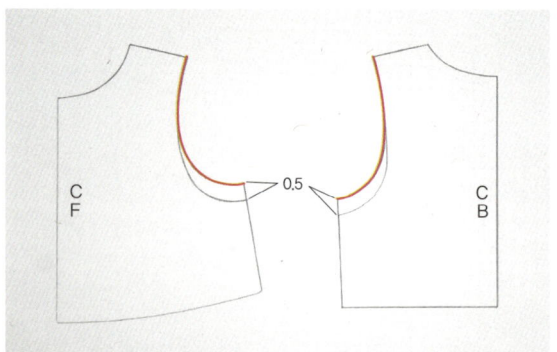

BASIC LESSON

02
셔링소매

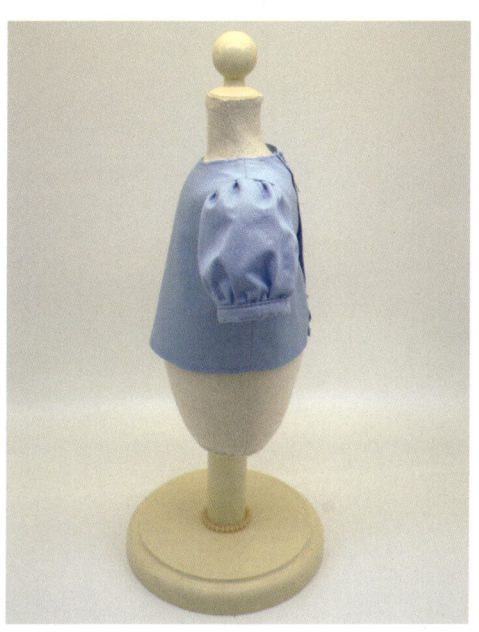

소매산이나 소맷부리에 주름을 넣어 부풀린 소매. 퍼프(puff)소매라고도 한다.

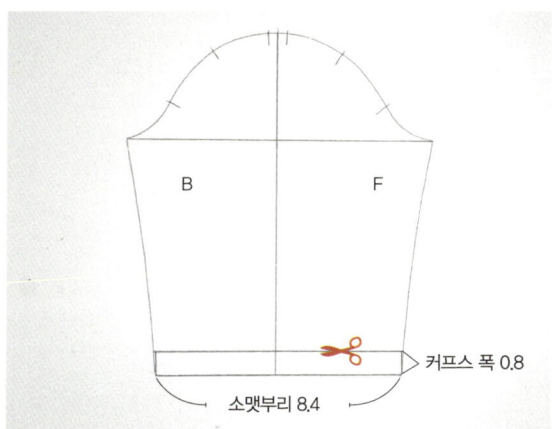

※ 소매 원형에서 커프스 폭 0.8cm은 제외하고 변형한다.

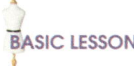

HOW TO MAKE

어깨에 주름을 넣은 셔링소매

1 소매통 크기를 그대로 하려면

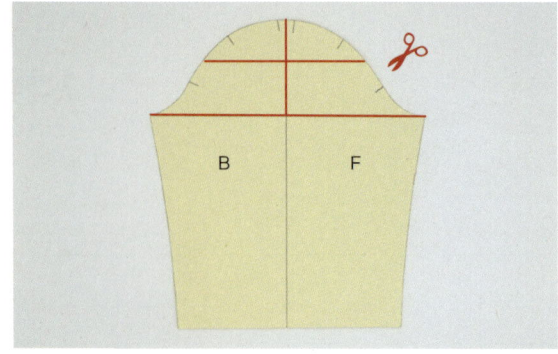

1   소매산과 소매통에 절개선을 넣는다.

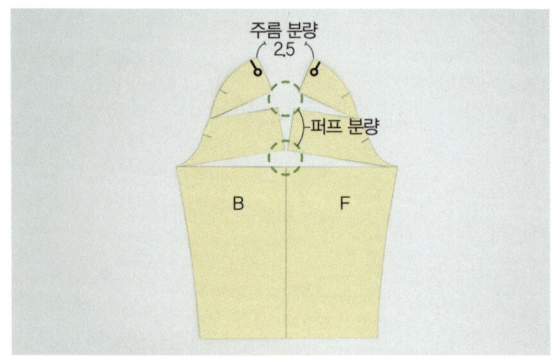

2   절개선을 원하는 분량만큼 위로 벌린다. 벌어진 분량만큼 주름 분량이 되고 가운데 떠 있는 공간만큼 소매가 솟아오른다.

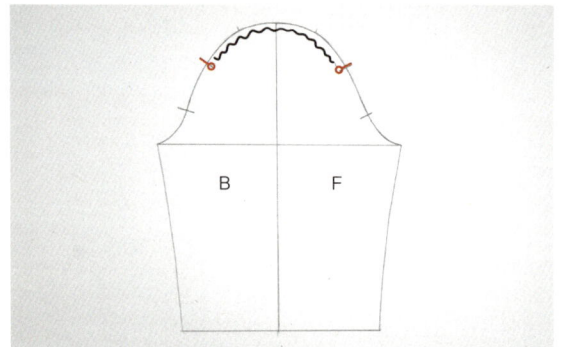

3   자연스러운 곡선으로 다듬고 각 위치를 표시한다.

2 소매통 크기를 늘리려면

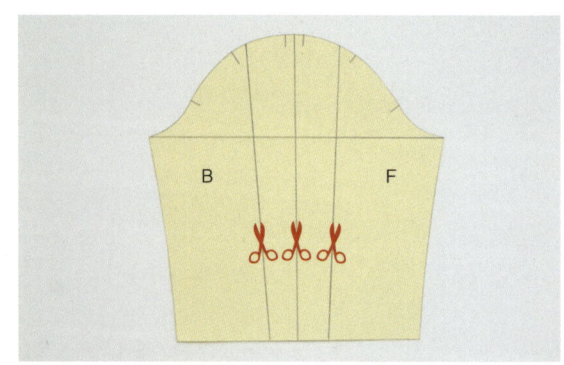

1   소매 위에서 아래까지 길게 절개선을 넣는다.

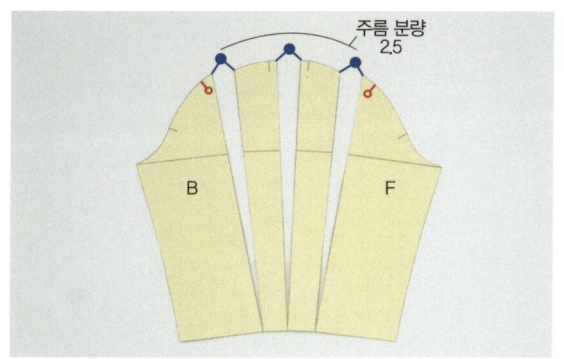

2 원하는 분량만큼 위를 벌린다.

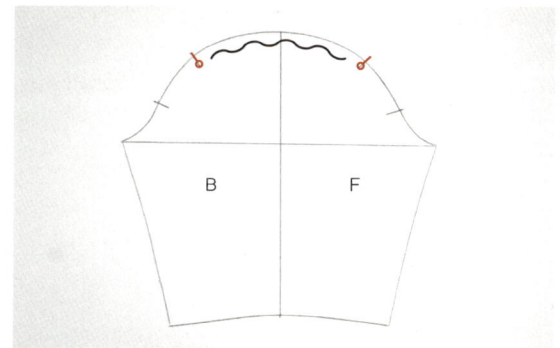

3 자연스러운 곡선으로 다듬고 각 위치를 표시한다.

😊 소맷부리에 주름을 넣은 셔링소매

1 소매통 크기도 늘리려면

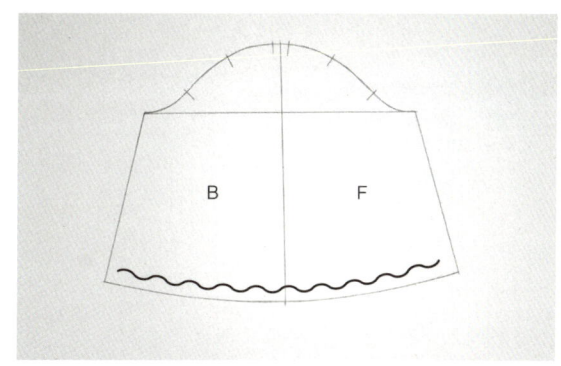

1 소매 위에서 아래까지 길게 절개선을 넣는다.

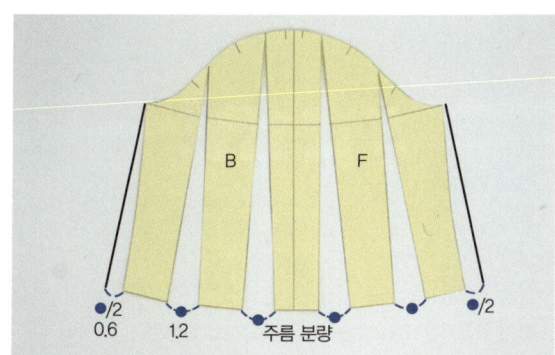

2 원하는 분량만큼 아래를 벌린다.

3 자연스러운 곡선으로 다듬는다.

2 소매통 크기를 그대로 하려면

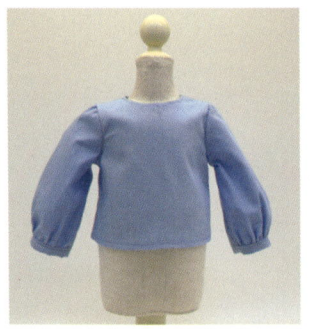

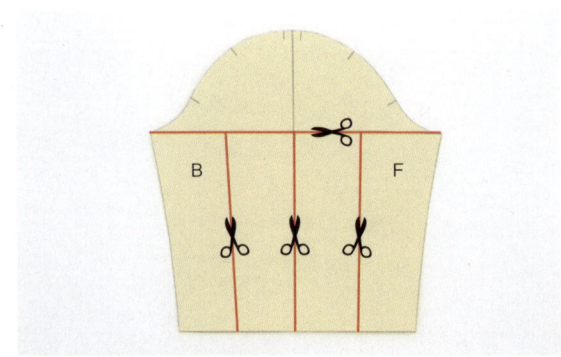

1 소매통 아래로 절개선을 넣는다.

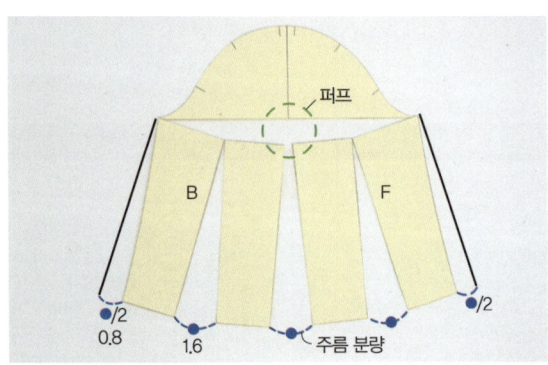

2 원하는 분량만큼 아래를 벌린다. 밑단에 벌어진 분량만큼 주름 분량이 되고 가운데 떠 있는 공간만큼 소매가 봉긋하게 된다.

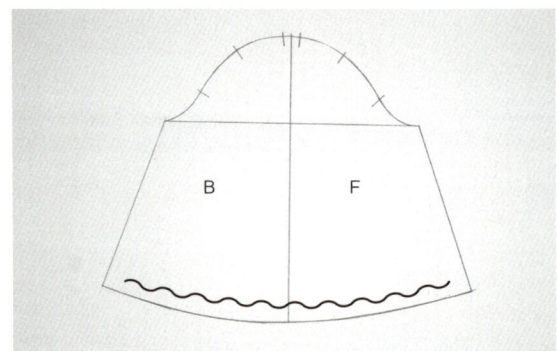

3 자연스러운 곡선으로 다듬는다.

어깨와 소맷부리 양쪽에 주름을 넣은 셔링소매

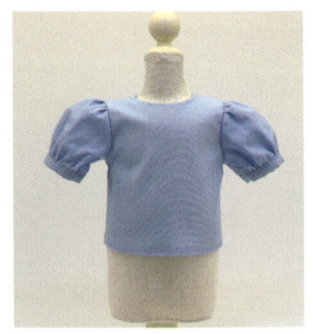

소매 원형에서 길이를 잘라 반팔 소매로 만들었다.
긴팔도 같은 과정을 거친다.

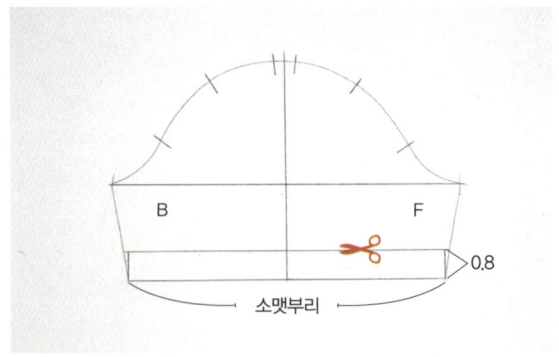

소매 원형에서 커프스 폭 0.8cm은 제외하고 변형한다.

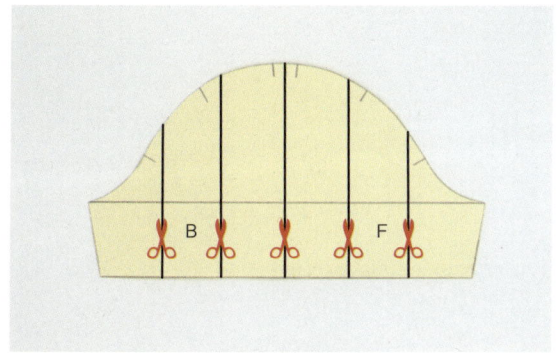

1 소매 위에서 아래까지 길게 절개선을 넣는다.

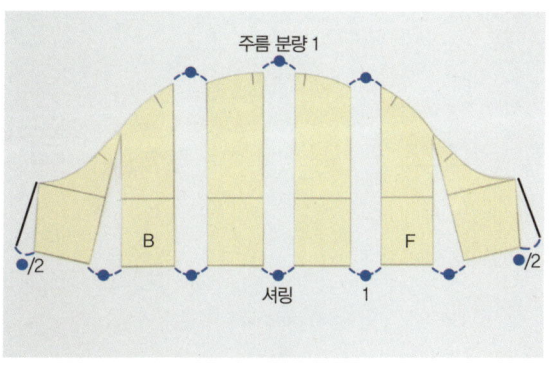

2 원하는 분량만큼 위와 아래를 벌린다.

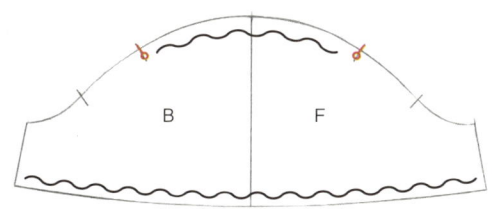

3 자연스러운 곡선으로 다듬고 각 위치를 표시한다.

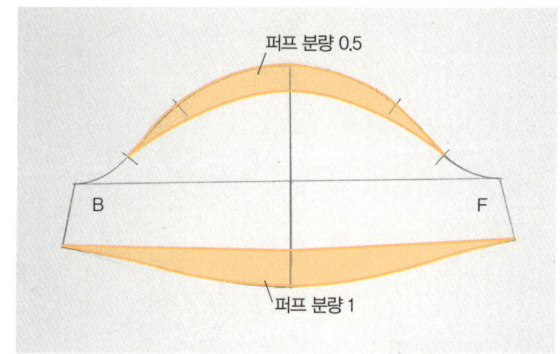

4 소매의 볼륨을 더 키우고 싶다면 아래위 곡선을 더 부풀린다.

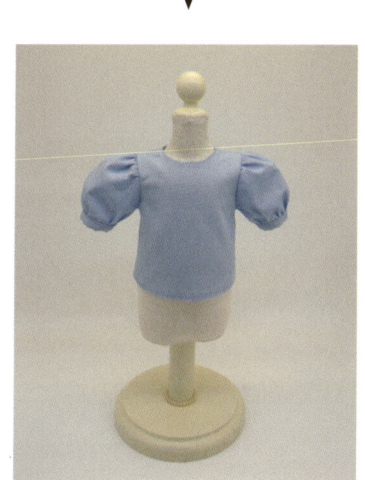

03
돌먼소매

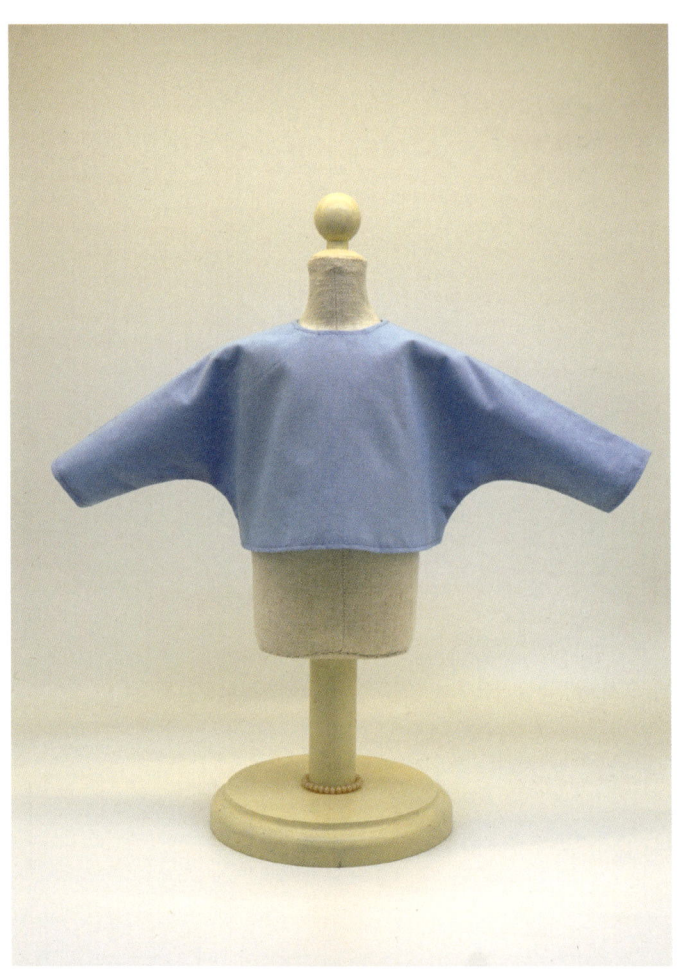

몸판과 소매를 잇는 봉제선 없이 몸판에서 통으로 이어지는 소매.
프렌치(French)소매나 기모노(Kimono)소매도 돌먼소매의 일종이다.
몸판에 여유가 있는 옷에 주로 사용한다.
어깨선 각도에 따라 직선 돌먼과 곡선 돌먼이 있는데
여기서는 직선 돌먼소매를 제도한다. 곡선 돌먼소매는 맨투맨(p.137)과 레인코트(p.190)에서 만날 수 있다.

BASIC LESSON

HOW TO MAKE

1 뒤판 제도

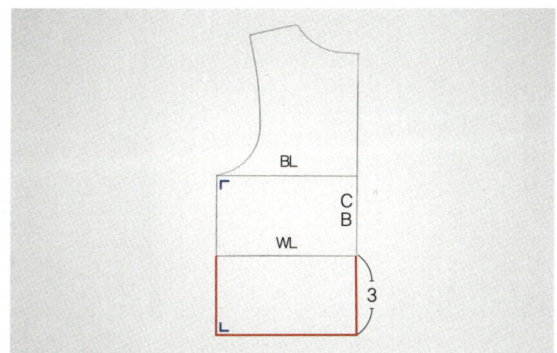

1 엉덩이를 덮는 길이로 몸판 원형의 밑단을 3cm를 연장한다.

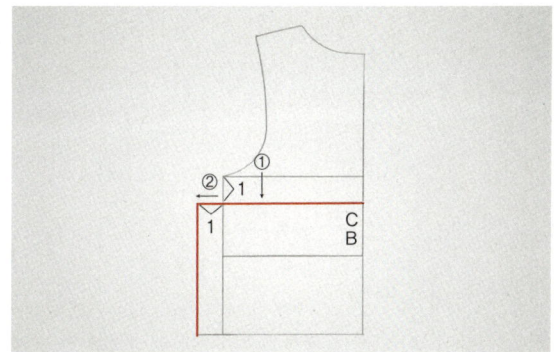

2 몸판에 여유를 주기 위해 ①진동깊이를 1cm 내린 뒤 ②같은 크기로 폭을 1cm 늘인다.

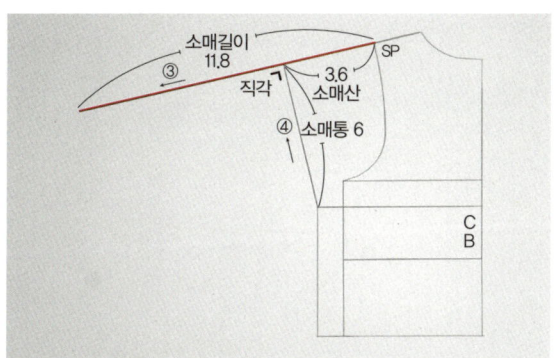

3 ③어깨끝점(SP)부터 소매길이(11.8cm)만큼 선을 연장하여 소매선을 그린다. ④겨드랑이점에서 소매선까지 직각으로 소매통선을 그린 다음 소매산 길이를 잰다. 여기서는 소매산이 3.6cm, 소매통이 6cm이다.

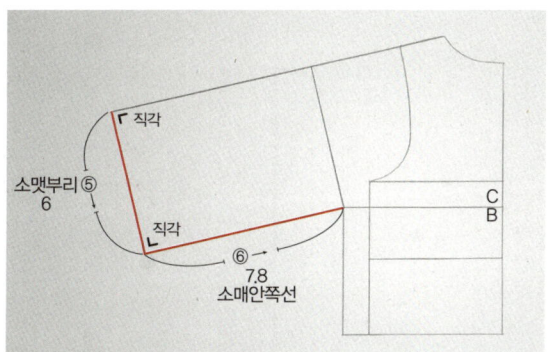

4 ⑤소매끝점에서 직각으로 선을 내려 소매통 길이와 같게 소맷부리를 그린다. ⑥소맷부리를 겨드랑이점과 연결하여 소매안쪽선을 완성한다.

2 앞판 제도

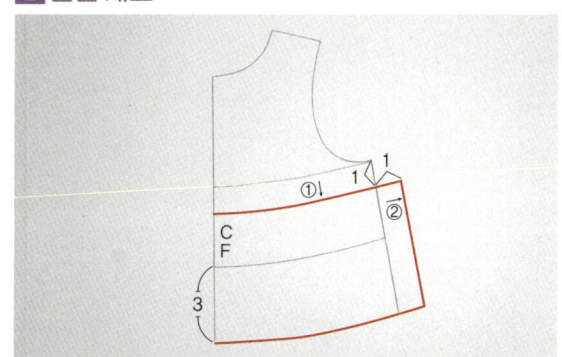

5 뒤판과 같은 방법으로 몸판 원형에서 엉덩이를 덮는 길이로 3cm 연장한다. ①진동깊이를 1cm 내리고 ②같은 크기로 폭을 1cm 늘인다.

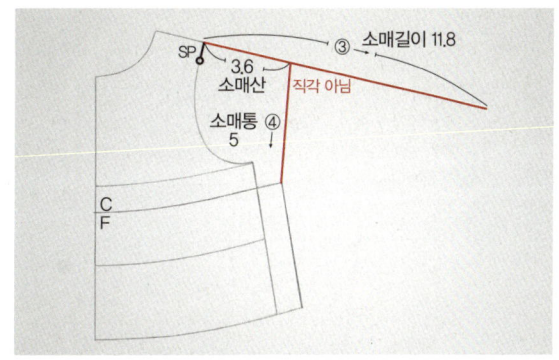

6 ③어깨끝점(SP)에서 소매길이(11.8cm)만큼 연장하여 소매선을 그린다. ④뒤판의 소매산 길이와 같은 지점(3.6cm)에서 겨드랑이점까지 소매통선을 그린다. 소매통선은 소매선에 직각이 아니다.

3 소매 제도

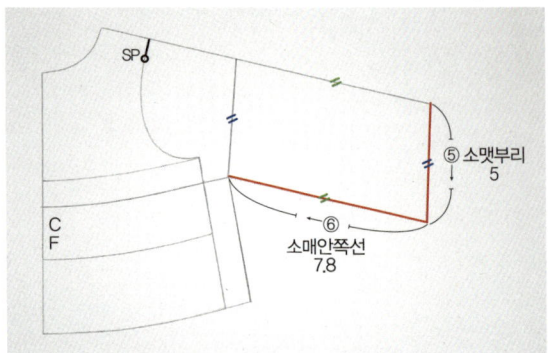

7 ⑤소매끝점에서 소매통선과 평행이면서 길이가 같게 (5cm) 소맷부리를 그린다. ⑥소맷부리를 겨드랑이점과 연결하여 소매안쪽선을 완성한다.

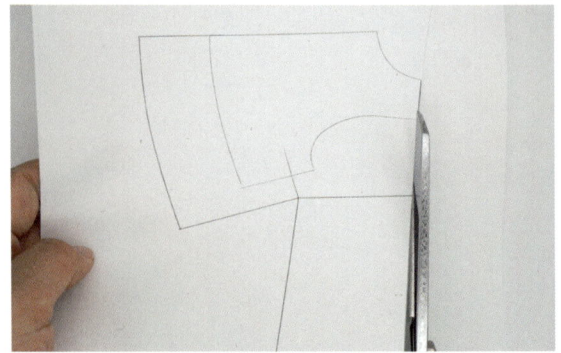

8 제도한 앞판과 뒤판의 소매선을 자른다.

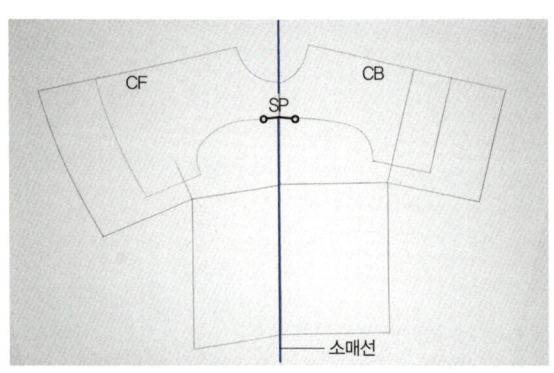

9 자른 앞판과 뒤판의 소매선을 맞추어 이어 붙인다.

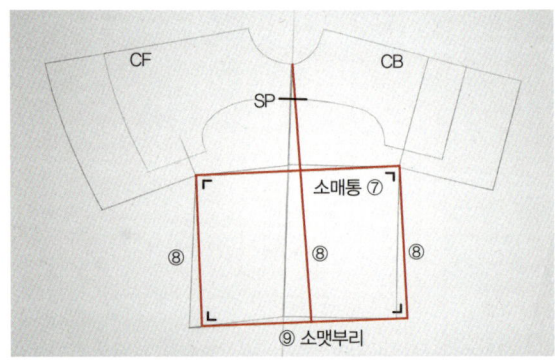

10 ⑦앞판과 뒤판의 겨드랑이점을 직선으로 이어 소매통선을 그린다. ⑧소매통선에서 직각으로 소매선과 소매안쪽선을 그린다. ⑨소맷부리를 완성한다.

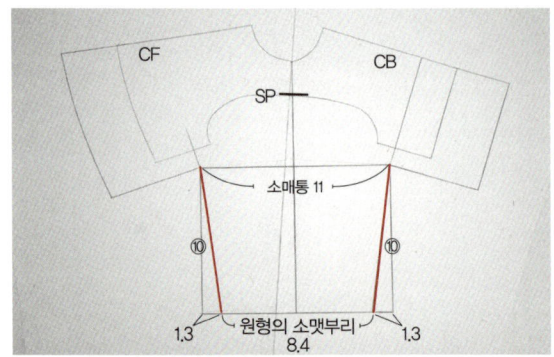

11 ⑩원형의 소맷부리 길이만큼 남기고 양쪽에서 나누어 줄인다. 소맷부리 길이(11cm) − 원형의 소맷부리 길이(8.4cm) = 줄여야 할 분량 2.6cm → 양쪽에서 1.3cm씩 줄인다.

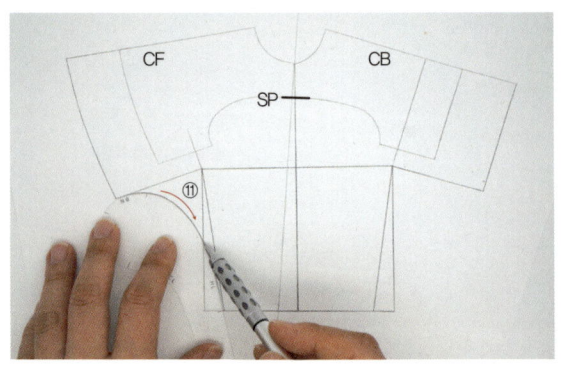

12 ⑪곡선자로 소매안쪽선을 자연스럽게 그린다.

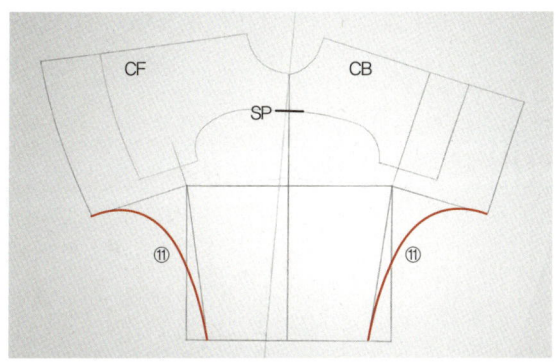

13 양쪽의 소매안쪽선을 모두 그린 모습.

14 곡선 길이를 재서 임의의 위치를 표시하고 해당 길이가 앞 뒤판 모두 일치하는지 확인한다.

TIP

직선 돌면의 실루엣 보완

어깨끝점에서 소매안쪽선까지 절개선을 넣는다. 줄이고 싶은 분량만큼 겹쳐 실루엣을 수정할 수 있다.

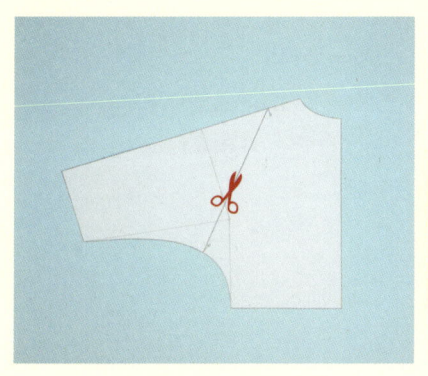

겹침 분량

TOP

04
드롭소매

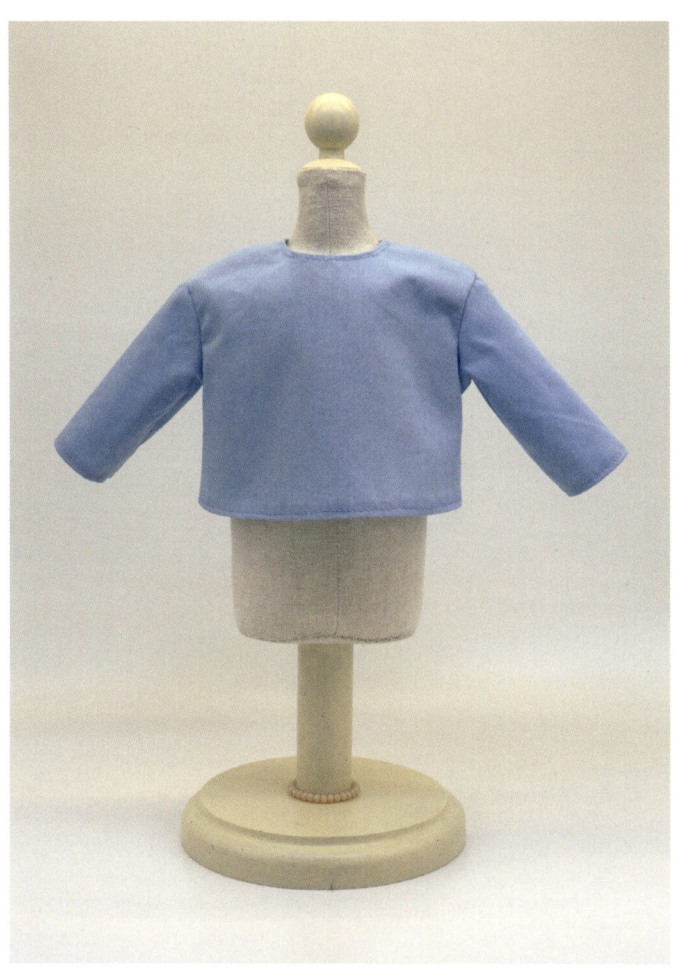

소매가 연결되는 어깨점을 팔쪽으로 내린 소매를 드롭소매라고 한다.
어깨선이 조금 내려온 경우는 어깨선을 연장한 만큼 소매산을 내리면 되고, 어깨선이 많이 내려온 경우는
몸판과 붙여 제도한다. 돌먼 소매 패턴과 비슷하며 몸판에 여유가 있는 디자인에 사용된다.
어깨선 각도에 따라 직선 드롭과 곡선 드롭이 있는데
여기서는 곡선 드롭소매를 제도한다.

BASIC LESSON

1 뒤판 제도

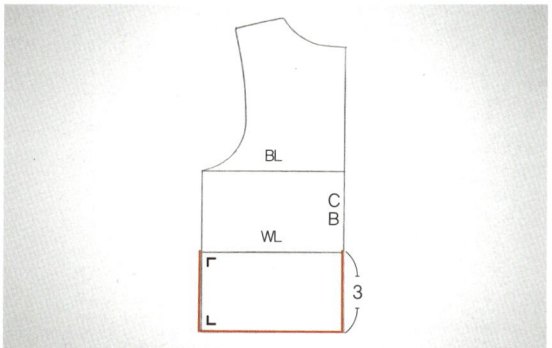

1 몸판 원형에서 엉덩이를 덮는 길이로 3cm를 연장한다.

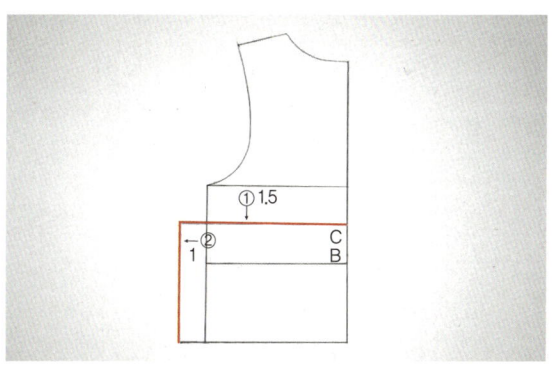

2 몸판에 여유를 주기 위해 ①진동깊이를 1.5cm 내리고 ② 폭을 1cm 늘인다.

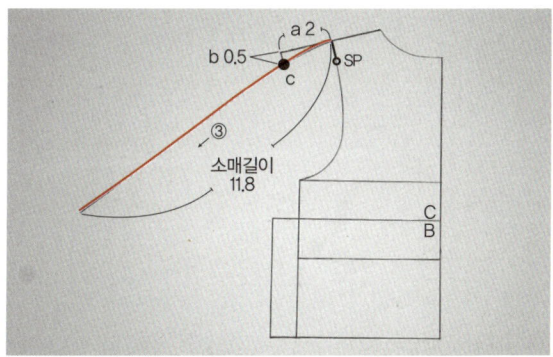

3 어깨 각도를 정하기 위해 어깨끝점(SP)에서 a(2cm)만큼 연장하여 b(0.5cm)만큼 직각으로 내려온 지점 c를 정한다. ③어깨끝점(SP)에서 c까지 자연스러운 곡선으로 연결하고 그 아래는 직선으로 그려서 소매길이(11.8cm)만큼 소매선을 완성한다.

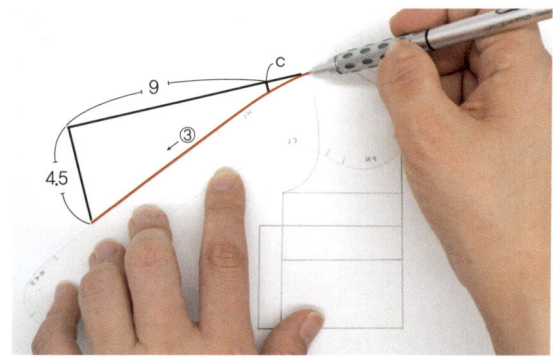

4 소맷부리 시작점은 어깨선을 직선으로 연장한 지점에서 4.5cm 떨어져 있다.

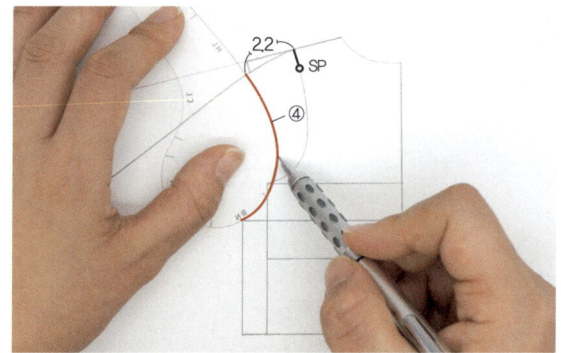

5 ④새로 그릴 진동둘레선의 위치를 어깨끝점에서 2.2cm로 정한 다음 새 진동둘레선을 그린다.

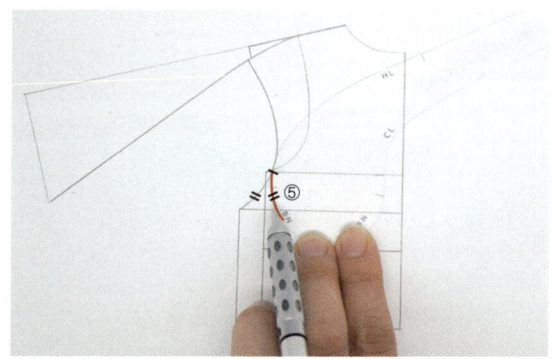

6 ⑤새 진동둘레선의 아래쪽 1/3 지점 즈음에 대칭이 되는 반대 방향 곡선을 그린다.

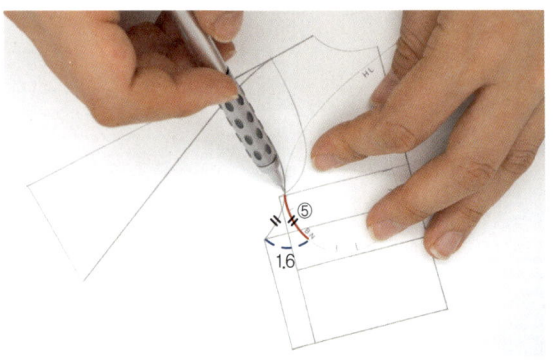

7 기존 진동둘레와의 거리(점선 부분)는 대략 1.6cm이다. 이 거리가 길어질수록 소매통이 넓어진다.

8 ⑥새로 그린 겨드랑이점에서 소매선에 직각으로 만나는 선이 소매통(6cm)이다. 소매선과 소매통이 만나는 점까지의 소매산 길이를 잰다. 여기서는 2.6cm가 나왔다. ⑦소매 끝점에서 직각으로 소매통과 같은 길이만큼 선을 내려 소맷부리를 그리고 ⑧겨드랑이점과 연결하여 소매안쪽선을 그린다.

2 앞판 제도

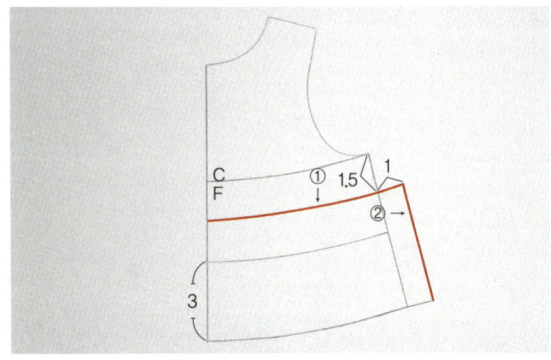

9 뒤판과 마찬가지로 길이를 3cm 연장한다. ①진동깊이를 1.5cm 내리고 ②폭을 1cm 늘인다.

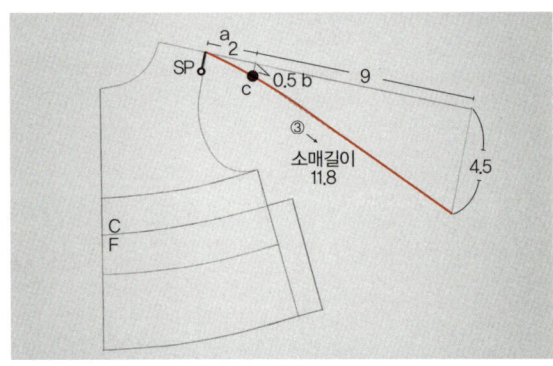

10 어깨 각도를 정하기 위해 a(2cm)만큼 연장하고 b(0.5cm)만큼 직각으로 내려온 지점(c)을 정한다. ③어깨끝점(SP)에서 자연스러운 곡선으로 연결하고 그 아래는 직선으로 그려서 소매길이(11.8cm)만큼 소매선을 완성한다. 소매 끝점은 어깨선을 직선으로 연장한 지점에서 4.5cm 떨어져 있다.

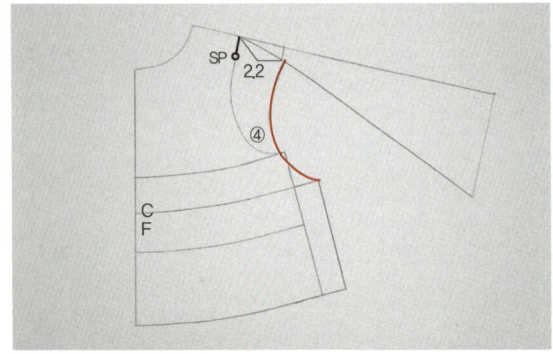

11 ④뒤판과 마찬가지로 새로 그릴 진동둘레선의 위치를 어깨끝점에서 2.2cm로 정한 다음 새 진동둘레선을 그린다.

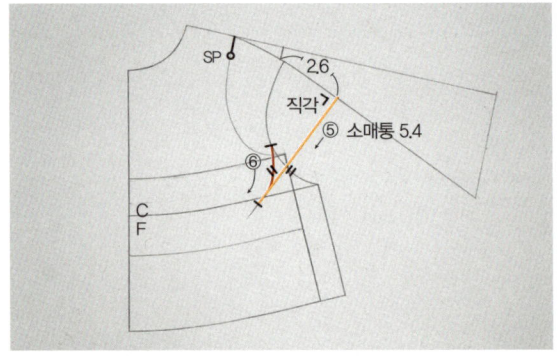

12 ⑤뒤판의 소매산 길이와 같은 지점(2.6cm)에서 소매통선을 직각으로 내린다. ⑥새 진동둘레선의 아래쪽 1/3 지점 즈음에 대칭이 되는 반대 방향 곡선을 그리고 소매통선에 닿는 지점을 찾는다. 여기서는 약 5.4cm 정도이다.

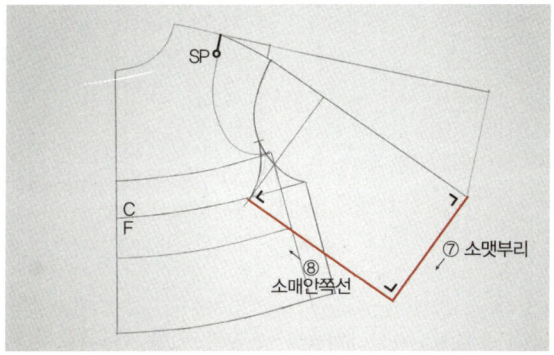

3 소맷부리 길이 정하기

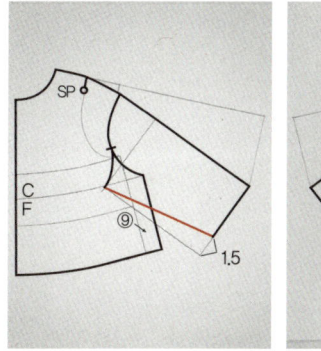
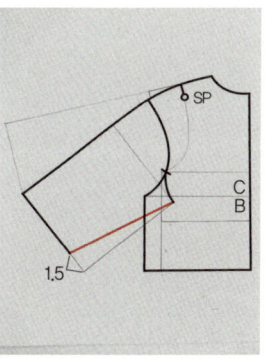

13 　⑦소매끝점에서 직각으로 소맷부리/2의 길이만큼 선을 내려 소맷부리를 그리고 ⑧몸판의 겨드랑이점과 연결하여 소매안쪽선을 완성한다.

14 　⑨소맷부리 길이(11.4cm) − 원형의 소맷부리 길이(8.4cm) = 줄여야 할 분량 3cm → 양쪽에서 1.5cm씩 나누어 줄인다.

4 몸판과 소매 분리

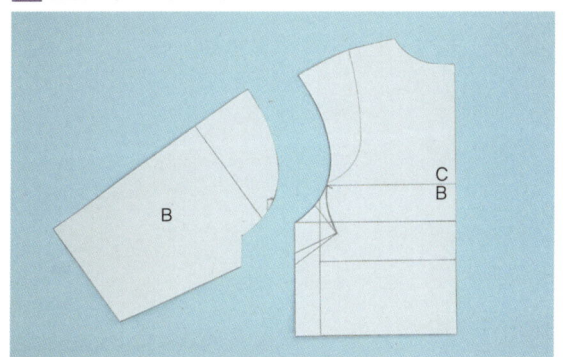
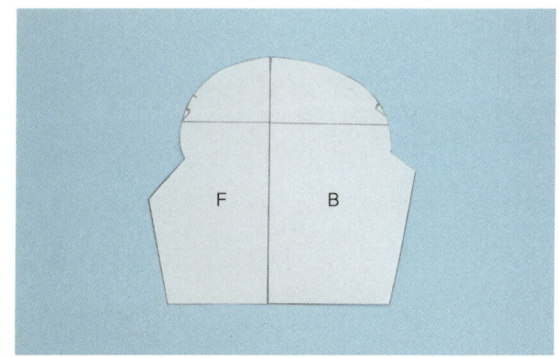

15 　앞판과 뒤판의 몸판에서 진동둘레선대로 소매를 자른다. 소매 패턴을 잘라내면 소매와 몸통이 겹친 부분만큼 부족한데 이 부분을 보완하기 위해 소매 패턴을 수정한다.

16 　앞판과 뒤판의 소매를 이어 붙인다.

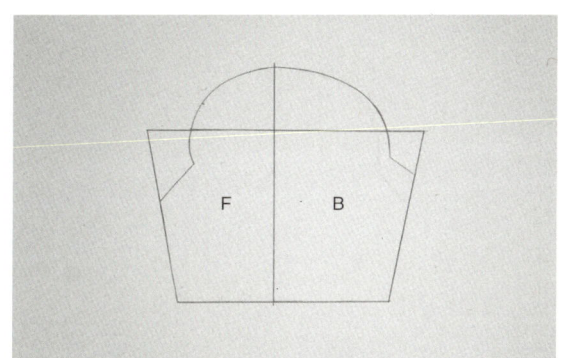
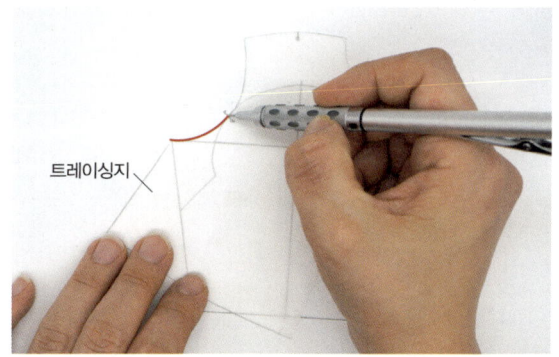

17 　새 종이에 베껴 그린 다음 소매통과 옆선이 만날 때까지 연장한다.

18 　트레이싱 지에 베낀 몸판을 대고 소매의 모자란 부분을 그려 넣는다.

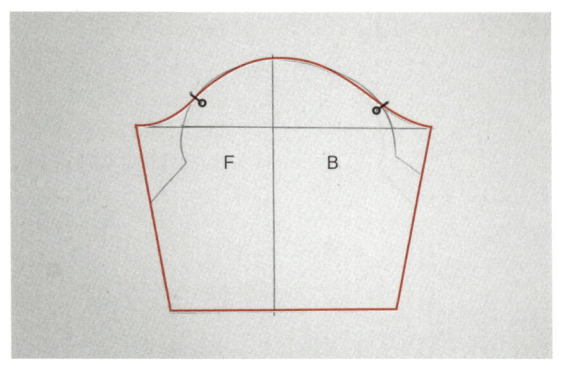

19 어색한 부분은 자연스러운 곡선으로 연결한다.

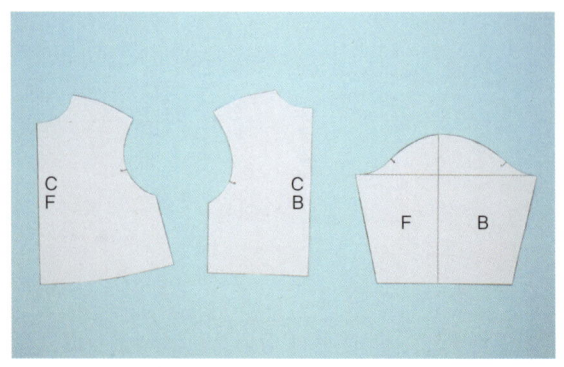

20 몸판과 소매 패턴 완성.

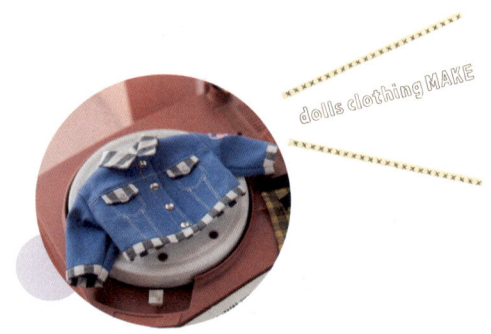

05
래글런소매

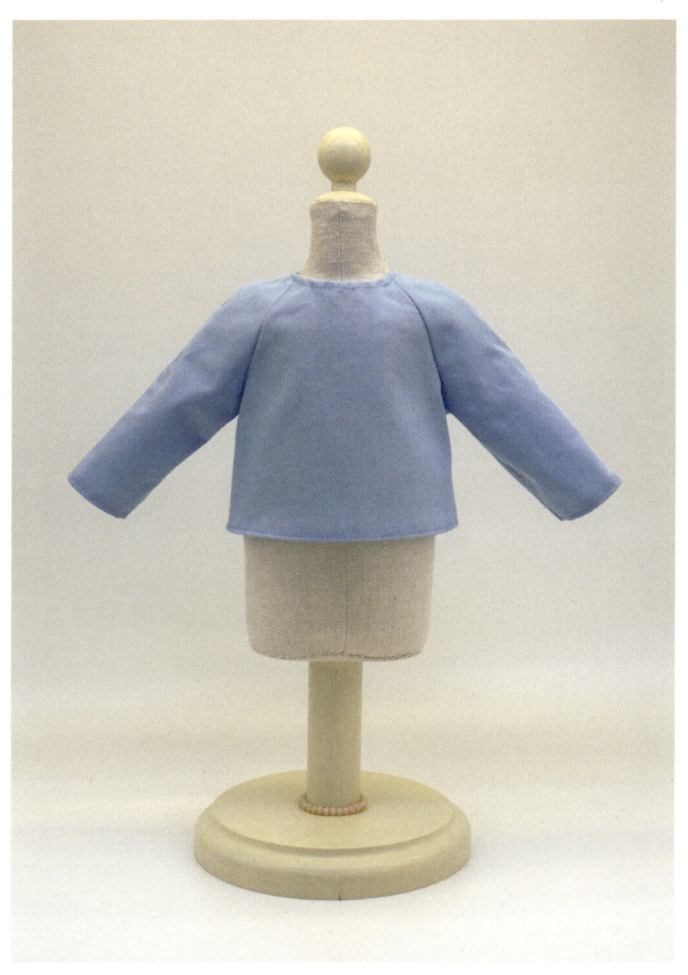

어깨와 소매를 구분하는 봉제선이 없고 목에서 겨드랑이 쪽으로 봉제한 래글런선이 있다.
전체적으로 여유 있는 스타일에 주로 사용된다.
돌먼소매처럼 직선으로 연장하는 방법과 어깨 각도를 내려 곡선으로 만드는 방법이 있다.
여기서는 곡선 래글런 패턴을 만들어보고 직선 래글런은 래글런티셔츠(p.134) 패턴에서 살피도록 한다.

곡선 래글런소매

1 뒤판 제도

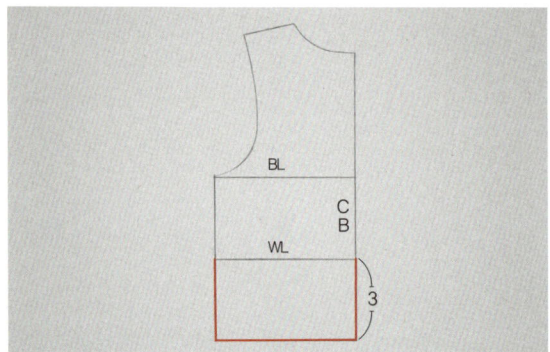

1 몸판 원형에서 엉덩이를 덮는 길이로 3cm를 연장한다.

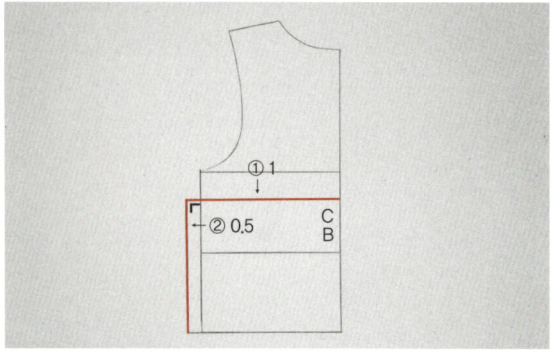

2 몸판에 여유를 주기 위해 ①진동깊이를 1cm 내리고 ②폭을 0.5cm 늘인다.

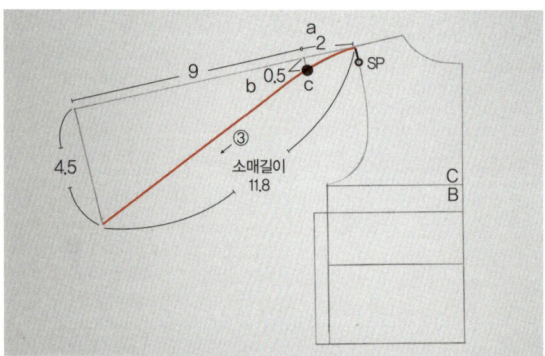

3 어깨 각도를 정하기 위해 a(2cm)만큼 연장하고 b(0.5cm)만큼 직각으로 내려온 지점(c)을 정한다. ③어깨끝점(SP)에서 c까지 자연스러운 곡선으로 연결하고 그 아래는 직선으로 그려서 소매길이(11.8cm)만큼 소매선을 완성한다. 소매끝점은 어깨선을 직선으로 연장한 지점에서 4.5cm 떨어져 있다.

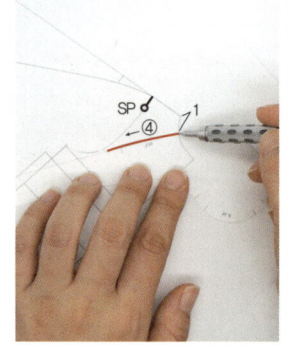 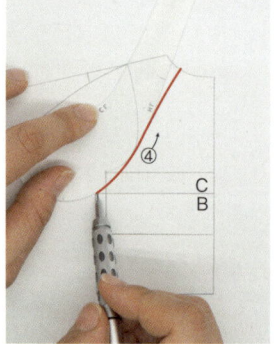

4 ④목옆점에서 1cm 떨어진 지점에서 겨드랑이점까지 새 진동둘레선을 그린다.

> **TIP** 곡선이 변하는 부분을 그릴 때는 곡선자를 잘 이용해가며 자연스럽게 그리세요.

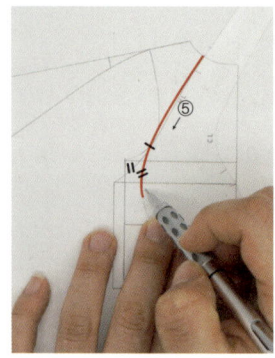 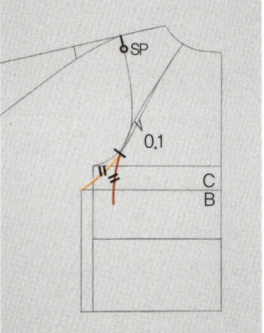

5 ⑤곡선자를 반대로 뒤집어 밑진동둘레에서 반대 방향 곡선을 그린다.

> **TIP** 이때 진동둘레선과 소매선 사이에 0.1~0.2cm 정도 공간이 생기도록 합니다. 이렇게 하면 불필요한 분량이 없어져요. 몸판 허리에 다트를 넣는 것과 같은 원리예요.

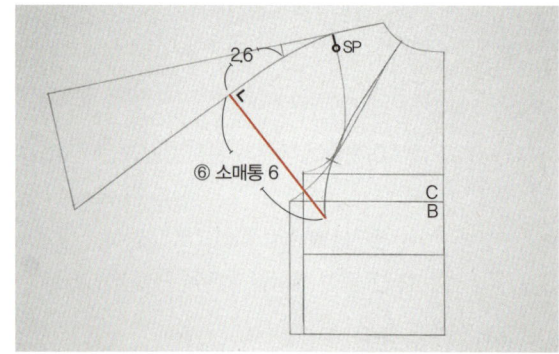

6 ⑥겨드랑이점에서 소매선까지 직각으로 만나는 지점을 찾아 연결하여 소매통을 그린다. 여기서는 6cm가 나왔다.

2 앞판 제도

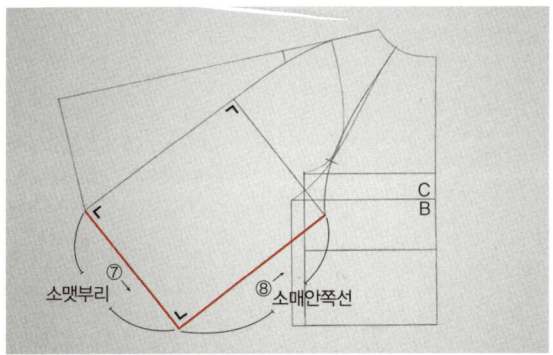

7 ⑦소매끝점에서 직각으로 선을 내려 소매통과 같은 길이만큼 소맷부리를 그린다. ⑧그 다음 겨드랑이점과 연결하여 소매안쪽선을 그린다.

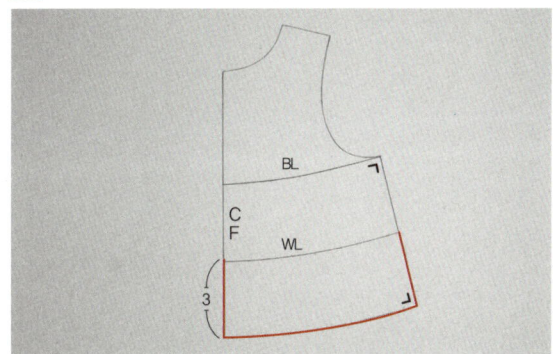

8 뒤판과 마찬가지로 길이를 3cm 연장한다.

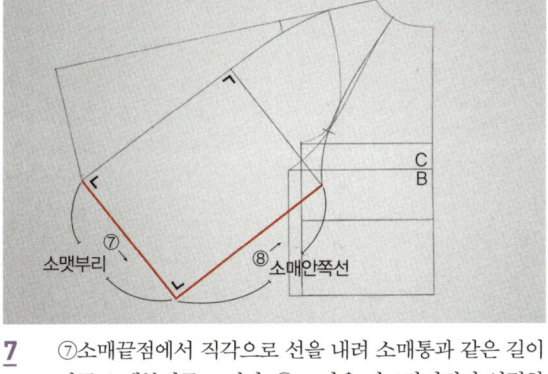

9 뒤판처럼 ①진동깊이를 1cm 내린 다음 ②폭을 0.5cm 늘인다.

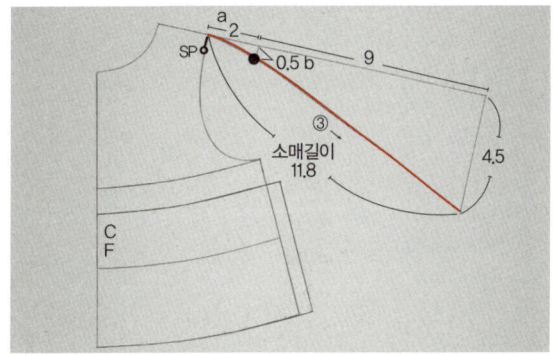

10 뒤 어깨 각도와 동일하게 a(2cm)만큼 연장하고 b(0.5cm)만큼 직각으로 내려온 지점(c)을 정한다. ③어깨끝점(SP)에서 c까지 자연스러운 곡선으로 연결하고 그 아래는 직선으로 그려서 소매길이(11.8cm)만큼 소매선을 완성한다. 소매끝점은 어깨선을 직선으로 연장한 지점에서 4.5cm 떨어져 있다.

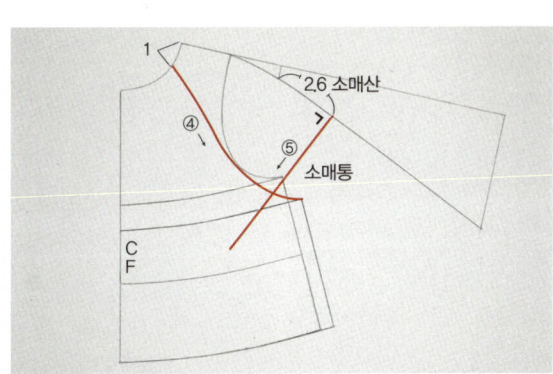

11 ④목옆점에서 1cm 떨어진 지점에서 겨드랑이점까지 새 진동둘레선을 그린다. ⑤뒤판과 같은 소매산 지점에서 직각으로 선을 내려 소매통선을 연장해둔다.

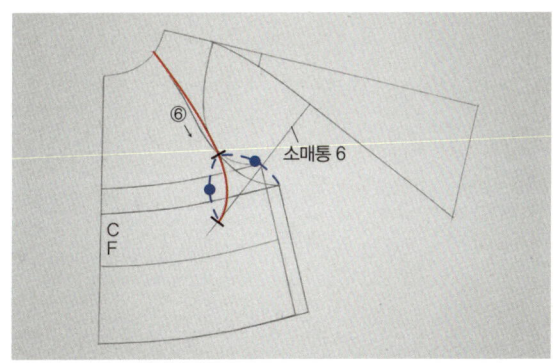

12 ⑥곡선자를 반대로 뒤집어 밑진동둘레에서 반대 방향 곡선을 그리면서 소매통선과 만나는 지점을 찾는다. 진동둘레선과 소매선 사이가 0.1~0.2cm 정도의 공간이 생기도록 한다.

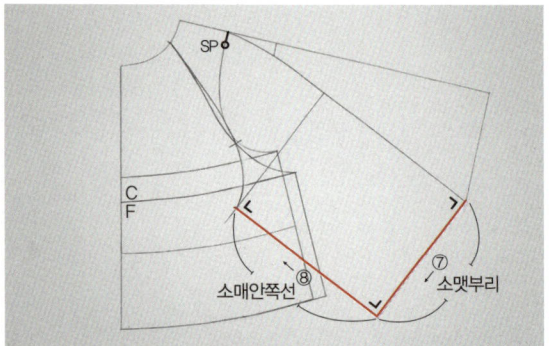

3 소맷부리 길이 정하기

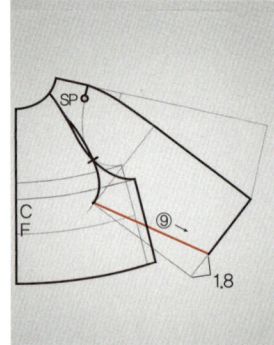
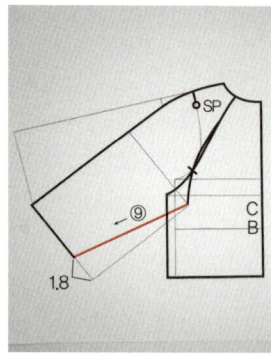

13 ⑦소매끝점에서 직각으로 선을 내려 소매통과 같은 길이만큼 소맷부리를 그린다. ⑧그 다음 겨드랑이점과 연결하여 소매안쪽선을 그린다.

14 ⑨소맷부리 길이를 줄인다.
소맷부리 길이(12cm) - 원형의 소맷부리 길이(8.4cm) = 줄여야 할 분량 3.6cm → 양쪽에서 나누어 1.8cm씩 줄인다.

4 몸판과 소매 분리

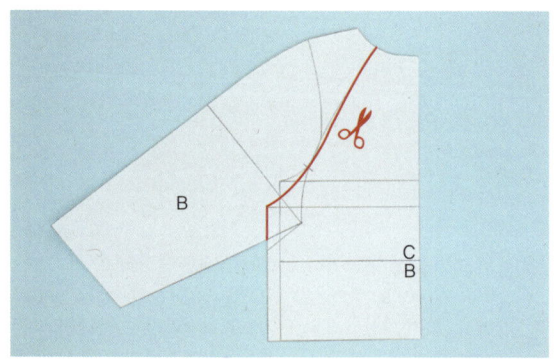
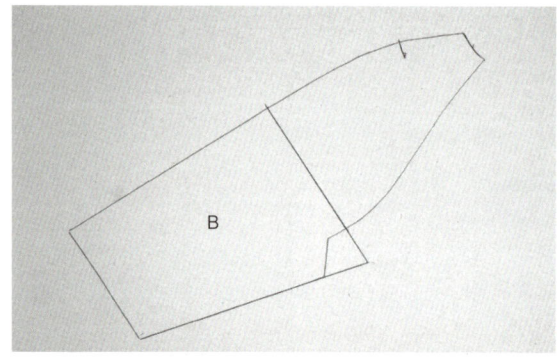

15 앞판과 뒤판의 몸판에서 진동둘레선대로 소매를 자른다. 소매 패턴을 잘라내면 소매와 몸통이 겹친 부분만큼 부족한데 이 부분을 보완하기 위해 소매 패턴을 수정해야 한다.

16 새 종이에 베껴 그린 다음 소매통 길이와 옆선이 만날 때까지 연장한다.

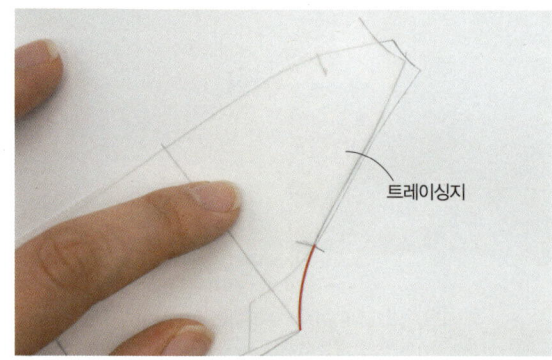
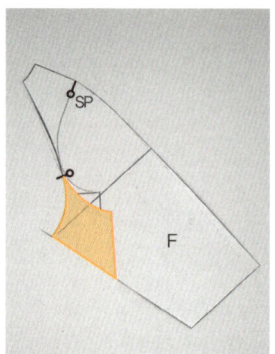
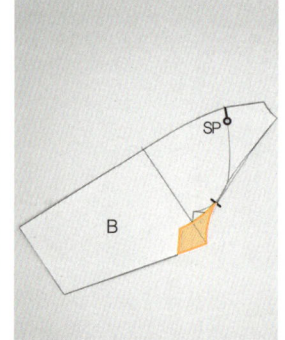

17 트레이싱지에 베껴 그린 몸판을 대고 소매의 모자란 부분을 그려넣는다.

18 앞뒤 소매 패턴에 채워 넣은 부분.

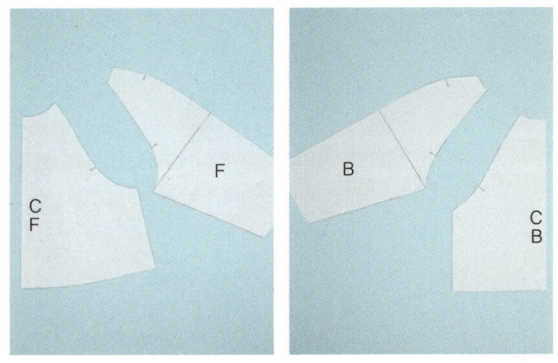 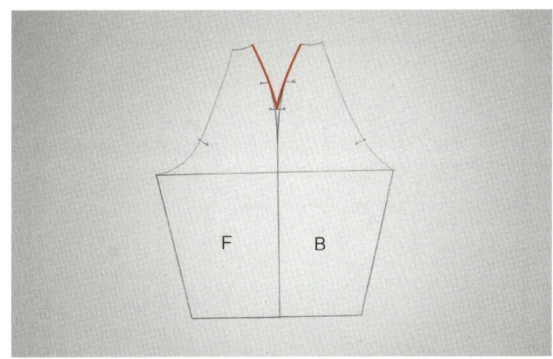

19 완성한 래글런소매 앞판과 앞소매, 뒤판과 뒤소매 패턴.

20 래글런소매 앞뒤를 붙이는 경우에는 어깨끝점(SP)부터 다트로 만든다.

dolls clothing MAKE

CHAPTER 2

STEP UP LESSON

실전! 패턴 워크

PART 4
스타일리시 베이비돌 패션

★ 〈PATTERN MAKING〉 – 원형 패턴 활용법
앞서 제도한 원형 패턴을 어떻게 변형하여 해당 아이템을 디자인했는지 보여주는 부분입니다.
패턴 초보자라면 이 부분은 건너뛰고 바로 〈HOW TO MAKE〉로 넘어가도 괜찮아요.
하지만 패턴 변형 및 디자인에 관심이 많다면 이 부분을 꼼꼼히 읽어보기를 권합니다.

★ 〈HOW TO MAKE〉 – 옷과 소품을 만드는 과정
옷감을 재단 후 봉제하는 과정을 설명한 부분입니다.
패턴에 대해 전혀 모르더라도 그대로 따라 하면 누구든 쉽게 옷과 소품을 만들 수 있어요!

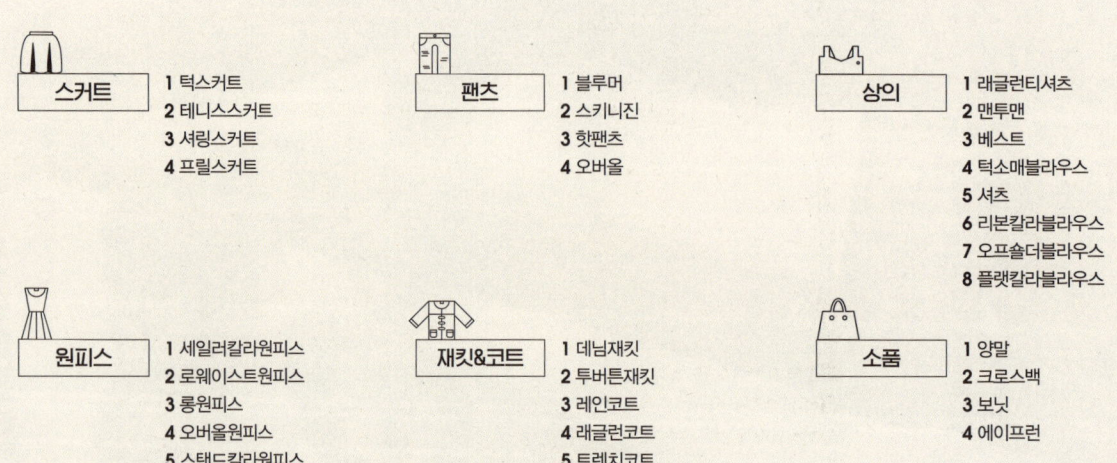

스커트
1 턱스커트
2 테니스스커트
3 셔링스커트
4 프릴스커트

팬츠
1 블루머
2 스키니진
3 핫팬츠
4 오버올

상의
1 래글런티셔츠
2 맨투맨
3 베스트
4 턱소매블라우스
5 셔츠
6 리본칼라블라우스
7 오프숄더블라우스
8 플랫칼라블라우스

원피스
1 세일러칼라원피스
2 로웨이스트원피스
3 롱원피스
4 오버올원피스
5 스탠드칼라원피스

재킷&코트
1 데님재킷
2 투버튼재킷
3 레인코트
4 래글런코트
5 트렌치코트

소품
1 양말
2 크로스백
3 보닛
4 에이프런

SKIRT

01
턱스커트

재료 겉감 30×30cm, 스냅 3쌍

※ 원단 끝은 올풀림방지액 처리

※ **실물 도안** p. 212

PATTERN MAKING

A라인을 이용한 턱스커트 제도법(p. 54~55) 참고. 시접은 뒤중심 1cm, 나머지 0.5cm.

1 A라인스커트에서 길이를 1cm 줄인다.

2 앞뒤판 가운데 턱이 들어갈 절개선을 그린다.

3 위 1cm, 아래 0.5cm 폭의 맞턱을 넣고 뒤중심에 여밈을 위해 0.5cm 낸 단을 둔다.

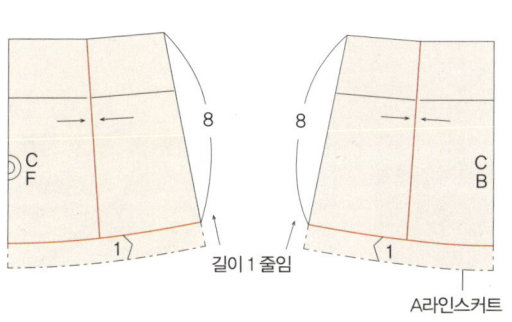

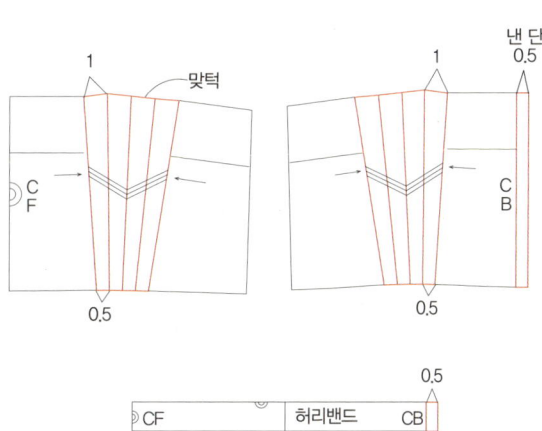

HOW TO MAKE

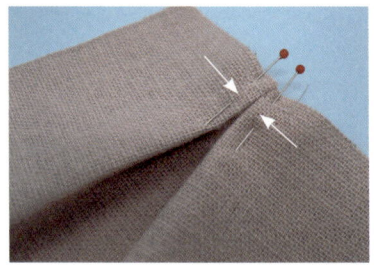

1 뒤판 겉에서 맞턱을 접어 시침핀으로 고정한다.

2 시접 부분을 박아 턱을 고정한다.

3 앞판에도 맞턱을 잡고 박아 고정한다.

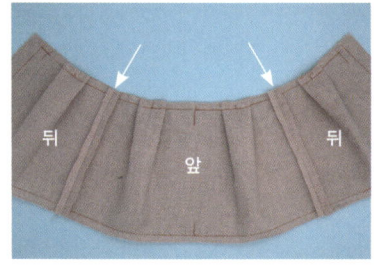

4 앞판과 뒤판의 겉을 맞대고 옆선을 박아 시접을 가른다.

5 밑단을 접어 박는다.

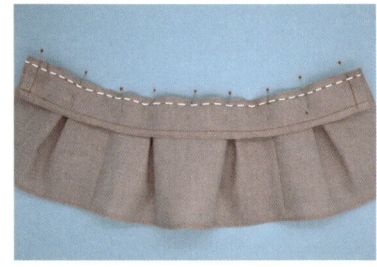

6 허리밴드와 몸판의 겉을 맞대고 허리둘레를 박아 연결한다.

7 시접은 위로 꺾는다.

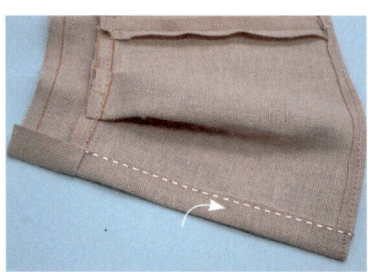

8 뒤중심선 시접을 접어 허리밴드 부분을 남기고 아래만 박는다.

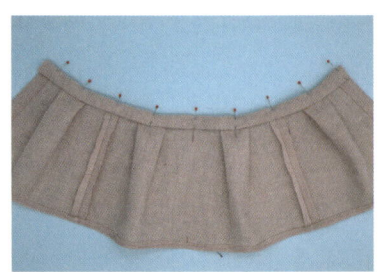

9 허리밴드의 시접을 접어 넣고 다시 반으로 접어 시침핀으로 고정한다.

10 허리밴드 아래쪽을 박는다.

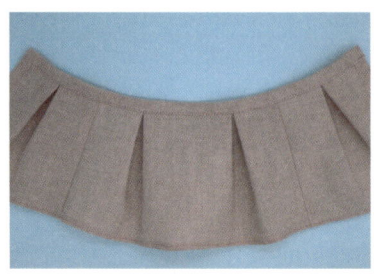

11 허리밴드를 연결하고 겉에서 본 모습.

12 스냅을 달면 턱스커트 완성!

SKIRT

02
테니스스커트

재료 겉감 80×20cm, 스냅 2쌍

※ 원단 끝은 올풀림방지액 처리

※ **실물 도안** p. 213

PATTERN MAKING

플리츠스커트 제도법(p. 48~51) 참고. 시접은 뒤중심 1.5cm, 나머지 0.5cm.

1 기본스커트에서 길이를 1cm 줄이고 주름 간격을 1.5cm씩 나눈다.

2 각 절개선마다 주름속을 1.5cm 폭으로 2칸씩 넣고 뒤중심에 여밈을 위해 낸 단 0.5cm를 추가한다.

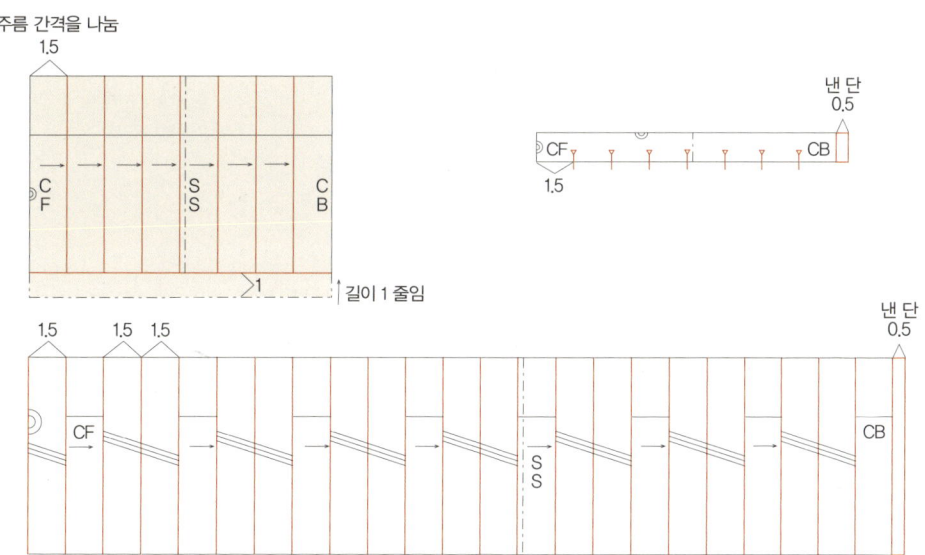

HOW TO MAKE

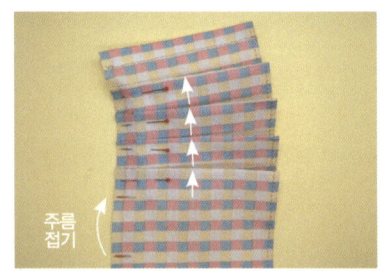

1 스커트 밑단의 시접을 접어 박는다.

2 뒤중심 시접을 0.5cm, 1cm로 2번 접어 박는다.

3 겉에서 주름 간격 표시대로 주름을 접어 시침핀으로 고정한다.

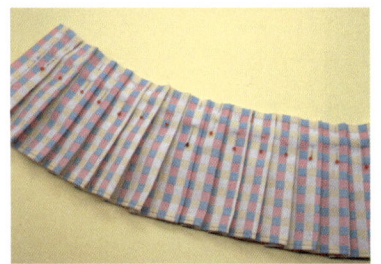
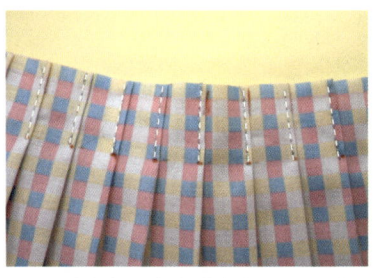
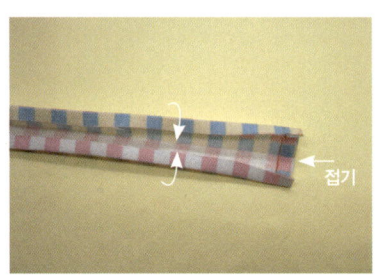

4 주름을 모두 고정한 모습.

5 패턴에 표시된 위치까지 주름 위를 박는다.

6 허리밴드는 위, 아래, 옆의 시접을 접어 다린 다음 반으로 접는다.

TIP 윗부분을 박지 않으면 펼쳐지며 퍼지는 스커트가 돼요.

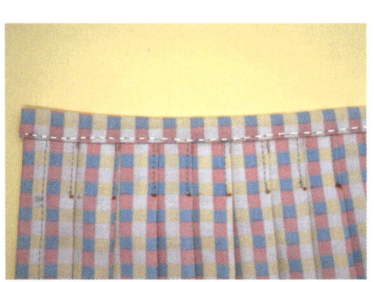

7 허리밴드로 스커트 허리 시접을 싸고 시침핀으로 고정한다.

8 허리밴드 위를 눌러 박는다.

9 허리와 스커트 중간에 스냅을 달면 스커트 완성!

SKIRT

03
셔링스커트

재료 겉감 80×20cm, 안감 80×20cm, 망사 110×30cm, 레이스 60cm, 고무줄 19cm, 1cm 폭 바이어스 끈 200cm

※ 원단 끝은 올풀림방지액 처리

※ **실물 도안** p. 214~215

PATTERN MAKING

개더스커트 제도법(p. 45~47) 참고. 시접은 허리 1.5cm, 망사 덧장 밑단 0cm, 나머지 0.5cm.

1 기본스커트에서 길이는 3cm 늘리고 원하는 디자인에 따라 요크선과 망사1, 망사2, 안감 길이 등을 정한다.

2 요크와 망사1과 망사2, 안감에 원하는 만큼 주름 분량을 넣는다.
   여기서는 요크는 원형의 2배, 망사1과 망사2는 요크의 2배, 안감은 요크의 1.5배로 주름 분량을 잡았다.

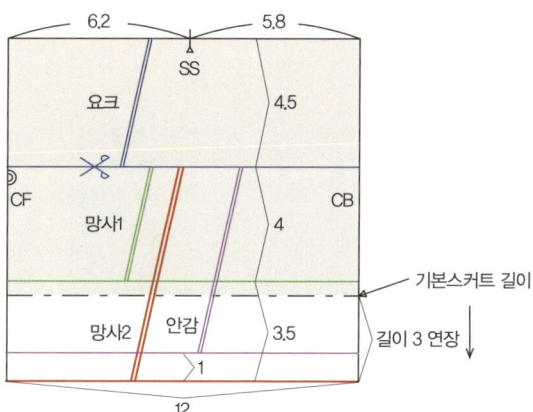

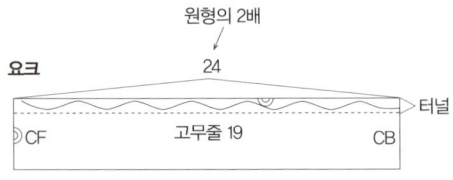
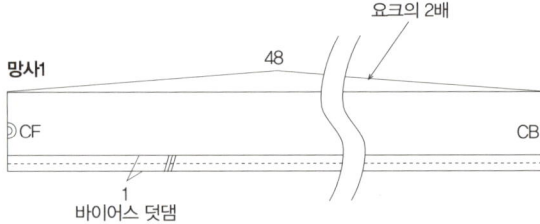
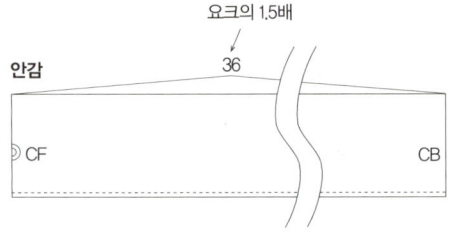
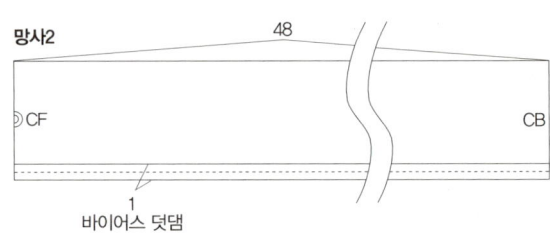

HOW TO MAKE

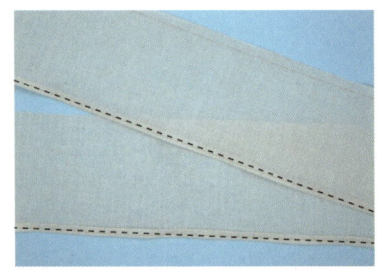

1 안감 밑단 시접을 접어 박는다.

2 안감 윗부분에 홈질하고 실을 잡아 당겨 주름을 잡는다.

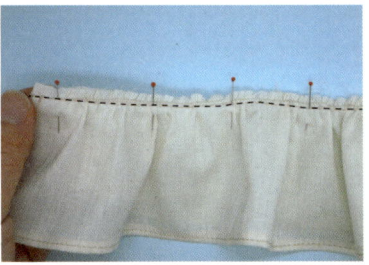

3 주름 잡은 안감과 요크의 길이를 맞 춘 다음 겉을 맞대고 박는다.

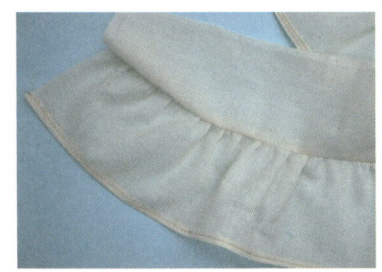

4 시접은 위쪽으로 꺾어 다린다.

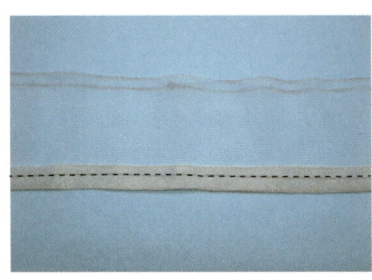

5 망사 2장의 밑단에 1cm 폭의 바이어 스 끈을 덧대어 박는다. 레이스로 해 도 좋다.

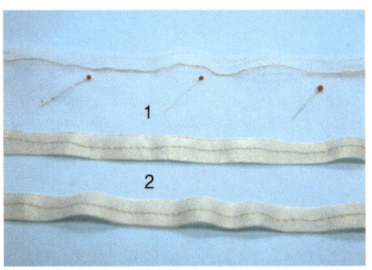

6 망사 1과 2를 시침핀으로 고정하고 윗부분을 홈질한 다음 실을 잡아당 겨 주름을 잡는다.

  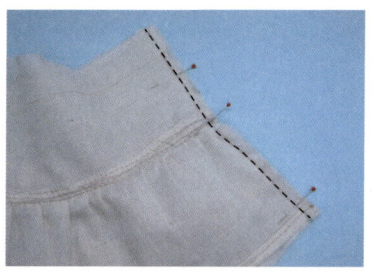

7 요크와 안감 연결한 절개선에 주름 잡은 망사를 올려 박는다.

8 망사 시접 위에 레이스를 덧대어 박는다.

9 양쪽 옆선의 겉을 맞대고 박은 다음 시접을 가른다.

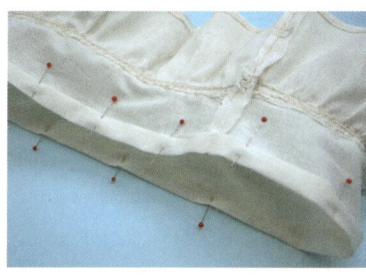 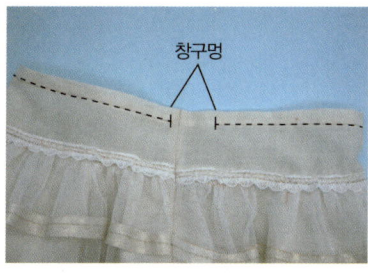 

10 허리 시접을 0.5cm, 1cm 두 번 접어 다린 다음 시침핀으로 고정한다.

11 창구멍을 2~3cm 남겨두고 허리 아래를 둘러 박아 터널을 만든다.

12 넉넉한 길이의 고무줄에 시접을 남기고 19cm 만큼 표시한 다음 창구멍으로 끼우고 양끝을 연결한다.

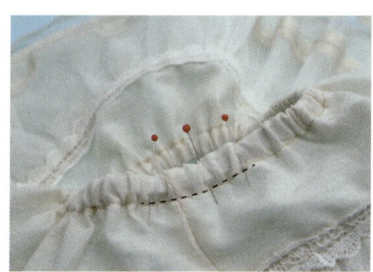

13 창구멍을 박아 막으면 완성!

SKIRT

04
프릴스커트

재료 겉감 60×30cm, 스냅 3쌍, 단추 4개

※ 원단 끝은 올풀림방지액 처리

※ 실물 도안 p. 216

PATTERN MAKING

개더스커트 제도법(p. 45~47) 참고. 시접은 앞중심 1cm, 나머지 0.5cm.

1 기본스커트에서 길이는 1.4cm 줄인다. 스커트 폭을 0.5cm 키우고 앞뒤에 주름 분량을 각각 1cm씩 추가한다.
2 밑단에서 1.3cm 떨어져 핀턱이 들어갈 선을 그리고 핀턱 분량 0.6cm를 추가한다.
3 허리밴드는 1cm 폭으로 만들고 앞중심에 여밈을 위한 낸 단 0.5cm를 넣는다.
4 몸판의 앞중심에도 낸 단을 넣는다. 허리밴드에 맞게 주름 구간을 정하고 옆선 쪽에 주름 위치를 표시한다.
5 밑단 프릴을 1.5cm 폭으로 그린다. 길이는 스커트 밑단 길이에 60%를 더하여 정한다. 앞중심 쪽은 점점 줄어들도록 자연스럽게 둥글린다.

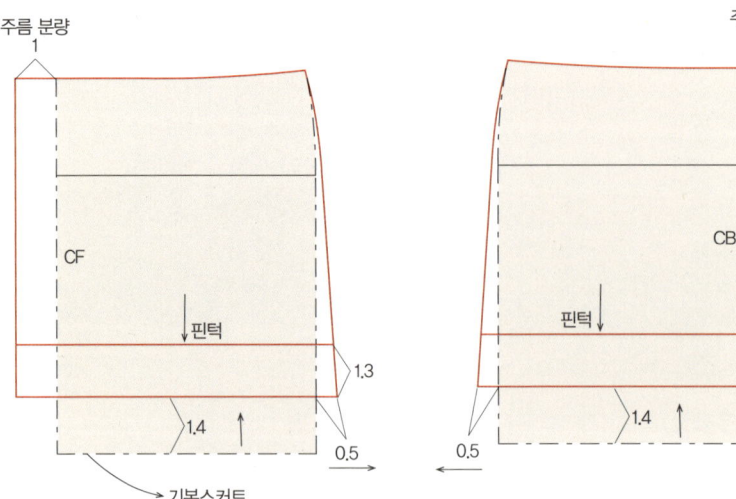

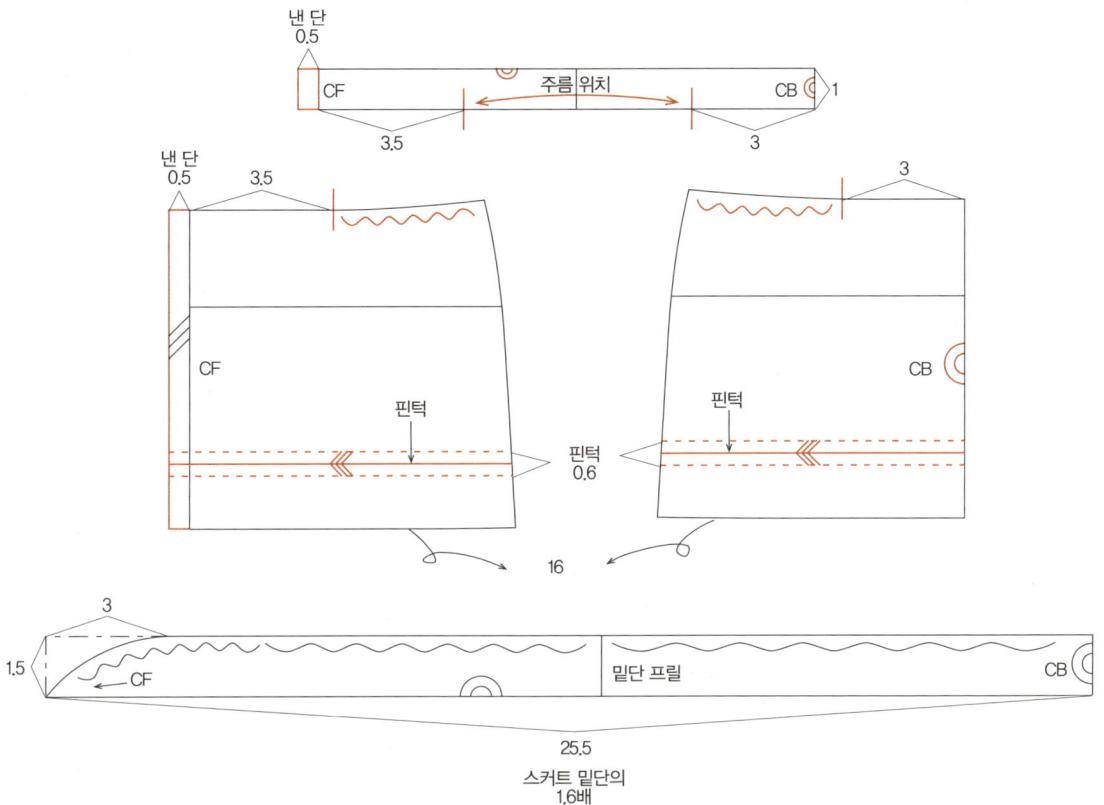

HOW TO MAKE

1 뒤판 2장의 겉을 맞대고 뒤중심선을 박아 연결한다.

2 뒤판과 앞판의 겉을 맞대고 옆선을 박아 연결한다.

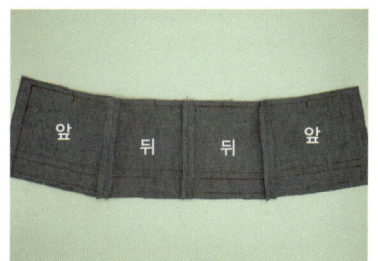

3 앞판과 뒤판의 시접은 갈라서 다린다.

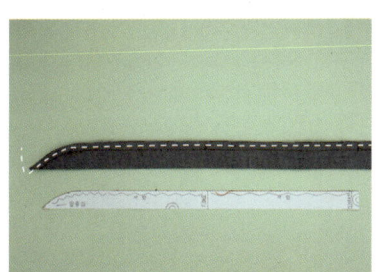

4 밑단 프릴을 겉이 보이게 반으로 접고 시접에 홈질을 한다.

5 홈질한 실을 잡아당겨 주름을 만든다. 재봉틀로 박을 때는 윗실이나 밑실 중 하나만 잡아당기면 된다.

6 몸판 밑단 겉에 양쪽 앞중심 시접 1cm를 남겨 놓고 밑단 프릴을 올려 시침핀으로 고정한 다음 박는다.

7 시접을 위로 꺾고 겉에서 밑단 위를 눌러 박는다.

8 핀턱을 만들 위치를 2줄로 표시하고 그 가운데를 접는다.

9 접은 채로 겉에서 핀턱 위치 표시된 부분을 박는다.

10 핀턱을 아래쪽으로 꺾어 다려 모양을 잡는다.

11 허리 주름 잡을 곳을 홈질한다.

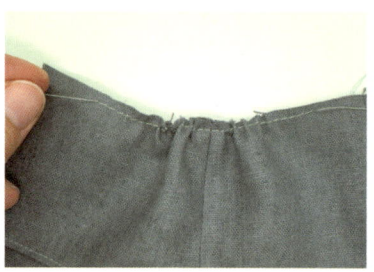

12 실을 잡아당겨 주름을 잡는다.

13 몸판과 허리밴드의 길이를 맞춘 다음 겉을 맞대고 허리둘레를 따라 박는다.

14 시접은 위로 꺾어서 다린다.

15 앞중심 시접을 접어 다린다. 박지 않고 패브릭 본드로 시접을 고정해도 된다.

16 허리밴드의 시접을 0.5cm 접어 넣고 다시 반으로 접어 시침핀으로 고정한 다음 아래를 박는다.

17 스냅 3개를 나란히 단다.

18 앞중심에 단추를 달면 스커트 완성!

PANTS

01
블루머

재료 겉감 30×30cm, 고무줄 19cm×1개(허리), 11cm×2개(밑단), 레이스 60cm, 리본 1개

※ 원단 끝은 올풀림방지액 처리

※ 실물 도안 p. 217

PATTERN MAKING

반바지 제도법(p. 62~64) 참고. 시접은 허리 1cm, 나머지 0.5cm.

1 팬츠 원형에서 허리선은 앞 1.3cm, 옆과 뒤는 1cm 내린다.
2 앞과 뒤의 밑위길이를 절개해서 각각 0.5cm씩 집는다.
3 밑위를 여유 있게 내리고 옆으로 키운 뒤 자연스러운 곡선으로 연결한다.
4 밑아래선과 옆선은 직각으로 내리고 앞뒤판의 옆선을 붙인다.
5 앞뒤판에 절개선을 넣어 주름분을 2.8cm씩 추가하고 자연스러운 곡선으로 연결한다.
6 밑단에서 1.5cm 올라온 지점과 허리에 인형 크기에 맞는 고무줄 길이를 표시한다.

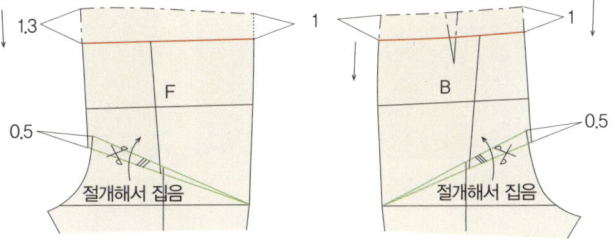

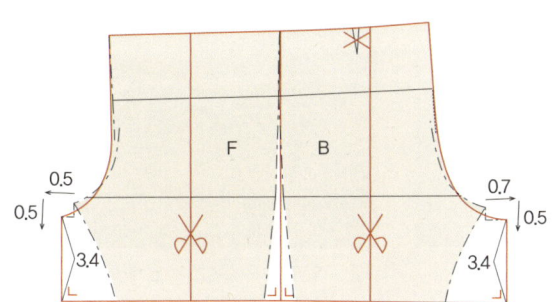

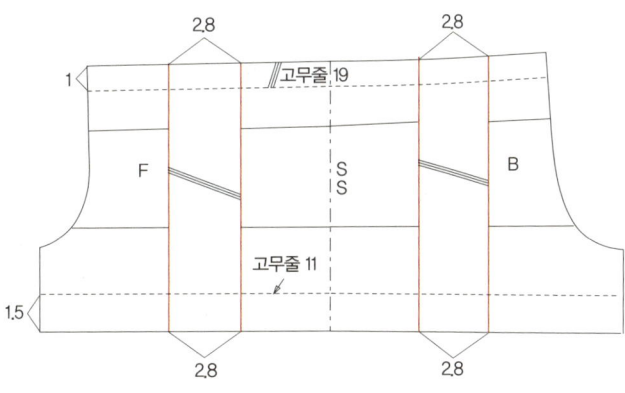

HOW TO MAKE

1 밑단 길이만큼 레이스를 자른 다음 몸판 밑단에 겉을 맞대고 박는다.

2 레이스가 나오게 시접을 안쪽으로 꺾어 다린 다음 겉에서 한 번 더 눌러 박는다.

3 넉넉한 길이의 고무줄에 11cm만큼 표시한 다음 밑단 안쪽 고무줄 위치에 박는다. 고무줄 길이가 몸판보다 짧기 때문에 당겨서 늘려 박아야 한다.

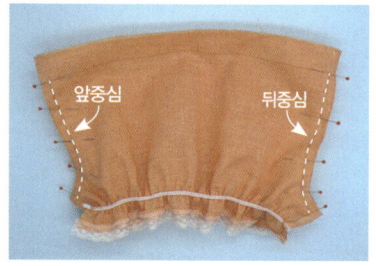

4 왼쪽 오른쪽 2장을 완성하여 겉을 맞대고 앞중심과 뒤중심을 박는다.

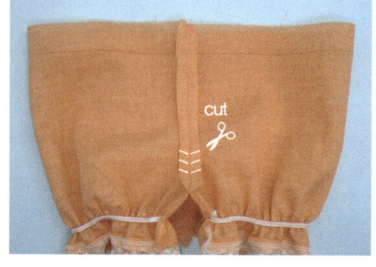

5 시접은 갈라 다리고 당기지 않도록 곡선에 가위집을 낸다.

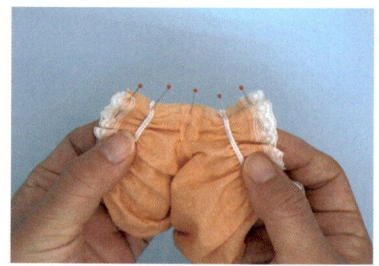

6 앞과 뒤의 겉을 맞대고 밑아래를 시침핀으로 고정한 다음 박아 연결한다.

7 밑아래 시접도 갈라 다린다.

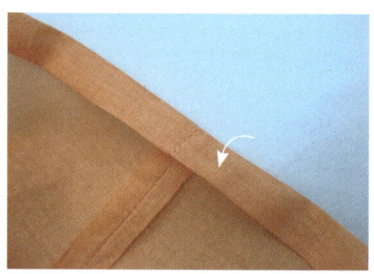

8 허리 시접을 0.5cm, 1cm로 두 번 접는다.

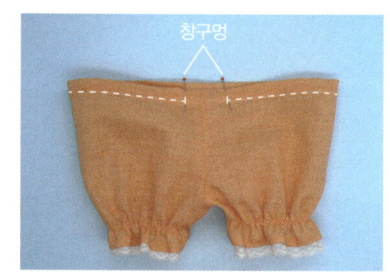

9 뒤쪽에 창구멍을 2~3cm 남기고 박아서 터널을 만든다.

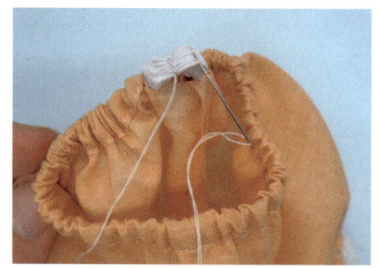

10 넉넉한 길이의 고무줄에 시접을 남기고 19cm 만큼 표시한 다음 창구멍으로 끼우고 양끝을 연결한다.

11 창구멍을 박아서 막는다.

12 앞뒤를 구분할 수 있게 리본을 달면 블루머 완성!

PANTS

02
스키니진

재료 겉감 50×40cm, 고무줄 19cm

※ 원단 끝은 올풀림방지액 처리

※ 실물 도안 p. 218

PATTERN MAKING

스키니팬츠 패턴(p. 59~61) 사용. 시접은 앞뒤 주머니 윗부분 0.8cm, 나머지 0.5cm.

1 앞주머니 장식을 절개하고 지퍼와 주머니 입구, 옆선 등에 장식선을 넣는다.
2 주머니를 제도하고 뒤판에 위치를 표시한다.
3 허리밴드는 앞뒤 골로 제도하고 한쪽 옆선을 절개한다.

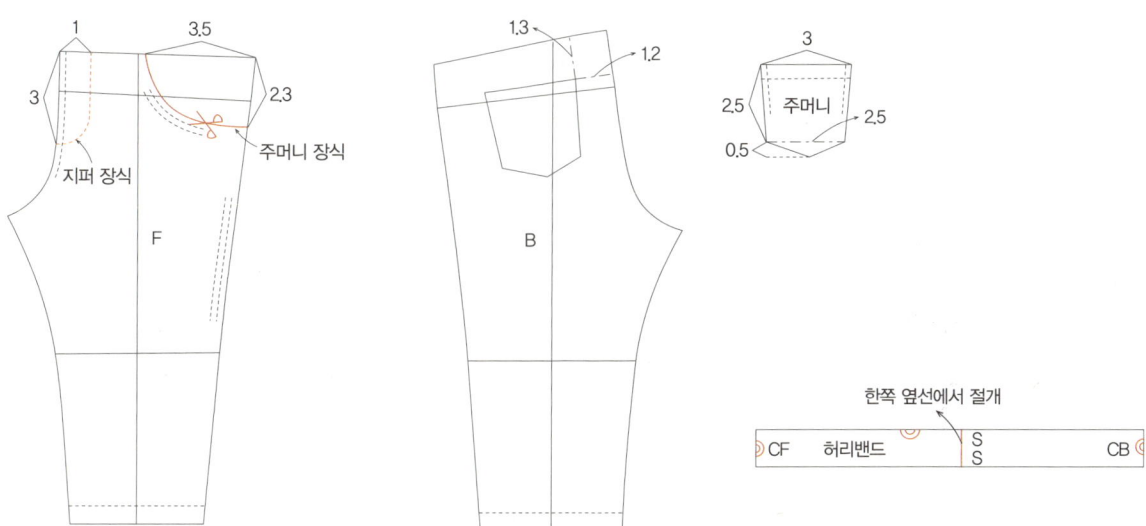

✂ HOW TO MAKE

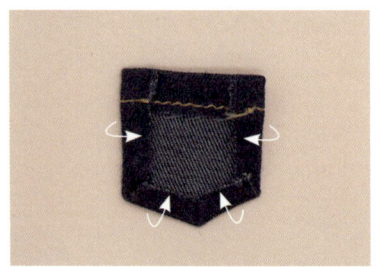

1 뒷주머니의 위쪽 시접은 접어 박고 나머지 시접은 접어서 다린다.

TIP 원단이 두꺼우면 패브릭 본드로 고정해도 좋아요.

2 뒤판에 주머니가 달릴 위치를 표시하고 주머니에 패브릭 본드를 발라 고정한 다음 옆과 아래를 눌러 박는다.

3 앞판의 주머니 입구 시접에 가위집을 내고 안쪽으로 접어 다린다.

4 주머니 조각 위에 앞판을 올리고 위에서 1~2줄 장식선을 박는다.

5 앞판과 뒤판의 겉을 맞대고 옆선을 박는다.

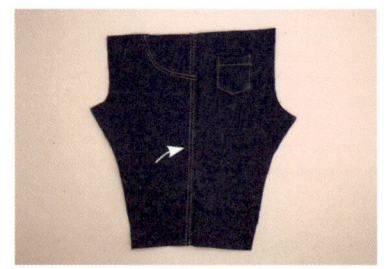

6 옆선 시접을 갈라 다린 다음 겉에서 앞판 위에 1~2줄 장식선을 박는다.

7 밑단 시접을 접어 0.5cm 들여서 박는다.

8 밑아래를 박고 시접은 갈라 다린다.

9 한쪽 바지통만 뒤집어서 겉이 맞대도록 안으로 끼워 넣는다.

10 밑위 위치를 잘 맞추고 앞중심부터 뒤중심까지 둘러 박는다.

11 끼운 바지통을 빼고 시접을 갈라 다린다. 곡선 부분의 시접이 잘 놓이도록 가위집을 낸다.

12 뒤집어서 중심선에 1줄을 둘러 박은 뒤 지퍼 모양 장식도 박는다.

13 허리밴드의 양끝을 박아 연결하고 시접을 가른다.

14 허리밴드와 몸판의 겉을 맞대고 둘레를 박는다.

15 허리밴드의 남은 시접을 접고 다시 반으로 접어 몸판을 감싼 다음 창구멍을 남기고 둘러 박아 터널을 만든다.

16 넉넉한 길이의 고무줄에 시접을 남기고 19cm 만큼 표시한 다음 창구멍으로 끼우고 양끝을 연결한다.

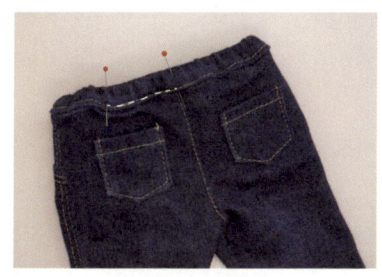

17 창구멍을 박아서 막는다.

18 사포로 문지르고 세탁해서 워싱 청바지 느낌으로 완성!

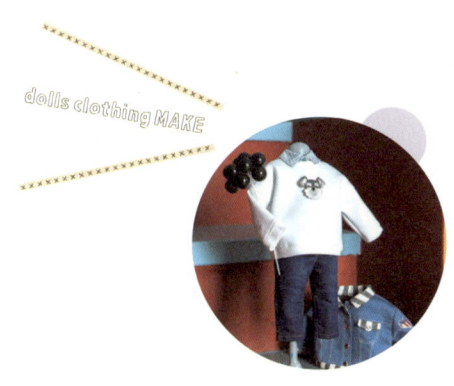

PANTS

03
핫팬츠

재료 겉감 50×30cm, 고무줄 19cm, 단추 4개

※ 원단 끝은 올풀림방지액 처리

※ 실물 도안 p. 219

PATTERN MAKING

스키니팬츠 패턴(p. 59~61) 사용. 시접은 밑단 0cm, 나머지 0.5cm.

1 스키니팬츠 패턴에서 타이트한 핏을 위해 밑위를 0.7cm 올리고 뒤허리선을 0.2cm 내린다.
2 옆선은 길이를 5cm로 잡고 밖으로 0.5cm 키운다. 밑아래선 길이는 1.5cm로 잡는다.
3 앞판 가운데와 주머니 입구에 절개선을, 뒤판에 요크선을 그린다.
4 뒷주머니 패턴을 제도하고 뒤판에 위치를 표시한다.
5 허리밴드는 앞뒤 골로 제도하고 한 쪽 옆선을 절개한다.

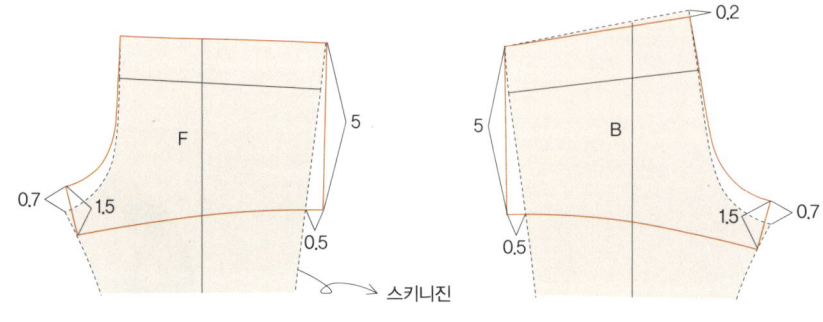

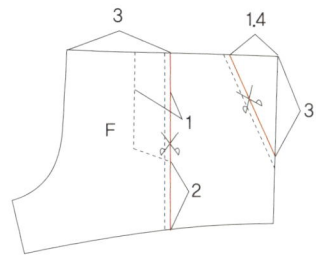
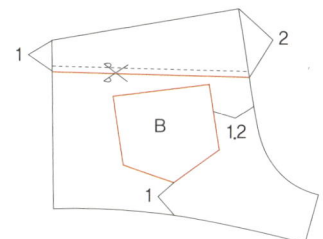
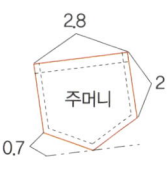

HOW TO MAKE

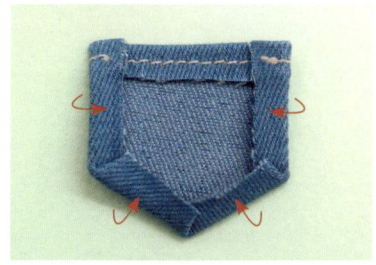

1 뒷주머니의 위쪽 시접은 접어 박고 나머지는 접어 다린다.

 원단이 두꺼우면 패브릭 본드로 고정해도 좋아요.

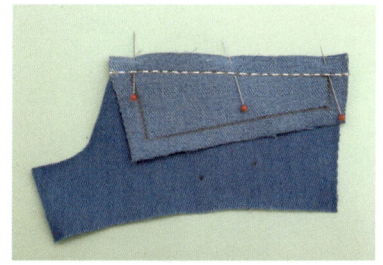

2 뒤 요크와 뒤판의 겉을 맞대고 박는다. 시접은 가르거나 요크 쪽으로 넘겨 다린다.

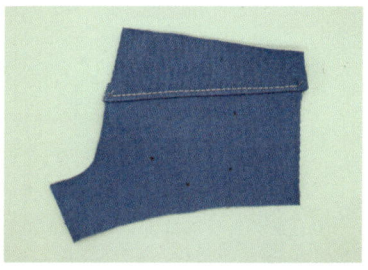

3 겉에서 요크 위에 1줄 장식선을 박는다. 뒤판에는 주머니 위치를 표시한다.

4 주머니에 패브릭 본드를 발라 표시된 위치에 고정하고 옆과 아래를 눌러 박는다.

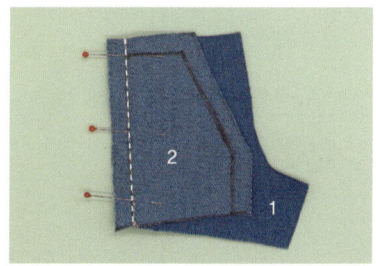

5 앞판 2조각의 겉을 맞대고 박는다. 시접은 가르거나 1번 쪽으로 넘겨 다린다.

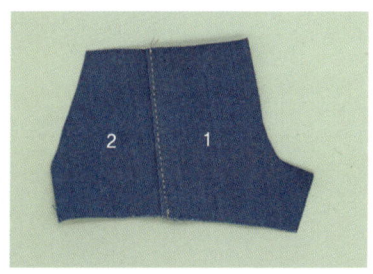

6 겉에서 1번 위에 장식선을 박는다.

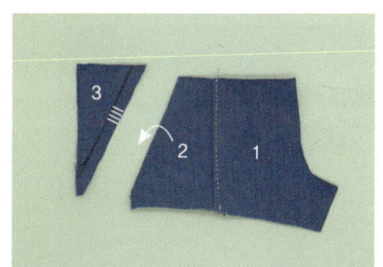

7 2번의 시접을 안쪽으로 접어 넣고 다린 다음 주머니 장식인 3번 위에 올린다.

8 겉에서 2번 위에 장식선을 박는다.

 장식선 덕분에 입체감이 살아 진짜 주머니 같아져요.

9 단추 달 부분에도 장식선을 박는다.

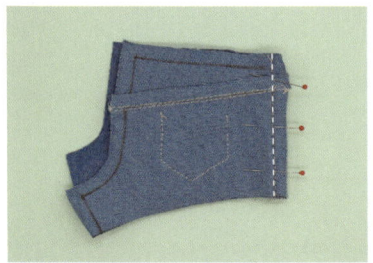

10 앞판과 뒤판의 겉을 맞대고 옆선을 박은 다음 시접을 갈라 다린다.

11 밑아래도 박고 시접을 갈라 다린다.

12 한쪽 바지통만 뒤집어서 겉이 맞대도록 안으로 끼워 넣는다.

13 밑아래 위치를 잘 맞추어 앞중심부터 뒤중심까지 박는다.

14 끼운 바지통을 빼고 시접을 갈라 다린다. 곡선 부분의 시접이 잘 정리되도록 가위집을 낸다.

15 겉이 나오게 뒤집은 다음 겉에서 중심선에 1줄을 둘러 박는다.

16 허리밴드 양끝을 박아 시접을 가른다.

17 허리밴드와 몸판의 겉을 맞대고 둘레를 박는다.

18 허리밴드의 남은 시접을 접고 다시 반으로 접어 몸판을 감싼 다음 창구멍을 남기고 둘러 박아 터널을 만든다.

19 넉넉한 길이의 고무줄에 시접을 남기고 19cm 만큼 표시한 다음 창구멍으로 끼우고 양끝을 연결한다.

20 창구멍을 박아서 막는다.

21 단추를 달고 송곳으로 밑단 올을 풀어 찢어진 청바지 느낌으로 완성!

PANTS

04
오버올

재료 겉감 50×50cm, 주머니 안감 20×10cm, 고무줄 9cm×2개, D링 2개, 사각링 2개, 스냅 2쌍

※ 원단 끝은 올풀림방지액 처리

※ 실물 도안 p. 220~221

PATTERN MAKING

시접은 2cm, 앞뒤 주머니 윗부분 1cm, 나머지 0.5cm.

[몸판]
1 몸판 원형에서 길이를 1.4cm 연장한다.
2 앞판은 목앞점에서 3cm 내려온 점에서 3.5cm 폭으로 그리고 옆선도 곡선으로 그린다.
3 뒤판에는 앞판에 맞게 어깨끈을 그리고 앞판 폭 7cm에 맞추어 허리밴드의 길이와 폭을 정한다.
4 앞판에 주머니를 제도하고 위치를 표시한다.

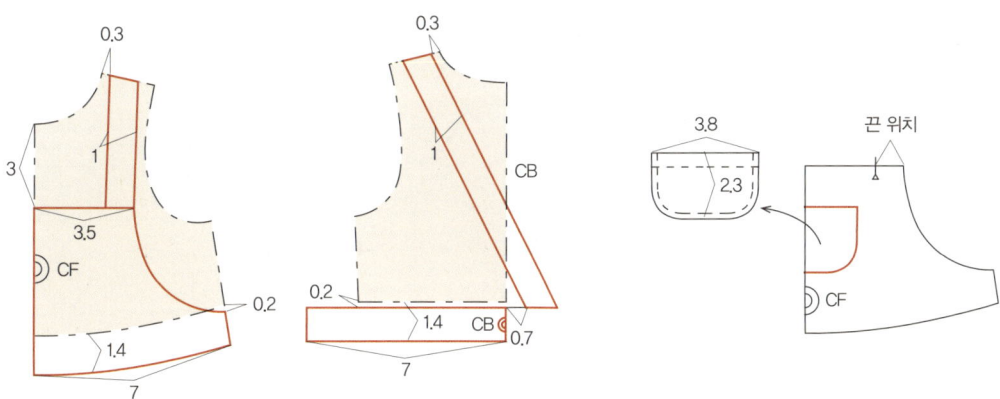

[어깨끈&허리밴드]

1 앞판과 뒤판의 어깨끈을 어깨선에서 연결하고 앞판에 D링을 끼울 여유분을 넣는다.
2 허리밴드에 X자 어깨끈이 달릴 위치를 표시한다.

[팬츠]

1 몸판에서 연장한 1.4cm만큼 팬츠 원형에서 줄인다.
2 앞판은 몸판보다 살짝 여유롭게 주름 분량을 넣고 뒤판은 허리둘레와 같게 제도한다.
3 옆선 길이를 11cm로 정하고 밑위길이에 각각 여유를 준다.
4 밑단에 고무줄을 넣기 위해 밑단선은 직각에 맞추어 일직선으로 제도한다.
5 주머니, 지퍼 장식선, 고무줄 넣을 위치 등을 정한다.
6 안감이 있는 주머니를 만들 수 있게 앞판, 주머니 겉감, 주머니 안감의 패턴을 전개한다. 주머니 입구를 절개하고 0.4cm 벌려 여유를 준다.
7 뒤판 허리 부분도 절개하고 0.7cm 여유를 주어 허리밴드와 연결할 때 주름이 살짝 생기도록 한다.
8 뒷주머니를 제도하고 패턴에 위치를 표시한다.
9 밑단의 고무줄 길이는 인형의 허벅지 둘레에 맞추어 정한다.

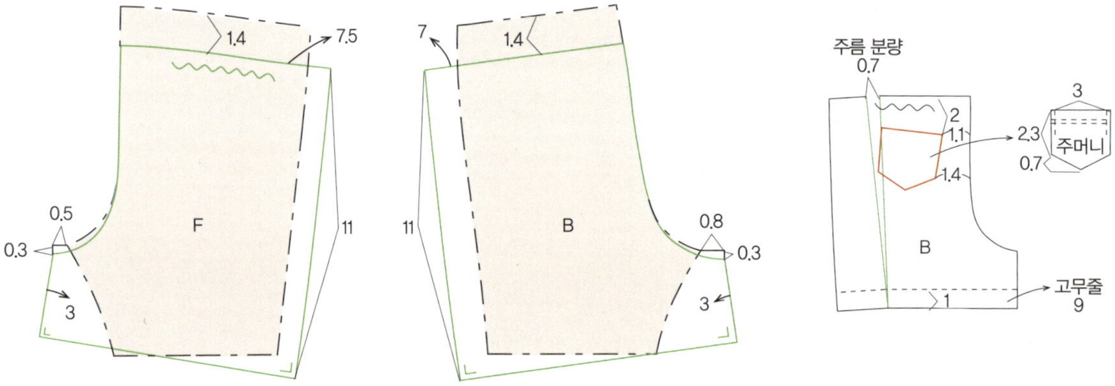

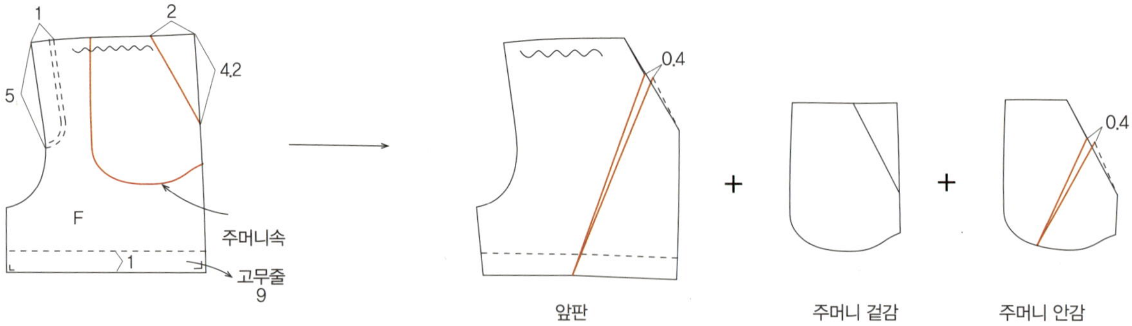

HOW TO MAKE

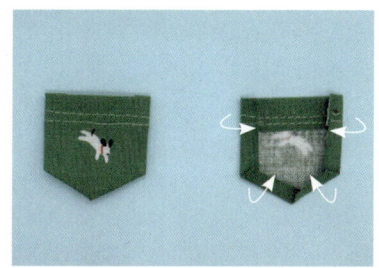

1 뒷주머니 2장의 위쪽 시접은 안쪽으로 접어 1~2줄 박고 나머지 시접은 안쪽으로 접어 다린다.

2 팬츠 양쪽 뒤판에 주머니가 달릴 위치를 표시하고 주머니의 옆과 아래를 박는다.

3 한쪽 앞판에만 밑위에 지퍼 장식선을 박는다.

4 양쪽 앞판에 주머니를 단다. 먼저 주머니 안감의 겉을 맞대고 입구를 박는다.

5 주머니 안감을 뒤로 넘겨 박은 선대로 접고 입구에 1~2줄 장식선을 박는다.

6 주머니 겉감과 앞판을 임시로 고정해둔다.

7 주머니 겉감과 안감의 가장자리를 둘러 박는다.

8 앞판과 뒤판의 겉을 맞대고 옆선을 박는다.

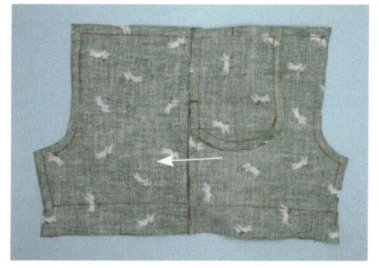

9 옆선 시접을 가르면 주머니 때문에 앞쪽이 두꺼워진다. 시접이 편안하게 놓이도록 뒤쪽으로 보낸다.

10 겉에서 뒤판 옆선 옆을 눌러 박아 시접을 고정한다.

11 밑단 시접을 0.2cm, 1.2cm로 두 번 접어 다린 다음 겉에서 박아 고무줄이 통과할 터널을 만든다.

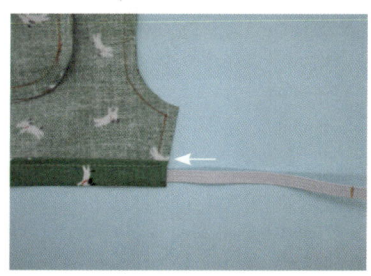

12 넉넉한 길이의 고무줄에 시접을 남기고 9cm 만큼 표시한 다음 터널에 끼운다.

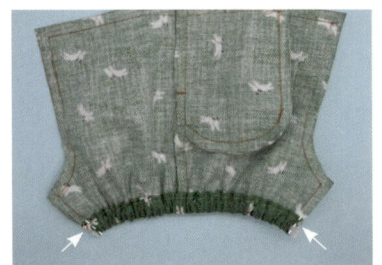

13 고무줄을 양쪽 밑단 끝에 고정한다.

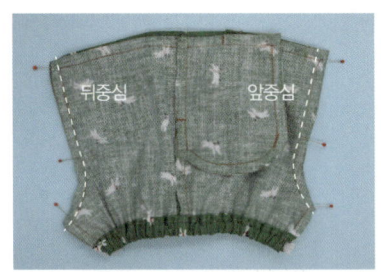

14 왼쪽과 오른쪽 바지통의 겉을 맞대고 앞중심과 뒤중심을 박는다. 시접에 가위집을 내고 갈라서 다린다.

15 앞판과 뒤판의 겉을 맞대고 밑아래를 박는다.

16 가위집을 내고 시접을 가른다.

17 겉이 나오도록 뒤집어서 앞중심선부터 뒤중심선을 둘러 박는다.

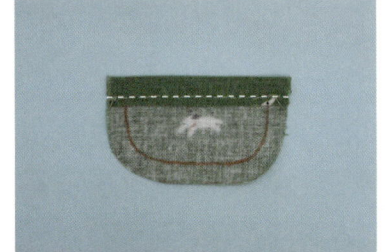

18 몸판에 붙일 앞주머니의 시접을 접어 1줄 박는다.

19 주머니의 옆과 아래 곡선 바깥쪽을 느슨하게 박거나 홈질한다. 양쪽 실끝은 매듭짓지 않고 길게 남겨 잡아당기면서 시접을 접는다.

  패턴을 안에 대고 다리면 모양을 잡기 쉬워요!

20 완성된 주머니를 몸판 겉감에 대고 옆과 아래를 박아 붙인다.

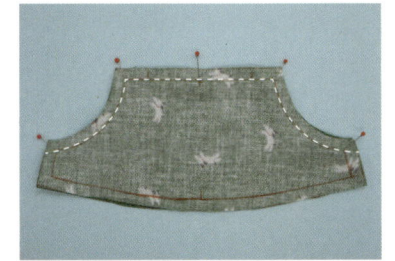

21 몸판 안감과 겉감의 겉을 맞대고 위를 박는다.

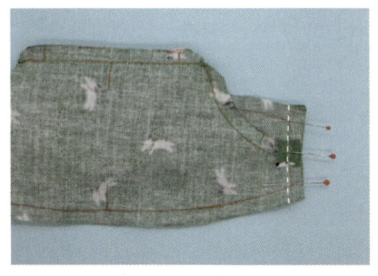

22 앞판 시접의 모서리를 잘라내고 곡선에 가위집을 낸다. 앞판의 안감을 위로 접어 올리고 뒤판의 허리밴드와 겉을 맞대고 옆선을 박는다.

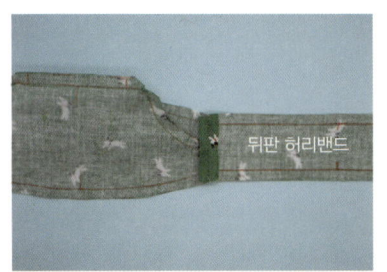

23 시접은 갈라서 다린다.

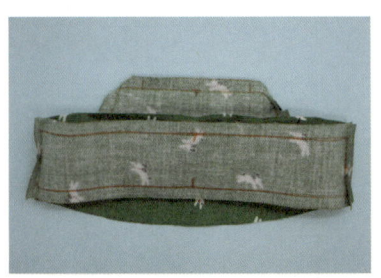

24 반대쪽 옆선도 박고 시접을 가른다.

25 뒤집어서 잘 다린 다음 앞뒤 모두 위쪽을 눌러 박는다.

26 위와 아래를 연결하기 위해 바지 윗부분에 주름을 잡는다. 시접 위쪽으로 홈질하거나 1~2줄을 박은 다음 위쪽 실만 잡아당기면 된다.

TIP 두 줄로 박으면 잡아당길 때 조금 더 튼튼하답니다.

27 바지의 겉에 몸판을 겉이 맞대도록 끼우고 몸판의 겉감에 해단되는 1장만 바지 허리에 둘러 박는다.

28 안쪽 시접은 바지를 감싸도록 접어서 시침핀으로 고정한다.

29 전체 허리둘레를 따라 박는다.

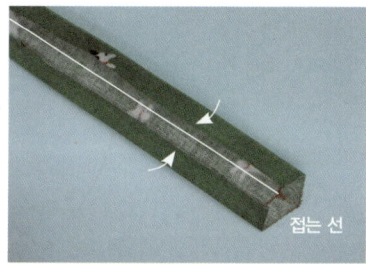

30 어깨끈의 시접을 양쪽에서 접고 다시 반으로 접는다.

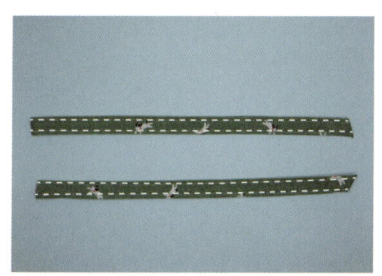

31 양쪽을 눌러 박는다.

32 12mm D링 장식을 끼우고 끝을 2번 접는다.

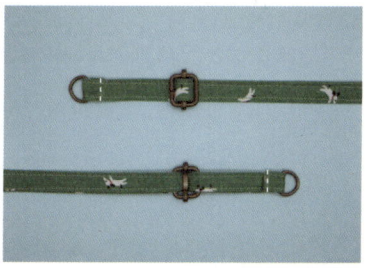

33 어깨끈 끝을 박아서 D링을 고정하고 어깨끈 장식도 끼운다.

34 허리밴드 안쪽에 어깨끈을 공그르기로 고정한다.

35 어깨끈과 몸판에 스냅을 달아 오버올 완성!

TOP

01
래글런티셔츠

재료 겉감 45×15cm, 배색 35×15cm, 시보리 5×20cm, 스냅 2쌍, 전사지 또는 와펜 1개

※ 원단 끝은 올풀림방지액 처리

※ 실물 도안 p. 222

PATTERN MAKING

시접은 뒤중심 · 몸판 · 소매 밑단 1cm, 시보리 양옆 0cm, 나머지 0.5cm.

[몸판 변형1]

1 몸판 원형에서 품을 0.5cm 키우고 진동깊이를 0.5cm 내린다.

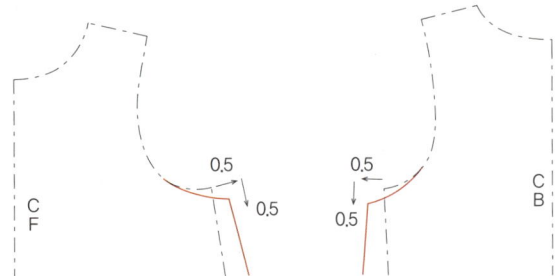

[시보리]

1 스탠드칼라 제도(p. 68~69)를 참고하여 제도한다.
2 앞뒤 목둘레길이의 윗부분(a, b)에 맞추어 제도한다.
   잘 늘어나는 원단을 쓸 때는 몸판보다 짧게 제도하여 늘림봉제한다.

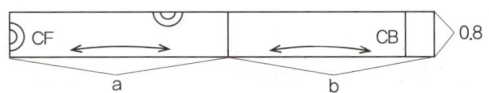

[몸판 변형2]

1 앞뒤 목둘레를 여유 있게 파고 시보리 폭을 0.8cm로 잡는다.
2 길이를 2.1cm 연장하고 옆선은 A라인으로 변형한다.
3 래글런소매 패턴(p.103~107)을 참고하여 반팔 래글런소매를 제도한다.
  어깨 각도를 내리지 않고 직선으로 제도하면 절개선과 다트를 넣지 않아도 된다.

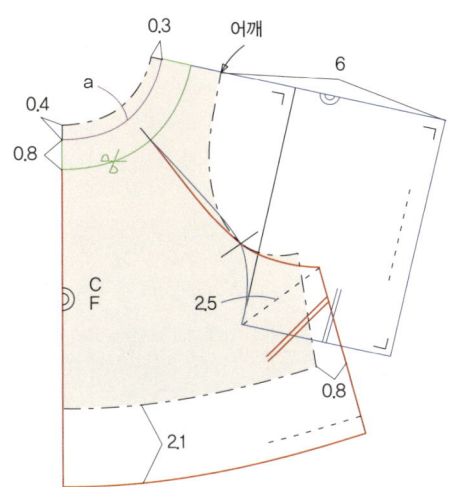 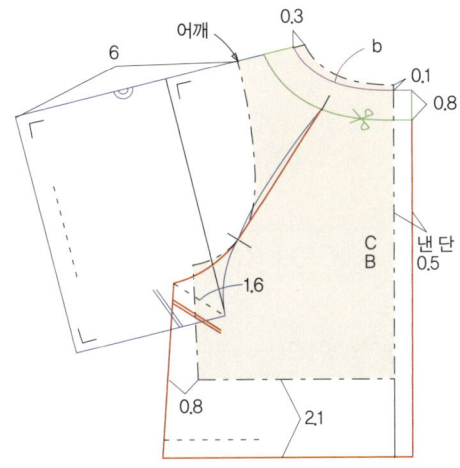

HOW TO MAKE

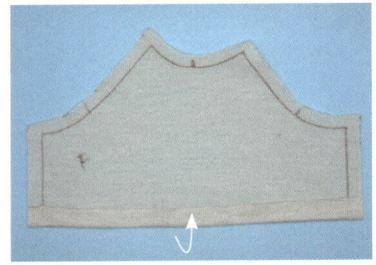

1 소매 밑단 시접을 접어 다린다.

TIP 고정이 잘 안 되면 패브릭 본드를 살짝 발라도 돼요.

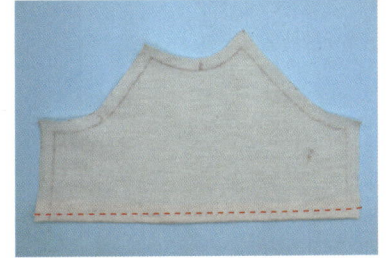

2 소매 밑단을 박아 고정한다.

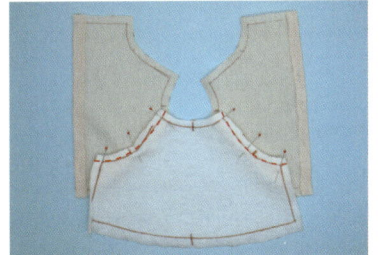

3 앞판에 소매 2장을 연결한다.

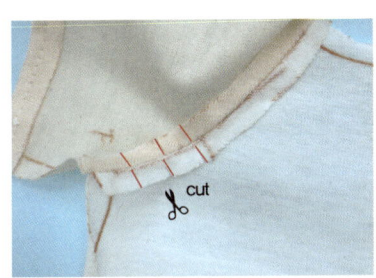

4 시접은 가르고 뒤집을 때 소매가 잘 놓이도록 진동둘레에 가위집을 낸다.

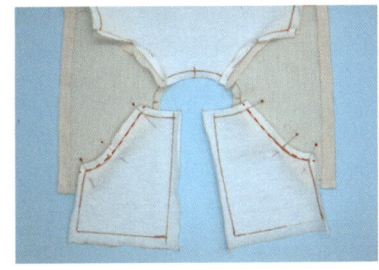

5 뒤판에 소매를 연결한다. 앞판처럼 시접도 정리한다.

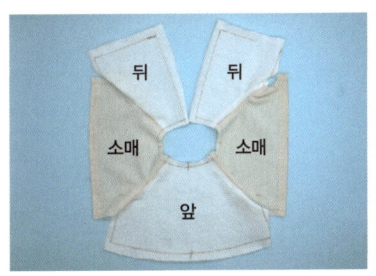

6 몸판과 소매를 연결한 모습.

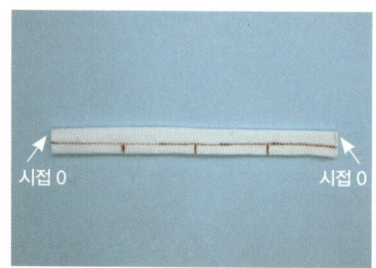

7 목의 시보리는 반으로 접어둔다. 양 옆은 시접을 주지 않는다.

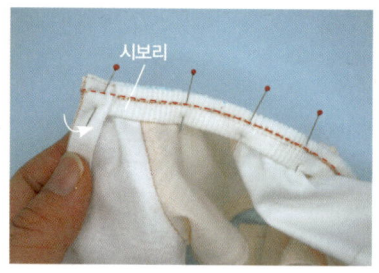

8 몸판 겉에 접은 시보리를 맞대고 뒤 중심 시접은 몸판 겉쪽으로 접어 시보리를 감싼 다음 목둘레를 따라 둘러 박는다.

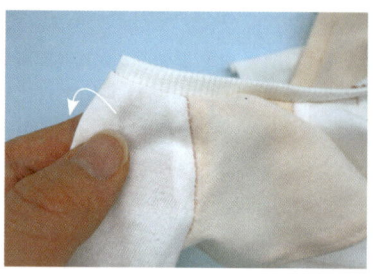

9 뒤중심 시접을 뒤집어 시보리를 위로 빼낸다.

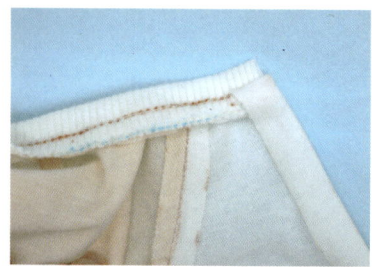

10 안쪽은 이런 모습이 된다.

11 양쪽 뒤중심을 정리한다.

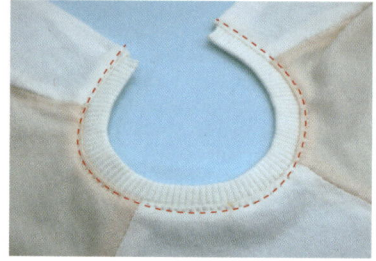

12 목의 시접은 몸판 쪽으로 꺾어 다리고 겉에서 목둘레를 눌러 박아 고정한다.

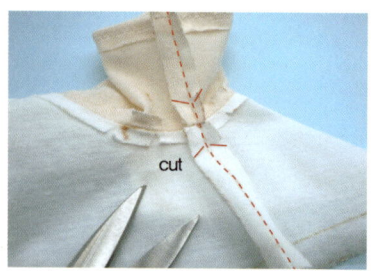

13 소매끝에서 밑단까지 옆선을 한꺼번에 박아 시접을 가른 다음 가위집을 낸다.

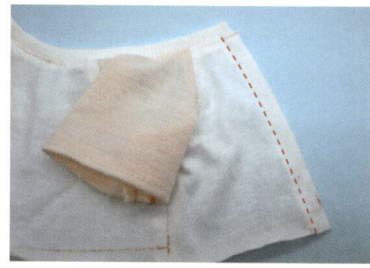

14 뒤중심 시접을 겉에서 눌러 박아 고정한다.

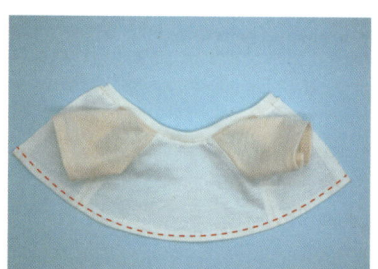

15 밑단 시접을 접어 박는다.

16 뒤중심의 위아래에 스냅을 단다.

17 앞판에 전사지를 붙이거나 와펜을 붙이면 완성!

TOP

02
맨투맨

재료 겉감 40×35cm, 시보리 30×20cm, 스냅 3쌍, 와펜 1개

※ 원단 끝은 올풀림방지액 처리

※ **실물 도안** p. 223~224

✂ PATTERN MAKING

시접은 목·밑단 시보리 양옆 0cm, 뒤중심 1cm, 나머지 0.5cm.

[몸판 변형1]

1 돌먼소매 패턴(p. 94~97)의 변형. 몸판 원형에서 원하는 만큼 어깨 각도를 내려 제도한다.

[몸판 변형2]

1 앞뒤 목둘레를 여유 있게 판 뒤 목 시보리 폭을 0.8cm로 잡는다.
2 품을 1.6cm 키우고 진동깊이를 2.8cm 내린다.
3 길이를 4.8cm 연장하고 옆선은 안으로 0.3cm 들여서 그린다.
4 소매길이를 연장하고 절개선을 그린다.
5 뒤보다 앞 길이가 짧은 디자인이므로 앞중심에서 0.5cm 줄인다.

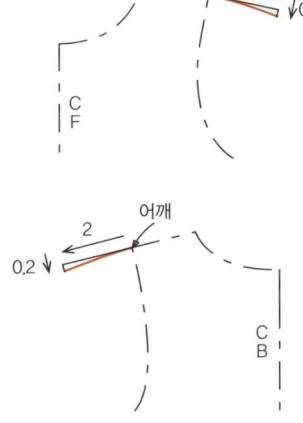

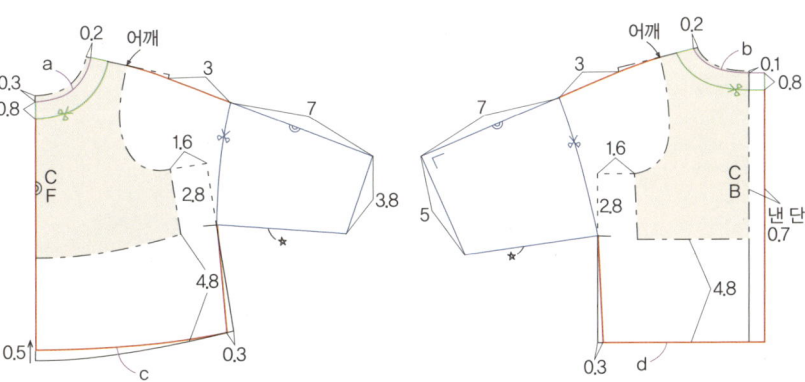

[밑단 시보리]

1 밑단 c와 d보다 짧게 제도하여 늘림봉제한다.

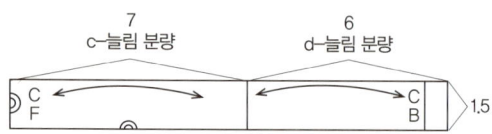

[목 시보리]

1 목둘레 윗부분 둘레인 a+b 길이를 기본으로 몸판보다 짧게 제도하여 늘림봉제한다.

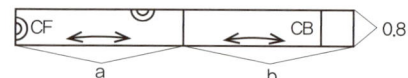

[소매]

1 앞뒤 몸판에서 소매를 잘라내고 어깨선을 맞붙인다. 재봉에서 늘여서 박을 수 있게 진동 쪽에서 0.4cm 겹치게 붙인다.
2 소매 시보리도 재봉에서 늘여서 박을 수 있게 소맷부리보다 작게 제도한다.

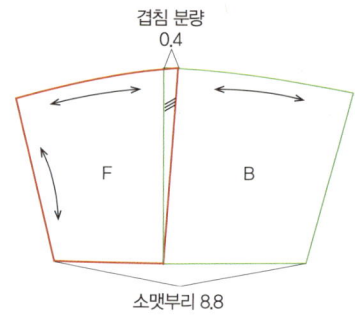
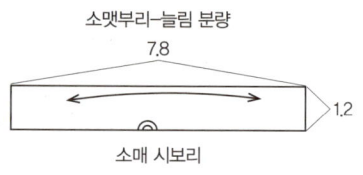

✂ HOW TO MAKE

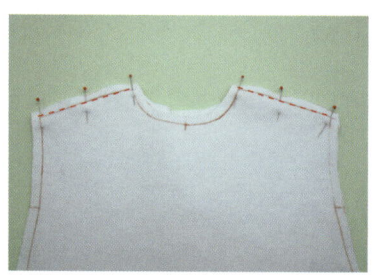

1 앞판과 뒤판의 겉을 맞대고 어깨선을 연결한 다음 시접을 갈라 다린다.

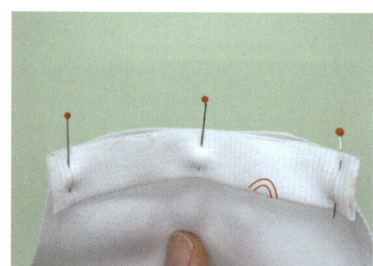

2 소매와 반으로 접은 시보리의 겉을 맞대고 시침핀으로 고정한다.

3 시보리 길이가 소매 밑단보다 짧으니 살짝 늘려 박는다.

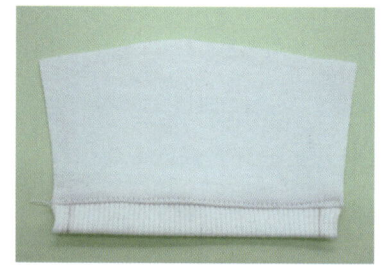

4 시접을 소매 쪽으로 꺾어 다린 다음 겉에서 눌러 박는다.

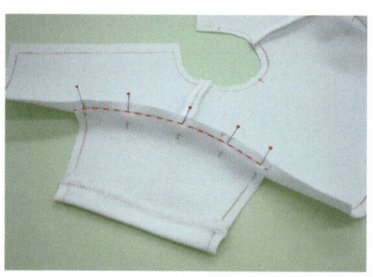

5 소매의 앞뒤를 확인하여 몸판에 박아 연결한다.

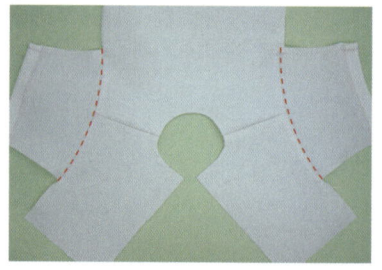

6 시접은 몸판 쪽으로 꺾어 다리고 몸판 겉에서 눌러 박아 시접을 고정한다.

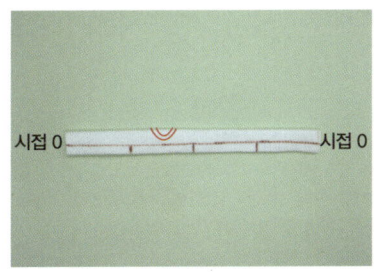

7 목의 시보리는 반으로 접어둔다. 양옆은 시접을 주지 않는다.

8 몸판과 목 시보리의 겉을 맞대고 시침핀으로 고정한다. 뒤중심 시접은 몸판 겉쪽으로 접어 시보리를 감싼 다음 목둘레를 따라 둘러 박는다. 시보리가 몸판보다 짧기 때문에 늘려 박아야 한다.

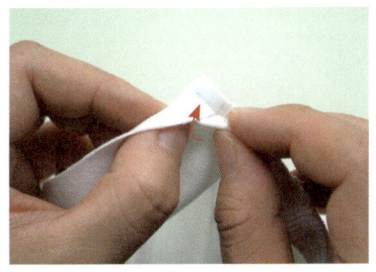

9 뒤중심 시접을 뒤집어 목 시보리를 위로 빼낸다.

10 양쪽 모두 시보리를 빼내 시접을 몸판 쪽으로 꺾고 다린다.

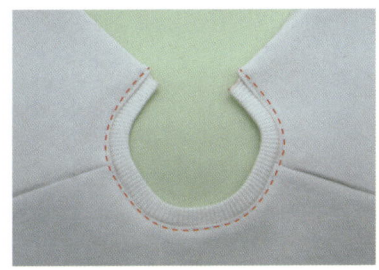

11 목둘레를 겉에서 눌러 박는다.

12 몸판과 소매의 옆선을 한꺼번에 박는다.

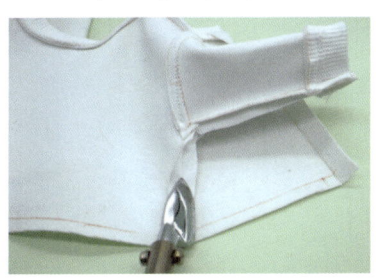

13 옆선 시접에 가위집을 내고 갈라 다려둔다.

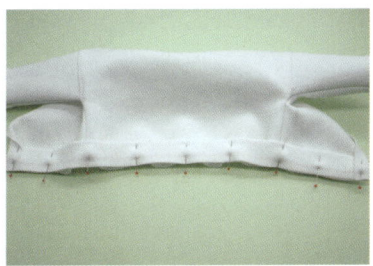

14 겉이 나오게 뒤집은 다음 밑단 시보리는 양옆 시접 없이 반 접어서 몸판 겉에 대고 목 시보리와 같은 방법으로 고정한다.

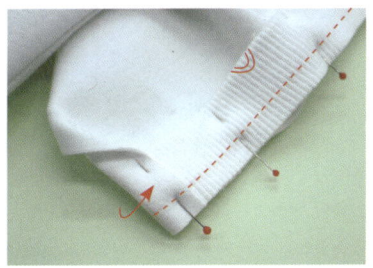

15 뒤중심 시접을 접어 밑단을 따라 박는다.

16 뒤중심 시접을 뒤집어 시보리를 빼내고 몸판 겉에서 밑단을 따라 눌러 박는다.

 시접 정리가 잘 되었다면 눌러 박기는 생략해도 돼요.

17 뒤중심 시접을 겉에서 눌러 박아 고정한다.

18 뒤중심에 스냅을 달고 앞에 와펜을 붙이면 맨투맨 완성!

TOP

03
베스트

재료 겉감 40×35cm, 안감 35×35cm, 스냅 1쌍, 단추 4개

※ 원단 끝은 올풀림방지액 처리

※ 실물 도안 p. 224~225

PATTERN MAKING

시접은 전체 0.5cm.

1 몸판 원형에서 길이를 3cm 연장하고 옆선은 A라인으로 변형한다. 앞중심에 여밈분을 1.3cm 넣는다.
2 목둘레를 여유 있게 판 다음 품을 0.6cm 늘이고 진동 깊이를 1cm 내린다.
3 원형 허리선에서 0.3cm 올려 허리 위치를 잡고 프린세스라인을 그린다. 뒤중심에도 다트를 넣는다.
　뒤판 밑단에 여유를 주기 위해 프린세스라인 아래를 겹치게 제도한다.
4 다트가 있는 부분의 주머니 위치를 표시하려면 앞판의 벌어진 프린세스라인 아래를 맞붙인 채로 주머니 패턴을 올려 그린다.

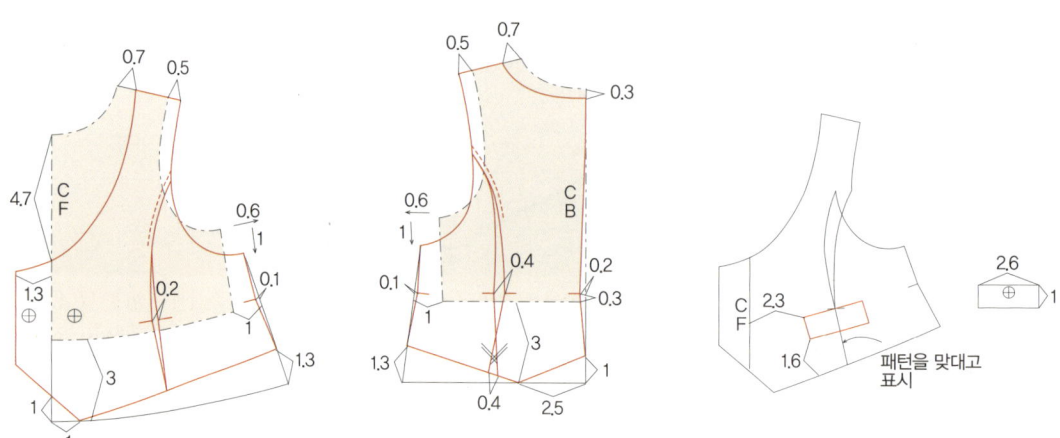

HOW TO MAKE

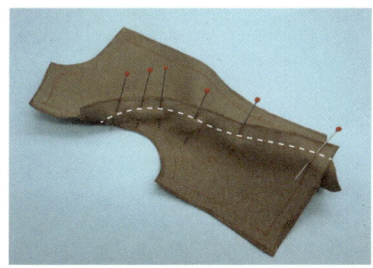 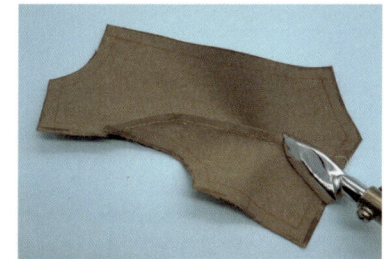 

1 뒤판 두 조각의 겉을 맞대고 박아 연결한다. 다트의 곡선이 있으므로 시침핀으로 고정하거나 시침질한 다음 곡선을 잘 맞춰 박는다.

2 시접을 0.3cm 남기고 잘라낸 다음 뒤중심 쪽으로 꺾어 다린다.

3 겉에서 눌러 박아 시접을 고정한다.

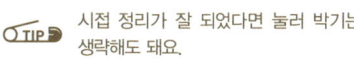 TIP 시접 정리가 잘 되었다면 눌러 박기는 생략해도 돼요.

  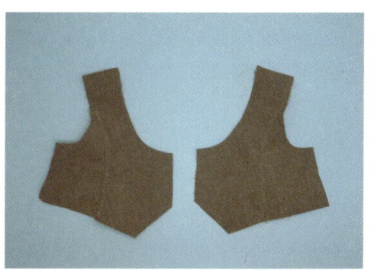

4 뒤중심을 맞대고 박아 양쪽을 연결한다.

5 시접을 한쪽으로 넘기고 겉에서 눌러 박아 고정한다.

6 앞판도 뒤판처럼 두 조각을 연결한다.

 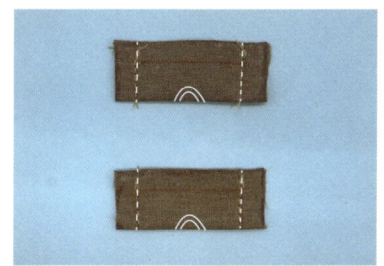 

7 앞판과 뒤판의 겉을 맞대고 어깨선을 박아 연결한다. 시접은 갈라 다린다.

8 주머니의 안쪽이 보이도록 반으로 접은 다음 양쪽 끝을 박고 뒤집어서 다린다.

9 주머니에 시접선을 표시하고 몸판에는 달릴 위치를 표시한다.

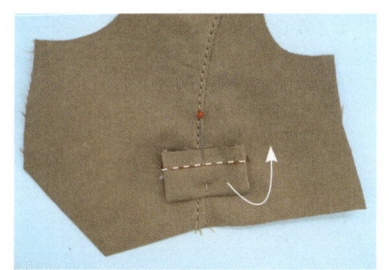 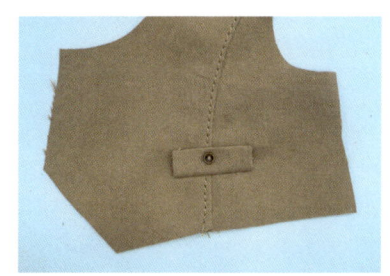 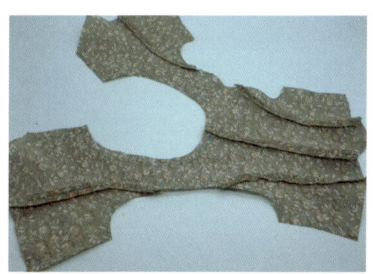

10 주머니를 몸판에 박은 다음 위쪽으로 접어 올린다.

11 단추로 주머니를 몸판에 고정한다.

12 안감의 각 부분을 연결하여 시접을 가른다.

13 안감과 겉감의 겉을 맞대고 목둘레를 박은 다음 시접에 가위집을 낸다.

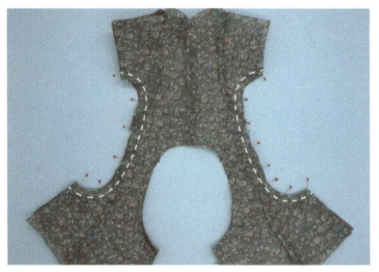

14 진동둘레도 둘러 박고 시접에 가위집을 낸다.

15 뒤집개를 써서 어깨 통로로 뒤집는다.

TIP 뒤집개가 없다면 핀셋으로 빼내세요.

16 목둘레와 진동둘레를 잘 다려서 정리한다.

17 옆선을 겉감끼리, 안감끼리 시침핀으로 고정하고 박는다.

18 시접은 갈라서 다린다.

19 겉감과 안감을 잘 다려서 모양을 잡는다.

20 다시 몸판을 뒤집어 겉감과 안감의 겉을 맞대고 창구멍을 남기고 밑단 전체를 둘러 박는다.

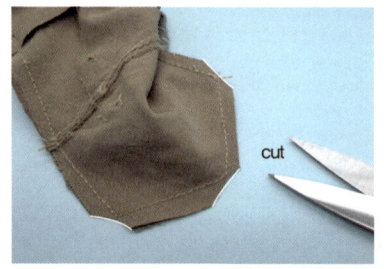

21 뒤집기 전에 각진 시접은 잘라서 정리한다.

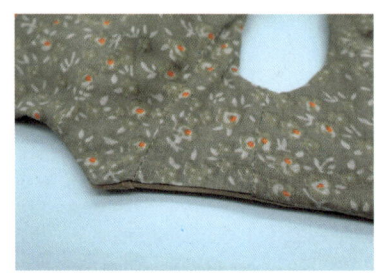

22 창구멍으로 뒤집은 다음 공그르기로 막는다.

23 앞여밈 부분에 스냅을 단다.

24 주머니와 앞판에 장식 단추를 달면 베스트 완성!

04
턱소매블라우스

재료 겉감 50×40cm, 스냅 3쌍, 와펜 1개

※ 원단 끝은 올풀림방지액 처리

※ 실물 도안 p. 227

PATTERN MAKING

시접은 전체 0.5cm.

[몸판 변형1]
1 몸판 원형에서 드롭소매 제도법(p. 98~102)을 참고하여 원하는 어깨 각도를 정한다.
2 품을 0.5cm 키우고 진동깊이를 0.3cm 내린다.

[몸판 변형2]
1 목둘레를 여유 있게 파고 길이를 5cm 연장한다.
2 드롭소매 제도법(p. 98~102)을 참고하여 반팔 소매를 완성한다.
3 뒤중심에 낸 단 0.6cm를 주고, 총 1.2cm 폭의 절개선을 그린다.

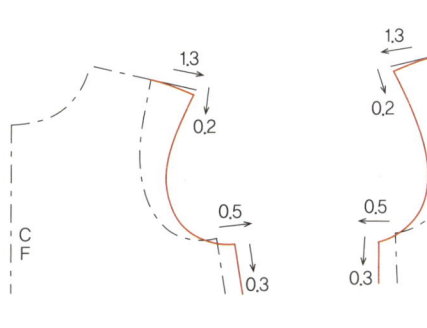

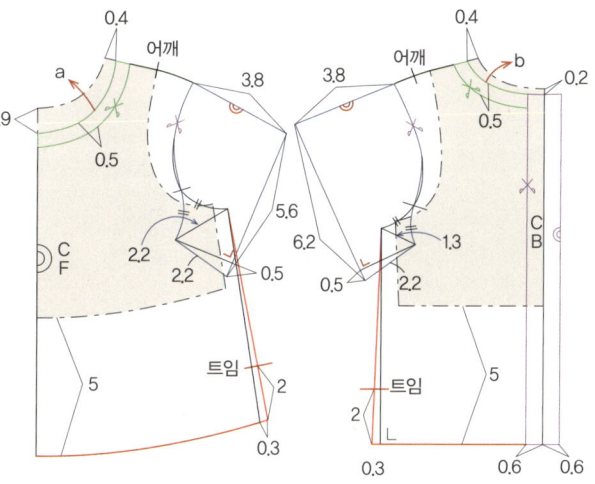

[칼라]

1 스탠드칼라 제도법(p. 68~69)을 참고하여 제도한다.
2 바이어스방향이라 잘 늘어나니 목둘레 중 윗둘레 길이에 여유분을 더하여 몸판보다 짧게 제도한다.

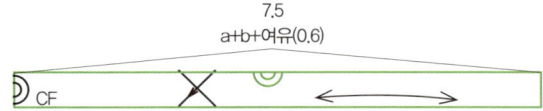

[소매]

1 앞뒤 몸판에서 소매를 잘라내고 골선에 맞추어 붙여 하나의 소매 패턴을 만든다.
2 턱이 들어갈 위치를 절개하여 원하는 분량만큼 벌린다.

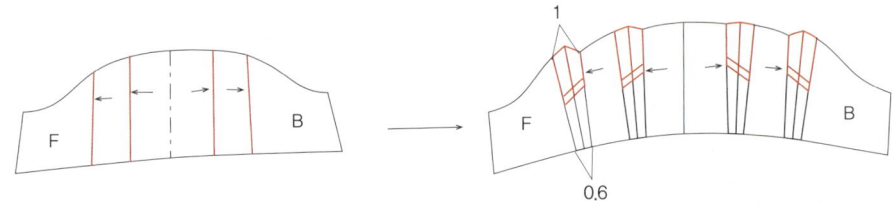

HOW TO MAKE

1 앞판과 뒤판의 겉을 맞대고 어깨선을 박는다.

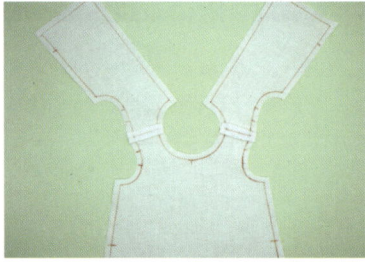

2 어깨 시접은 갈라서 다린다.

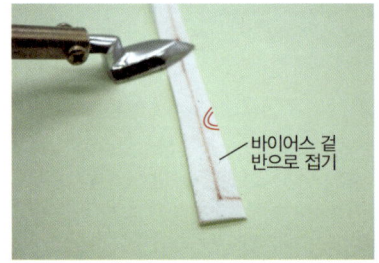

3 칼라는 바이어스로 재단하여 겉이 보이도록 반으로 접는다.

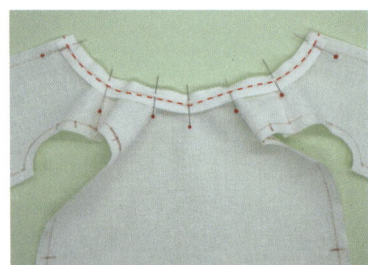

4 몸판에 접은 칼라를 올리고 목둘레를 박는다.

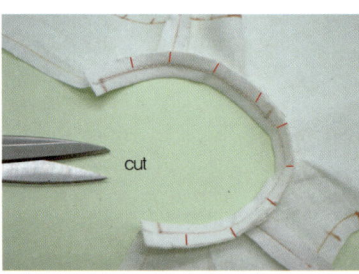

5 시접은 몸판 쪽으로 꺾고 가위집을 낸다.

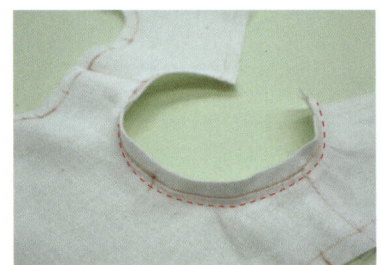

6 겉에서 몸판 위를 눌러 박아 칼라를 고정한다.

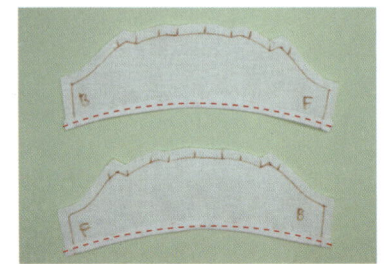

7 소매 밑단 시접을 접어 박는다.

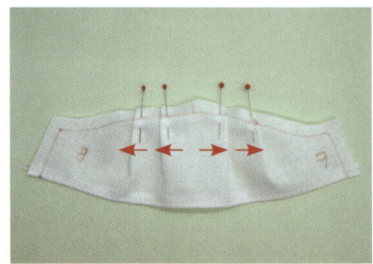

8 소매 겉에서 패턴에 따라 턱을 접는다.

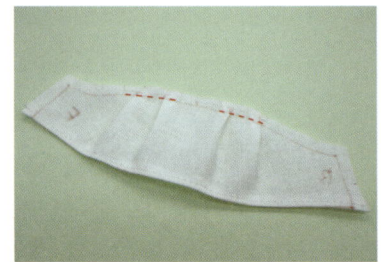

9 시접 부분에 박거나 홈질해서 턱을 고정한다.

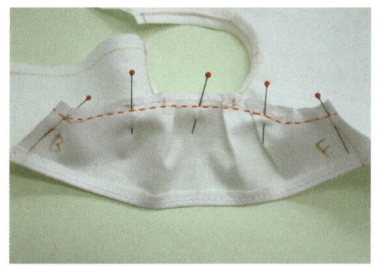

10 소매의 앞뒤를 확인하여 진동둘레에 시침핀이나 시침질로 고정하고 곡선을 잘 맞추어 박는다.

11 시접은 몸판 쪽으로 꺾어 다리고 겨드랑이 부분에 가위집을 낸다.

12 양쪽 소매를 달아 겉에서 본 모습.

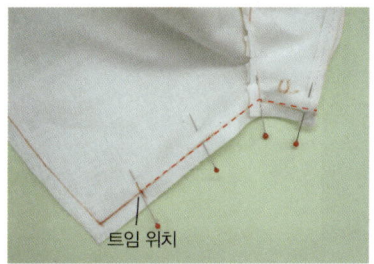

13 소매에서 몸판의 트임 위치까지 이어서 옆선을 박는다. 시접을 갈라 다리고 가위집을 낸다.

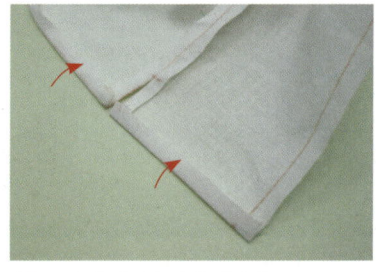

14 밑단 시접을 접어 다린다.

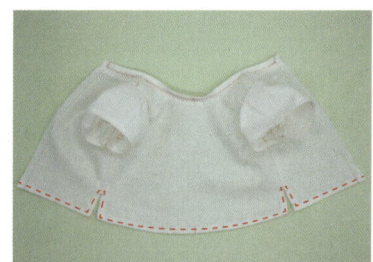

15 겉에서 밑단과 트임선을 따라 둘러 박아 시접을 고정한다.

16 여밈 덧단의 시접을 안으로 접고 한 번 더 반으로 접어 다린다.

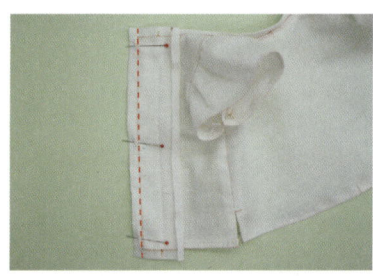

17 여밈 덧단의 한쪽 시접을 펼쳐서 몸판에 겉을 맞대고 박는다.

18 박은 선에서 여밈 덧단을 시접 쪽으로 접은 다음 반으로 접었던 선에서 반대쪽으로 접어 여밈 덧단의 안쪽과 박지 않은 시접이 보이도록 하고 위아래 바깥을 박아 막는다.

19 여밈 덧단을 뒤집어 시접을 정리하여 다리고 겉에서 눌러 박아 몸판에 고정한다.

20 반대쪽도 같은 방법으로 여밈 덧단을 연결한다.

21 여밈 덧단에 스냅을 달고 앞판에 와펜을 붙이면 블라우스 완성!

TOP

05
셔츠

재료 겉감 50×50cm, 스냅 3쌍, 단추 7개
※ 원단 끝은 올풀림방지액 처리
※ 실물 도안 p. 226

✂ PATTERN MAKING

시접은 앞중심 1.5cm, 주머니 윗부분 0.8cm, 나머지 0.5cm.

[몸판 변형1]
1 몸판 원형에서 길이를 5cm 연장하고 옆선을 A라인으로 변형한 다음 밑단을 둥글게 굴린다.
2 목둘레를 여유 있게 판 다음 품을 0.3cm 키우고 진동 깊이를 0.3cm 내린다.
3 앞뒤판에 요크선을 그린다.
4 앞중심에 여밈용으로 0.5cm 폭의 낸 단을 만들고 단추 위치를 표시한다.

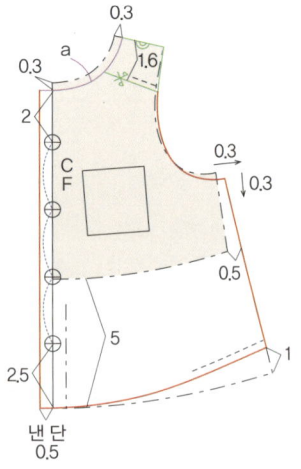 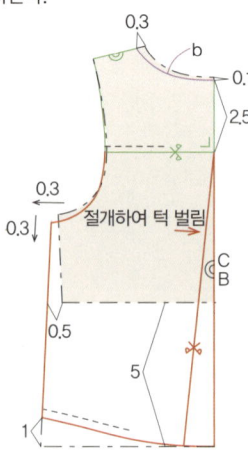

[몸판 변형2]

1 앞주머니를 제도하고 몸판에 위치를 표시한다.
2 앞뒤 몸판에서 요크 부분만 잘라내고 어깨선을 맞추어 붙인다.
3 뒤중심에 절개선을 넣고 1cm 폭의 턱을 넣는다.

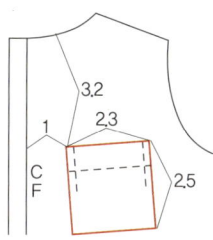
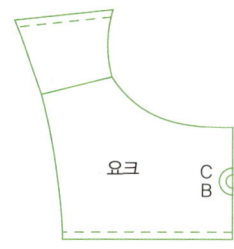
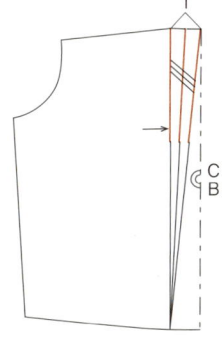

[칼라]

1 셔츠칼라 제도법(p. 74~77)을 참고하여 제도한다.

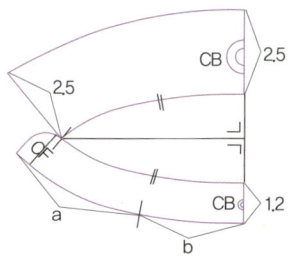

[소매]

1 소매 원형에서 커프스 부분 0.8cm를 잘라내고 제도한다.
2 몸판에 맞추어 진동둘레 길이를 조절하고 밑단에 원하는 분량의 턱을 표시한 다음 턱 분량만큼 양옆에서 나누어 키운다.

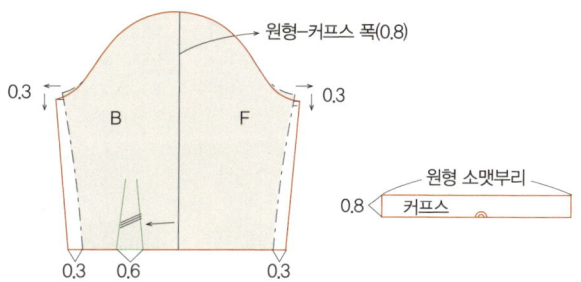

HOW TO MAKE

1 뒤 몸판 중심에 맞턱을 잡고 시접 부분을 박아 고정한다.
2 요크와 뒤 몸판의 겉을 맞대고 박는다.
3 시접을 위로 꺾고 겉에서 요크 위를 박아 시접을 고정한다.

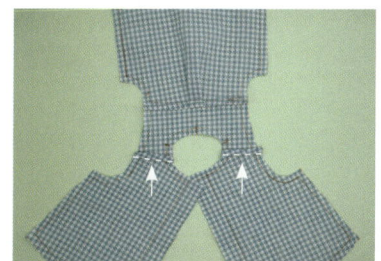
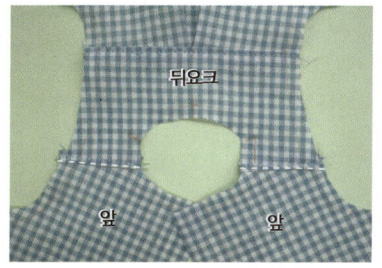

4 앞 몸판과 요크의 겉을 맞대고 어깨선을 박은 다음 시접을 뒤로 넘긴다.
5 겉에서 요크 위를 박아 시접을 고정한다.
6 앞주머니의 위쪽 시접은 접어 박고 나머지 시접은 접어 다려둔다.

7 오른쪽 앞판에 주머니 달 위치를 표시한 다음 주머니를 올리고 옆, 아래를 박아 붙인다.

8 소매 밑단에 턱을 접어 고정해둔다.

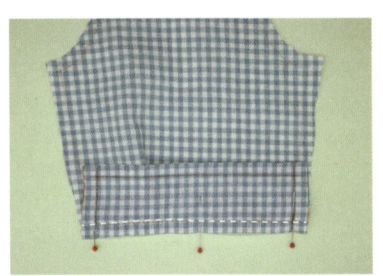

9 커프스와 소매의 겉을 맞대고 박는다.

10 시접은 커프스 쪽으로 꺾어 다리고 커프스의 반대쪽 시접을 접은 다음 한 번 더 반으로 접는다.

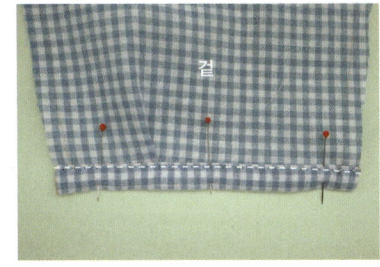

11 겉에서 눌러 박아 커프스와 소매를 고정한다.

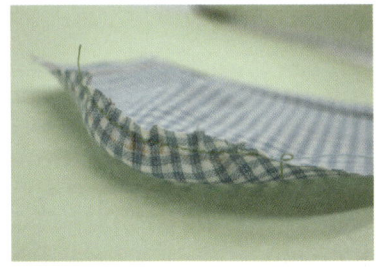

12 양쪽 소매 윗부분에 홈질을 하고 잡아당겨 오그린다.

> **TIP** 주름이 굵은 선으로 잡히지 않게 주의하세요.

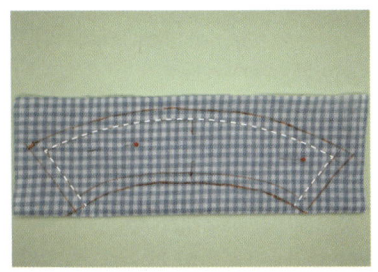

13 칼라의 목둘레를 제외한 3면의 완성선을 둘러 박는다.

> **TIP** 얇은 소재라면 2겹을 겹쳐 완성선을 박은 다음 시접 분량에 맞추어 재단하는 게 편해요.

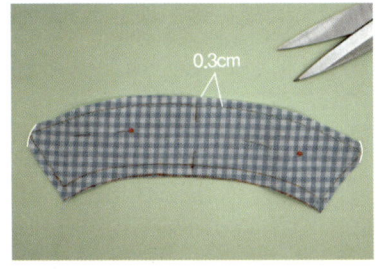

14 목둘레를 제외한 3면의 시접을 0.3cm만 남기고 잘라낸다. 모서리도 자른다.

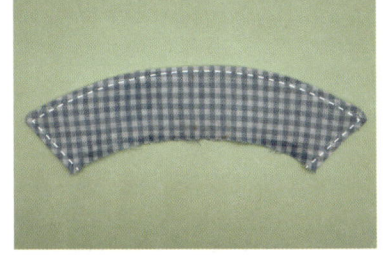

15 칼라를 뒤집어 시접을 잘 정리한 다음 겉에서 눌러 박는다.

16 2장의 칼라밴드의 겉과 겉 사이에 칼라를 끼워 넣는다.

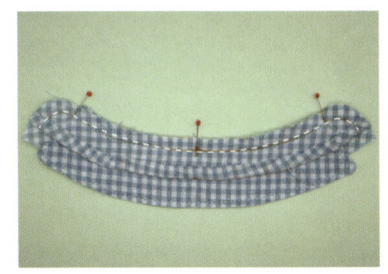

17 칼라밴드 한 장의 시접만 접어 목둘레를 남기고 둘러 박는다.

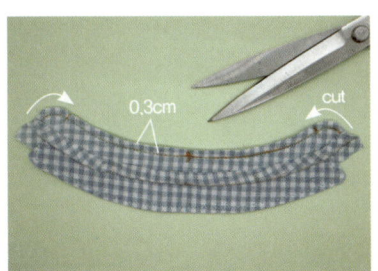

18 시접을 0.3cm 남기고 잘라낸다.

19 몸판의 앞중심 시접을 0.5cm, 1cm 두 번 접은 다음 겉에서 눌러 박는다.

20 몸판 목둘레의 겉에 칼라밴드의 접지 않은 시접을 맞대고 박아 연결한다.

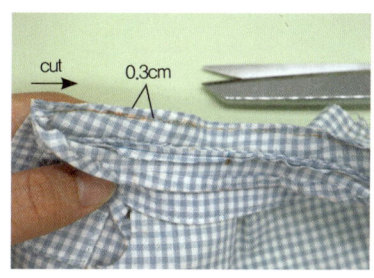

21 시접을 0.3cm 남기고 잘라낸다.

22 시접은 칼라밴드 쪽으로 꺾어 다린다.

23 미리 접어둔 칼라밴드의 다른 쪽 시접으로 몸판의 시접을 감싸고 움직이지 않게 시침질한다.

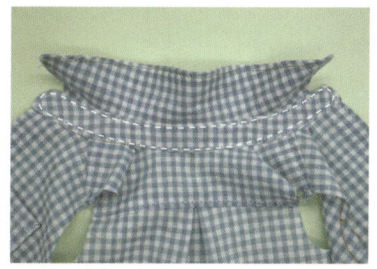

24 밴드의 4면을 둘러 박아 몸판과 고정한다.

25 만들어둔 소매의 앞뒤를 확인하여 몸판과 연결한다.

 곡선은 한 번에 박기 어려워요. 시침핀이나 시침질로 고정하고 박으세요.

26 시접은 몸판 쪽으로 꺾어 다린다.

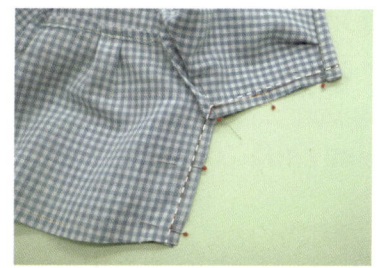

27 소매 끝부터 몸판의 밑단까지 옆선을 한꺼번에 박는다. 시접에 가위집을 내고 갈라 다린다.

28 밑단 시접을 접어 다린 다음 박는다.

29 앞중심에 스냅을 단다.

30 칼라와 앞중심, 커프스에 단추를 달면 완성!

TOP

06
리본칼라블라우스

재료 겉감 60×40cm, 스냅 3쌍, 단추 3개, 와펜 1개

※ 원단 끝은 올풀림방지액 처리

※ 실물 도안 p. 228~229

PATTERN MAKING

시접은 앞중심 2cm, 나머지 0.5cm.

[몸판 변형1]
1 드롭소매 제도법(p. 98~102)을 참고하여 몸판 원형에서 원하는 어깨 각도를 정한다.
2 품을 1.3cm 키우고 진동깊이를 1.4cm 내린다.
→ **[몸판 변형2]**로 이어짐.

[칼라]
1 리본칼라 제도법(p. 78~79)을 참고하여 제도한다.

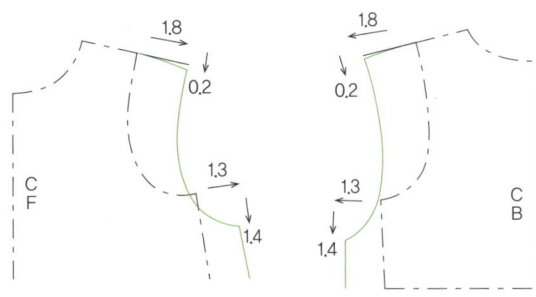

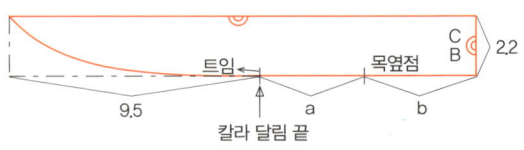

[몸판 변형2]

1 앞목둘레는 V자 형태로 파고 리본 위치를 표시한다. 뒷목둘레는 U자로 깎아낸다.
2 옆선은 트임부터 자연스러운 곡선으로 그린다.
3 소매는 드롭소매 제도법(p. 98~102)을 참고하여 인형의 팔꿈치 길이로 그린다.
4 앞중심에 여밈을 위한 낸 단을 넣고 단추 위치를 표시한다.

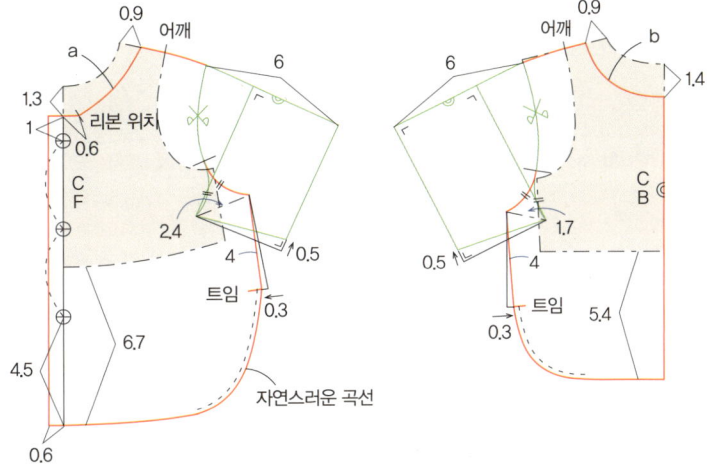

[소매]

1 앞뒤 몸판에서 소매를 잘라내고 골선에 맞추어 붙여 하나의 소매 패턴을 만든다.
2 셔링소매 제도법(p. 89~93)을 참고하여 위아래 원하는 주름 분량만큼 벌린다.
3 소매 뒷부분에 트임용 절개선을 넣고 트임 위치를 표시한다.
4 커프스 패턴에 리본을 묶을 여유 분량을 양옆에 더하여 커프스 리본 패턴을 그린다.

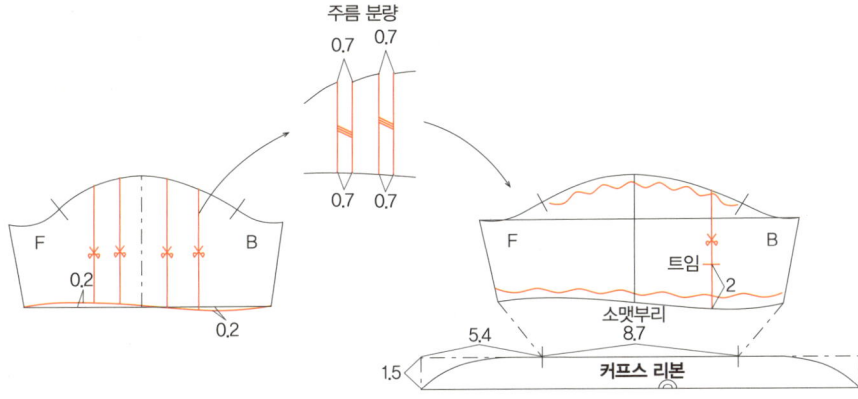

HOW TO MAKE

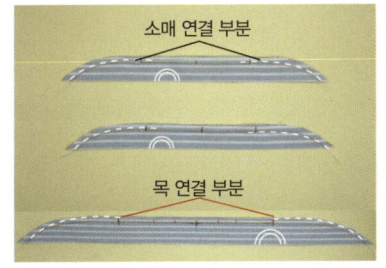

1 커프스 리본을 반으로 접어 표시점까지 둘러 박는다. 칼라도 반으로 접어 목선에 붙이는 부분을 남기고 표시점까지 둘러 박는다.

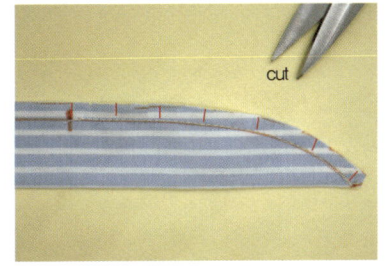

2 곡선 부위에 가위집을 낸다.

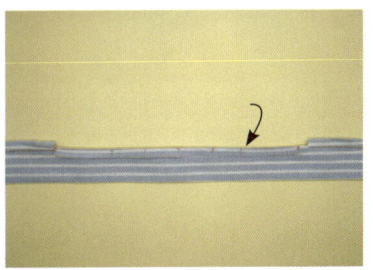

3 박지 않고 남겨둔 부분의 시접을 접어 다린 다음 뒤집는다.

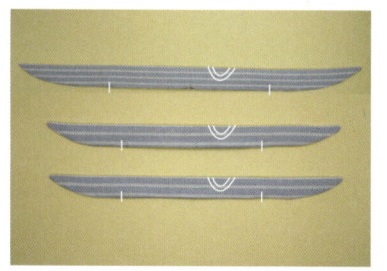

4 칼라와 커프스 리본 완성.

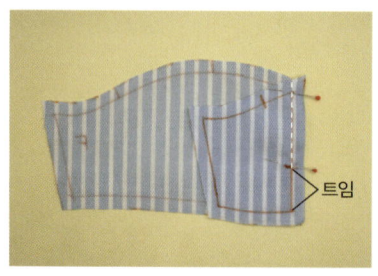

5 작은 소매와 큰 소매를 겉을 맞대고 연결한다. 트임 부분을 남기고 위쪽만 박는다.

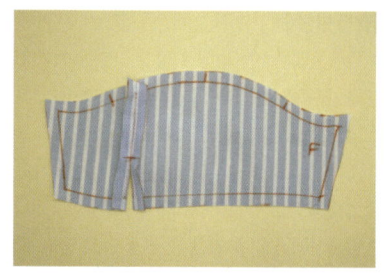

6 소매절개선의 시접을 가른다. 트임 부분은 더 벌어지게 시접을 조금 넓게 접는다.

7 겉에서 눌러 박아 장식선을 만든다.

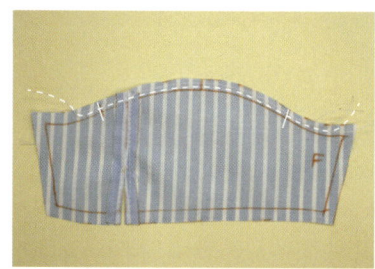

8 소매산 시접 부분에 홈질한 다음 실을 잡아당겨 주름을 잡는다.

9 앞판과 뒤판의 겉을 맞대고 어깨선끼리 박아 연결한다.

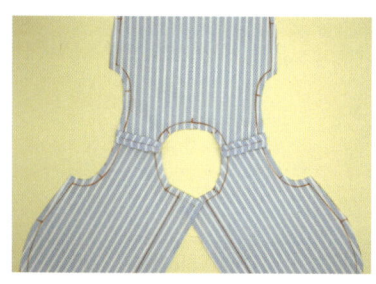

10 어깨선 시접은 양쪽으로 갈라둔다.

11 앞판의 칼라 붙일 위치에 가위집을 살짝 낸다.

12 가위집 앞쪽의 시접을 접어 다린다.

13 좌우 앞중심선 시접을 2번 접어 다린다.

TIP 접어둔 시접이 펼쳐지지 않게 시침핀을 꽂아두세요.

14 목둘레에 가위집을 낸다.

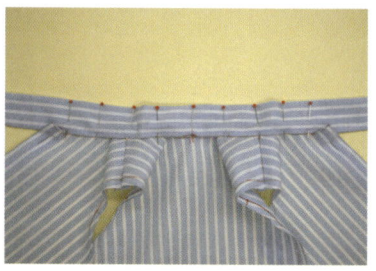

15 칼라로 몸판 시접을 감싸 시침핀으로 고정한다.

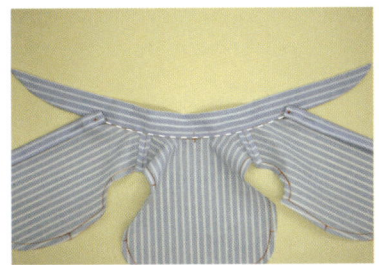

16 목둘레를 따라 칼라를 박는다.

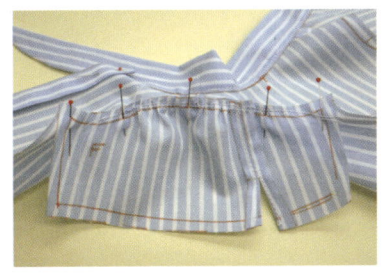

17 주름잡은 소매와 몸판의 겉을 맞대고 박아 연결한다.

🧷 **TIP** 소매의 앞뒤를 잘 확인하세요!

18 시접에 가위집을 낸다.

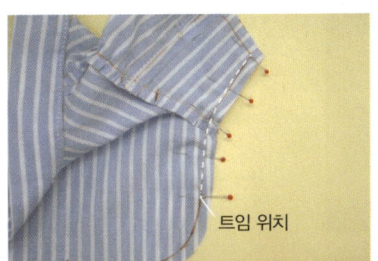

19 앞판과 뒤판의 겉을 맞대고 옆선의 트임 위치부터 소매끝까지 박는다.

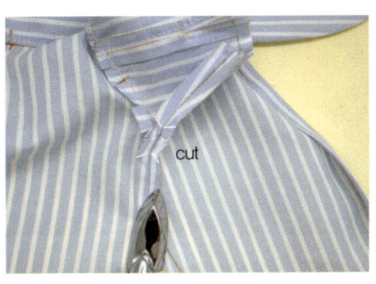

20 옆선 시접을 가르고 겨드랑이 부분에 가위집을 낸다.

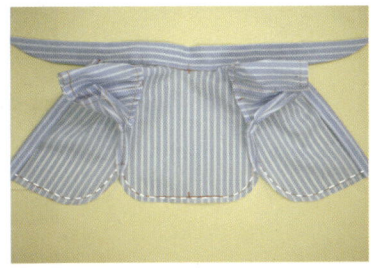

21 곡선인 밑단 시접을 접기 위해 시접에 홈질을 한다.

22 시접을 접어 다리미로 다린다. 곡선 부분은 홈질한 실을 잡아당겨가며 다린다.

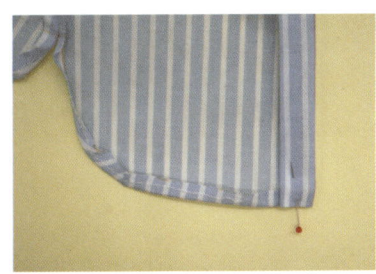

23 밑단 시접을 접은 다음 앞중심 시접으로 덮는다.

24 앞목 → 앞중심 → 밑단 순으로 겉에서 전체를 눌러 박는다.

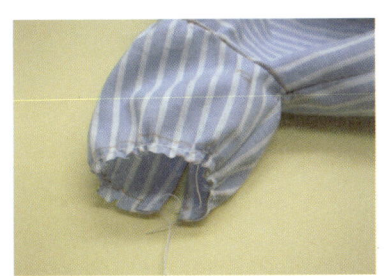

25 소매 밑단에 트임 부분을 남기고 홈질한 뒤 실을 잡아당겨 주름을 잡는다.

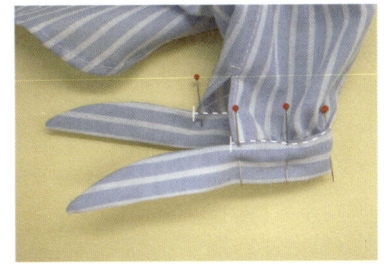

26 만들어둔 커프스 리본 안으로 소매 밑단 시접을 넣고 겉에서 눌러 박아 고정한다.

27 앞중심에 스냅을 달고 겉에 단추도 단다. 와펜을 붙이면 완성!

TOP

07
오프숄더블라우스

재료 겉감 70×35cm, 스냅 2쌍, 레이스 120cm, 고무줄 20cm, 브로치 1개

※ 원단 끝은 올풀림방지액 처리

※ 실물 도안 p. 229~230

PATTERN MAKING

시접은 뒤중심 1cm, 나머지 0.5cm.

[몸판 변형1]

1. 몸판 원형에서 길이를 0.5cm 연장하고 밑단에서 옆으로 0.7cm 늘려 A라인으로 변형한다.
2. 목둘레를 여유 있게 파고 민소매 제도법(p. 88)을 참고하여 진동깊이를 0.5cm 올린다.
3. 뒤중심에 여밈용으로 0.5cm 폭의 낸 단을 만든다.

[몸판 변형2]

1. 밑단 쪽으로 퍼지는 실루엣을 만들기 위해 앞뒤판에 각각 절개선을 넣어 원하는 만큼 벌린다.
2. 어깨 프릴 위치와 고무줄 주름을 넣을 위치를 각각 표시한다.

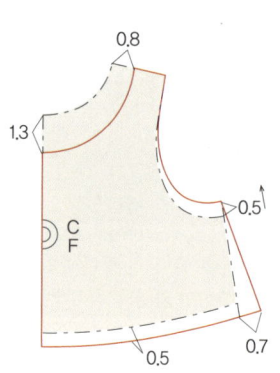
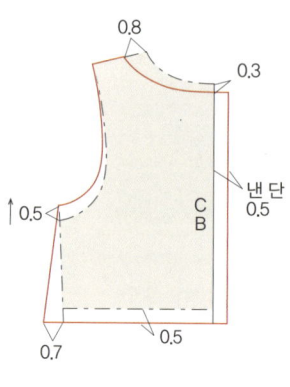
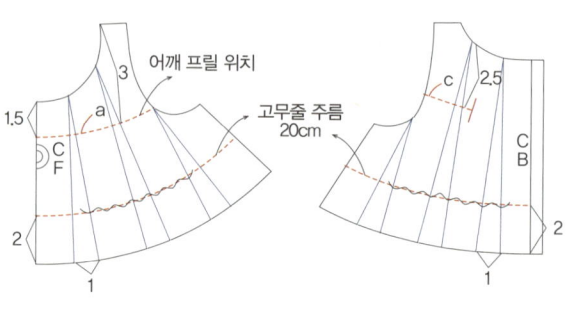

[어깨 프릴]

1 인형의 가슴(a), 팔(b), 등(c)의 길이를 재고 원하는 주름 분량을 더하여 제도한다.

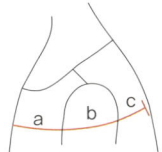
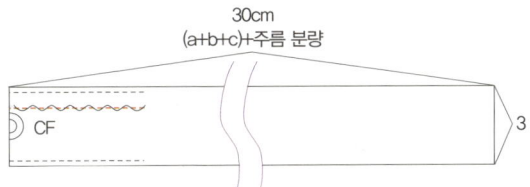

HOW TO MAKE

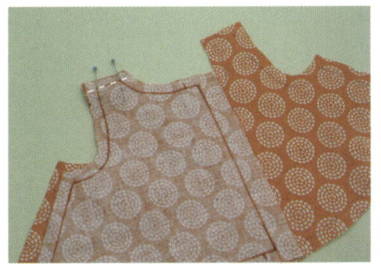

1 앞판과 뒤판의 겉을 맞대고 어깨선을 박아 연결한다.

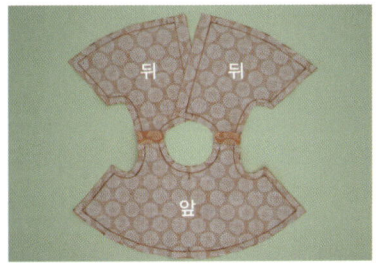

2 어깨 시접은 갈라서 다린다.

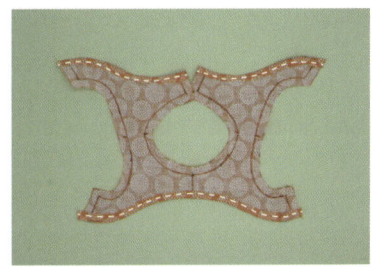

3 안단 시접에 가윗집을 내고 앞뒤 밑단을 접어 박는다.

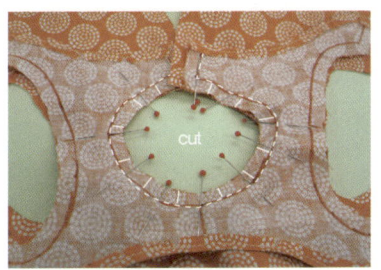

4 겉감과 안단의 겉을 맞대고 목선을 둘러 박는다. 곡선 시접엔 가위집을 내고 모서리 시접은 잘라낸다.

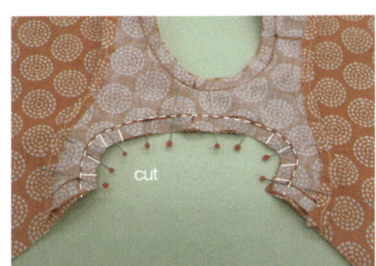

5 안단과 겉감의 진동둘레를 둘러 박는다. 곡선 시접에는 가위집을 낸다.

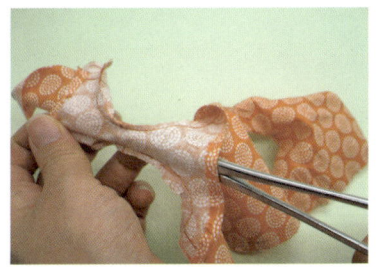

6 어깨선을 통과하여 뒤집개로 뒤집고 모양을 잡아 다린다.

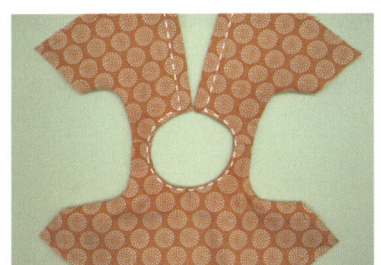

7 목둘레와 뒤중심을 겉에서 둘러 박는다.

8 앞판과 뒤판의 겉을 맞대고 옆선을 박는다.

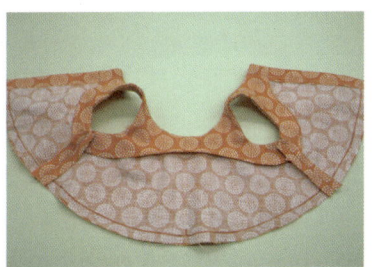

9 옆선의 시접은 갈라 다린다.

10 몸판의 겉에 레이스의 겉을 맞대고 완성선을 따라 박는다.

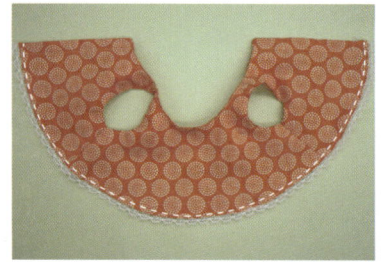

11 시접을 안쪽으로 꺾고 겉에서 눌러 박아 레이스와 시접을 고정한다.

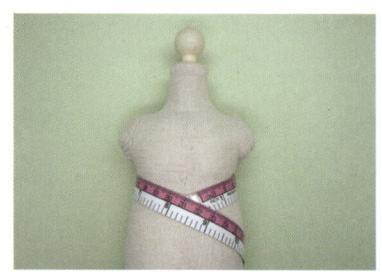

12 2~3mm 폭의 고무줄을 인형의 배 둘레보다 1~2cm 작은 길이로 준비한다.

13 몸판에 고무줄이 달릴 위치를 표시하고 시침핀으로 고정한다.

14 고무줄을 늘려가며 몸판에 박아 붙인다.

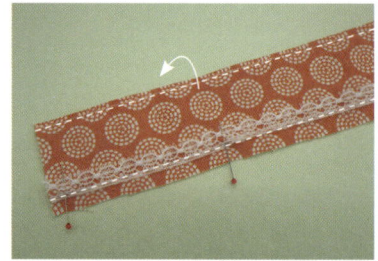

15 어깨 프릴의 위쪽은 시접을 접어 박고 밑단은 몸판의 밑단처럼 레이스를 붙인다.

16 아래 시접을 안으로 접어 넣고 한 번 더 박아 고정한다.

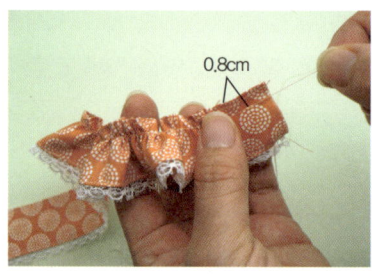

17 위에서 0.8cm 정도 떨어진 위치에 홈질하여 주름을 잡는다.

18 주름 잡은 길이가 인형의 팔을 감싸는 정도(약 25cm)가 되게 만든다.

19 어깨 프릴을 몸판에 고정한다. 팔이 통과하는 부분은 인형 팔 사이즈(약 7cm)에 맞춘다.

20 팔 부분을 뺀 나머지 부분을 겉에서 한 번 더 눌러 박는다.

21 뒤중심에 스냅을 달고 가슴 부분에 브로치를 달면 완성!

TOP

08
플랫칼라블라우스

재료 겉감 60×40cm, 안감 20×20cm, 스냅 3쌍, 레이스 70cm, 리본 1개

※ 원단 끝은 올풀림방지액 처리

※ 실물 도안 p. 231~232

PATTERN MAKING

시접은 뒤중심 1.5cm, 안단 밑단 0cm, 나머지 0.5cm.

[몸판 변형]

1 몸판 원형에서 앞뒤 목둘레를 여유 있게 파고 칼라가 달릴 위치를 표시한다.
2 품을 0.3cm 키우고 진동깊이를 0.3cm 내린다.
3 길이를 연장하고 옆선은 A라인으로 변형한다. 옆선이 올라가도록 밑단을 굴린다.
4 앞판에 핀턱이 들어갈 위치를 그린 다음 절개하여 위아래를 0.4cm 벌린다.

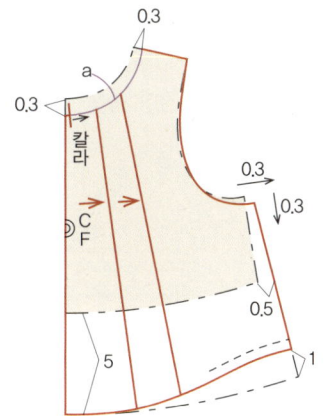 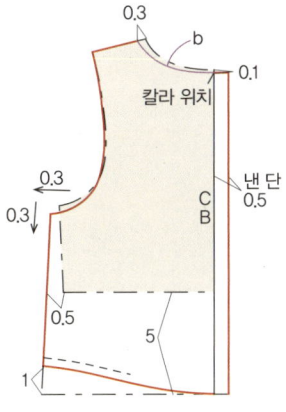 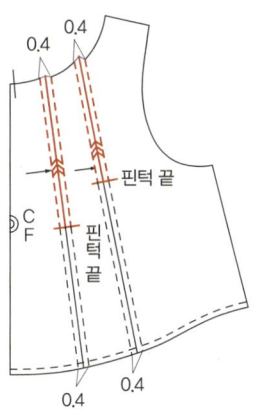

[칼라]

1 플랫칼라 제도법(p. 70~73)을 참고하여 칼라를 그린다.

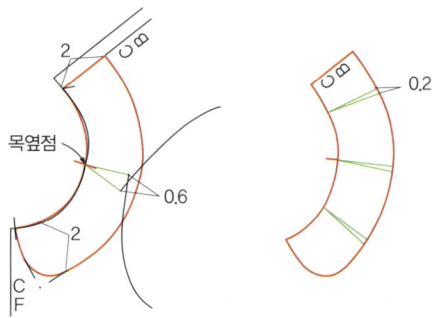

[소매]

1 몸판에 맞추어 소매 원형의 진동둘레 길이를 조정하고 셔링소매 제도법(p. 89~93)을 참고하여 위아래에 주름 및 퍼프 분량을 넣는다. 몸판과 소매에 각각 주름 위치를 표시한다.
2 원하는 사이즈와 폭으로 커프스를 제도한다.

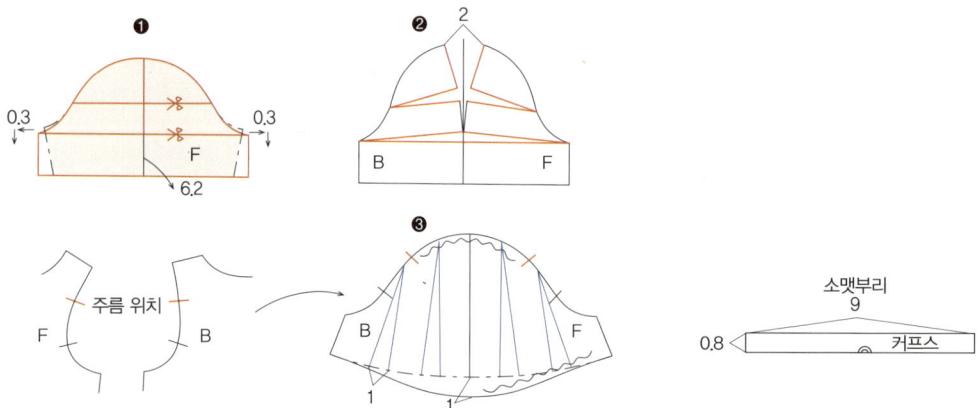

HOW TO MAKE

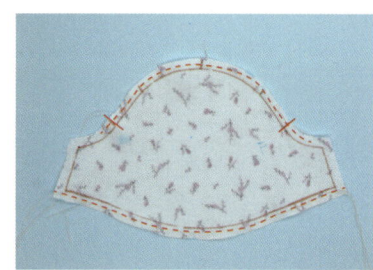

1 양쪽 소매 위와 아래에 주름을 잡기 위한 홈질을 한다. 실 끝은 넉넉히 남긴다.

2 소매 밑단 실을 당겨 주름을 잡고 그 위에 커프스 길이의 레이스를 겉이 보이게 겹쳐 박는다.

3 레이스를 붙인 소매 위에 커프스 겉을 맞대고 소매+레이스+커프스를 한꺼번에 박는다.

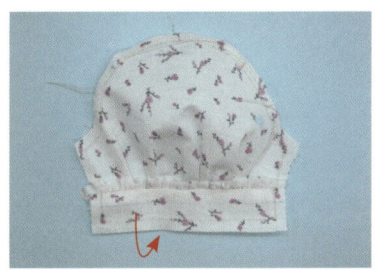

4 커프스를 아래로 꺾어 다린 다음 반대쪽 시접을 접고 다시 반으로 접어 넣는다.

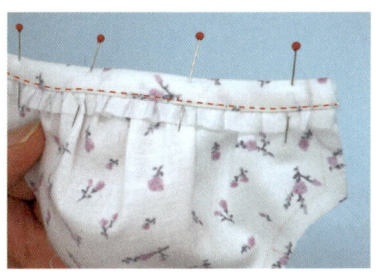

5 시침핀으로 커프스를 고정하고 완성선을 박는다.

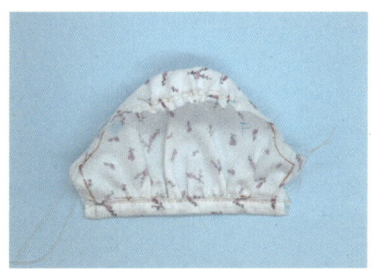

6 양쪽 소매 위쪽의 실을 잡아당겨 주름을 잡아둔다.

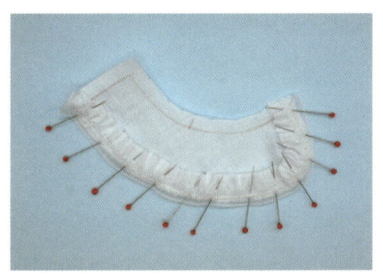

7 칼라 안감 겉에 프릴의 겉이 보이게 올린 다음 박거나 홈질로 임시 고정한다.

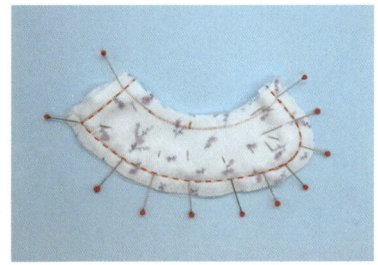

8 프릴 붙인 칼라 안감 위에 칼라 겉감의 겉을 맞댄 다음 목둘레를 빼고 3면을 박는다.

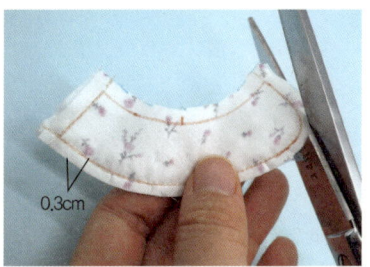

9 칼라의 곡선 시접은 0.3cm를 남기고 잘라내고 가위집을 낸다. 모서리 시접도 잘라낸다.

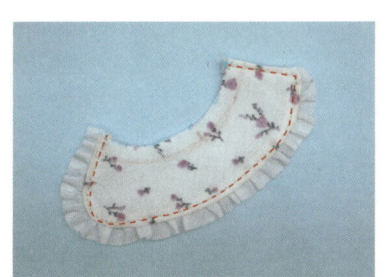

10 칼라를 뒤집어 잘 다린 다음 겉에서 눌러 박는다.

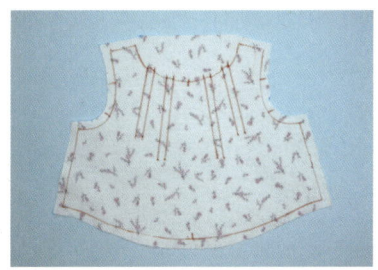

11 몸판의 핀턱을 박기 쉽게 원단 목 윗부분에 여유를 남기고 재단한다.

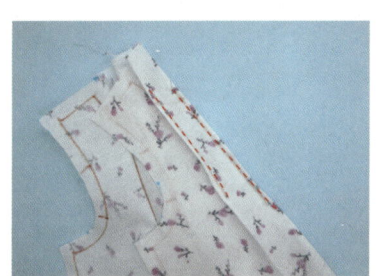

12 겉에서 패턴의 표시된 부분까지 박아 핀턱을 만든다.

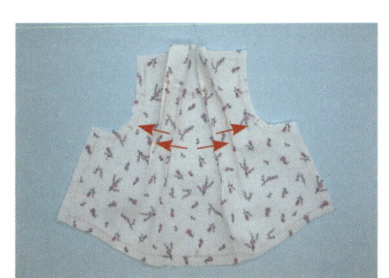

13 핀턱을 패턴 방향에 따라 다린다. 목선 시접은 0.5cm 남기고 잘라낸다.

14 앞판과 뒤판의 겉을 맞대고 어깨선을 박아 연결한다.

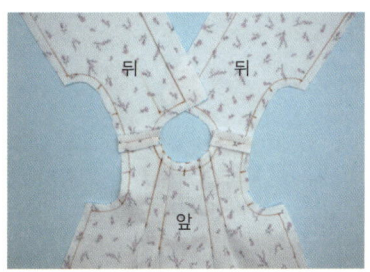

15 어깨 시접은 갈라둔다.

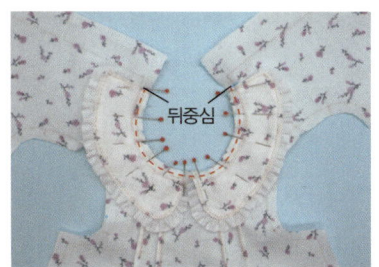
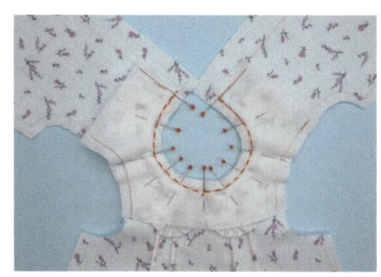
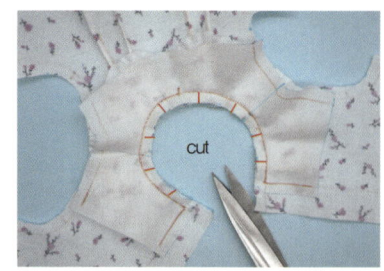

16 칼라를 몸판의 앞중심부터 뒤중심 위에 놓고 시침핀으로 자리를 잡은 다음 홈질로 고정한다.

17 칼라 위에 안단의 겉을 맞대고 목둘레선을 따라 박는다.

18 곡선 시접에 가위집을 내고 뒤집는다.

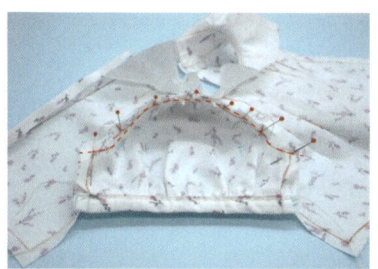

19 잘 다려 자리를 잡은 다음 목둘레를 따라 눌러 박는다.

20 소매를 몸판에 시침질한 다음 진동 둘레 곡선에 맞추어 완성선을 박는다.

21 소매 시접은 몸판 쪽으로 꺾어 다리고 가위집을 낸다.

 소매의 앞뒤를 잘 확인하세요!

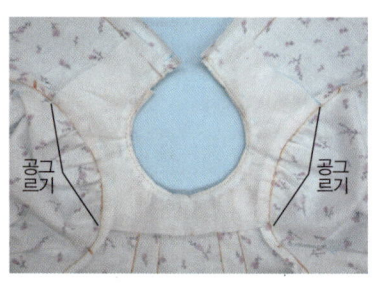

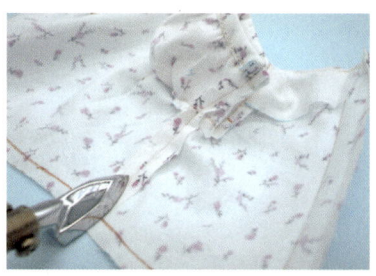

22 안단의 진동 시접을 접어 시침핀으로 소매 시접에 고정하고 공그르기 한다.

23 앞판과 뒤판의 겉을 맞대고 밑단부터 소매 끝까지 옆선을 한꺼번에 박는다. 시접에 가위집을 낸다.

24 옆선의 시접을 갈라 다리고 뒤집는다.

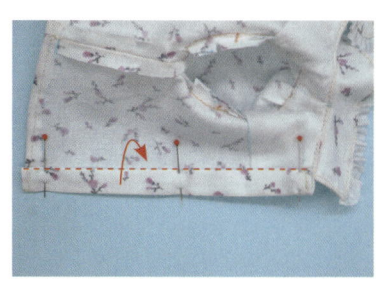

25 밑단의 시접을 접어 박는다.

26 뒤중심의 시접을 0.5cm, 1cm 간격으로 두 번 접어 눌러 박는다.

27 뒤여밈에 스냅을 달고 앞판 칼라 아래에 리본을 달면 완성!

DRESS

01
세일러칼라원피스

재료 겉감 50×30cm, 배색 90×30cm, 안감 20×30cm, 장식테이프 3mm×90cm, 6mm×90cm, 스냅 3쌍

※ 원단 끝은 올풀림방지액 처리

※ 실물 도안 p. 233~234

PATTERN MAKING

시접은 스커트 밑단 1cm, 스커트 뒤중심 1.5cm, 나머지 0.5cm.

[몸판]

1. 몸판 원형에서 원하는 디자인에 따라 앞뒤 목둘레를 변형한다.
2. 품을 0.5cm 키우고 진동깊이를 0.5cm 내린다.
3. 길이를 연장하여 허리 절개선을 그린다.

[스커트]

1. 몸판의 폭에 맞추어 가로 a+b, 세로 7cm 길이의 직사각형을 만들고 주름을 넣을 절개선을 3cm간격으로 그린다.
2. 주름선에 맞주름을 1.5cm 폭으로 4칸씩 넣는다.

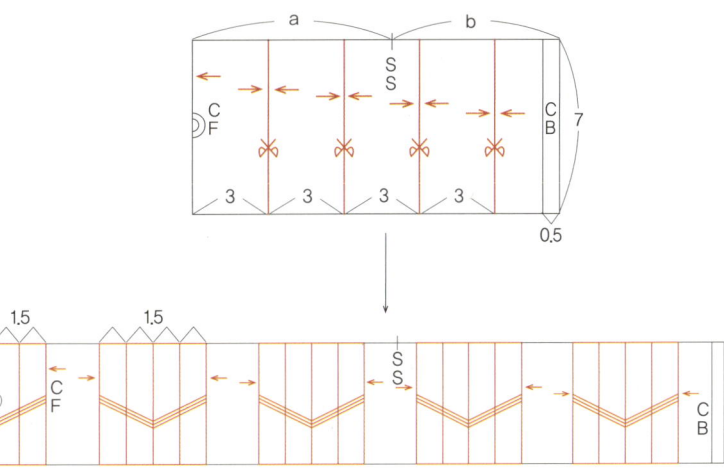

[칼라]

1 앞뒤 몸판의 어깨끝점을 0.6cm 겹치게 놓고 세일러칼라 제도법 (p. 72~73)을 참고하여 제도한다.

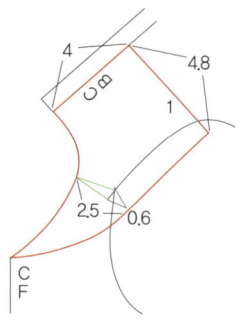

[소매]

1 몸판에 맞추어 소매 원형의 진동둘레 길이를 조정하고 반팔 길이로 자른다.
2 밑단 둘레를 키우기 위해 절개선을 넣고 원하는 분량만큼 벌린다.

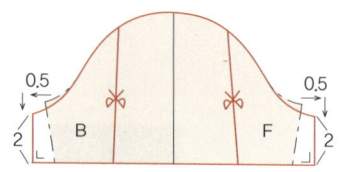

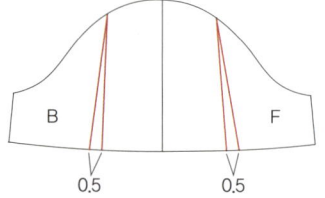

✂ HOW TO MAKE

1 스커트 밑단 시접을 접어 박는다.

2 장식 테이프를 패브릭 본드로 붙이거나 겉에서 박아 붙인다.

3 겉에서 패턴의 방향에 따라 맞주름을 잡는다. 잡은 주름은 아래까지 잘 눌러 다린다.

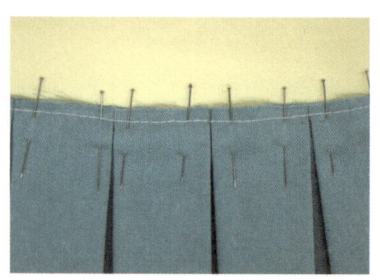

4 주름이 고정되도록 시접 부분을 한 번 눌러 박는다.

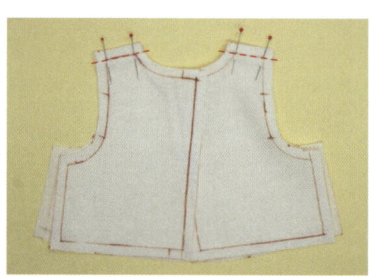

5 겉감 앞판과 뒤판의 겉을 맞대고 어깨선을 박아 연결한다.

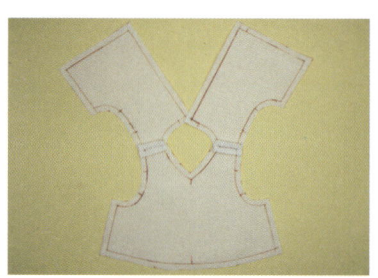

6 어깨 시접은 갈라서 다린다.

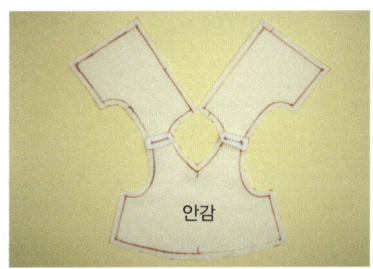

7 안감도 어깨선을 박아 연결하고 시접을 가른다.

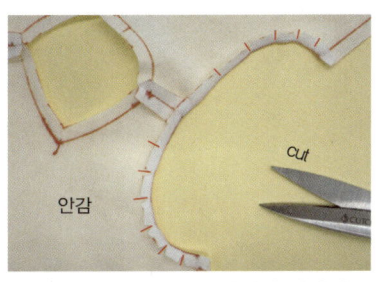

8 안감의 진동둘레 시접에 가위집을 내고 안쪽으로 접어 다린다.

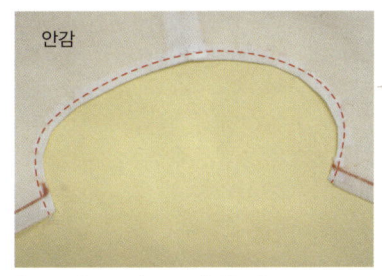

9 진동둘레를 둘러 박는다.

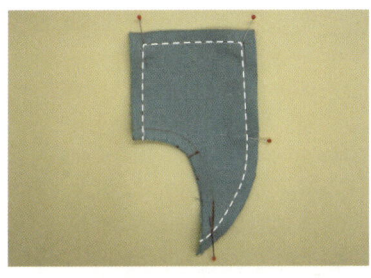

10 한쪽 칼라 2장의 겉을 맞댄 다음 목둘레를 뺀 나머지 부분을 둘러 박는다.

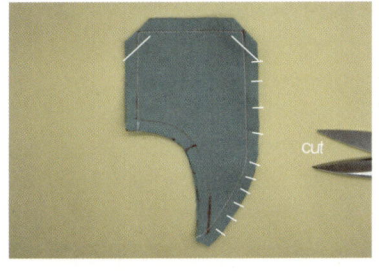

11 시접의 모서리 부분은 잘라내고 곡선에는 가위집을 낸다.

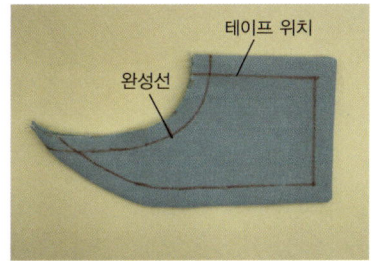

12 뒤집어 시접을 잘 정리한 다음 목의 완성선과 테이프 붙일 위치를 표시한다.

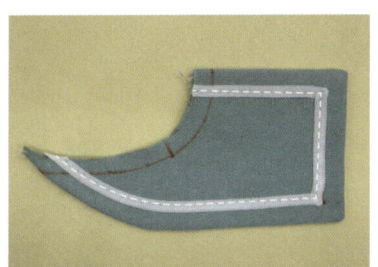

13 장식테이프를 패브릭 본드로 붙이거나 겉에서 박아 붙여 칼라를 완성한다.

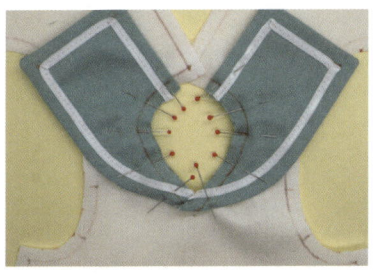

14 칼라 양쪽을 몸판 겉감의 겉에 올려놓고 시침핀으로 고정한다.

15 시접 부분에 홈질해서 칼라가 움직이지 않도록 한다.

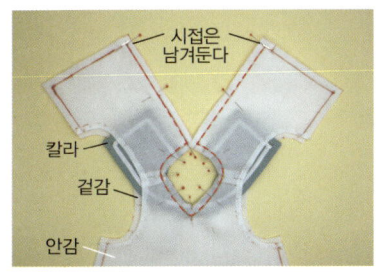

16 칼라를 붙인 겉감 위에 안감을 올려놓고 뒤중심-목둘레-뒤중심을 이어 박는다. 뒤중심 아래 시접 부분은 박지 말고 남긴다.

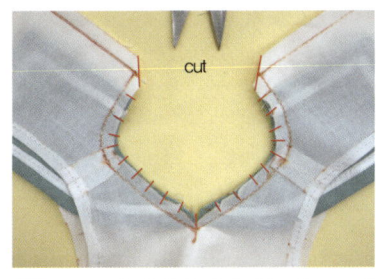

17 목둘레 시접에 가위집을 내고 모서리 부분은 잘라낸다.

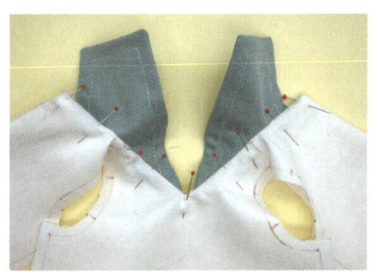

18 뒤집어서 칼라를 빼고 목둘레를 시침핀으로 고정한다.

19 목둘레선을 따라 겉에서 눌러 박는다.

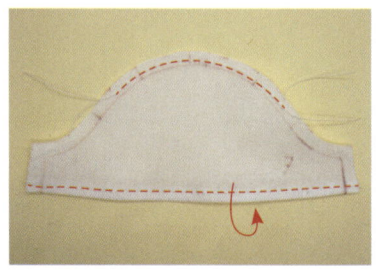

20 소매의 밑단은 접어 박고 윗부분은 오그리기 위해 홈질한다.

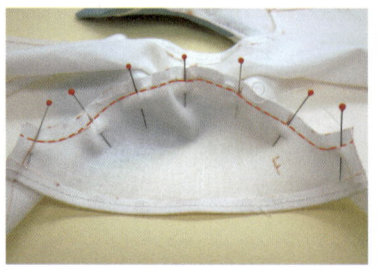

21 실을 잡아당겨 윗부분을 오그린 다음 몸판에 연결한다.

> **TIP** 오그릴 때 주름지지 않게 조심합니다. 소매는 앞뒤를 잘 확인하고 붙여요.

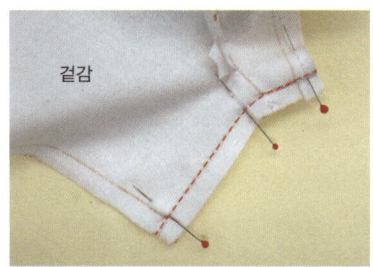

22 겉감의 밑단부터 소매까지 옆선을 한꺼번에 박는다. 시접에 가위집을 내고 갈라 다린다.

23 안감도 옆선을 박고 시접을 갈라서 다린다.

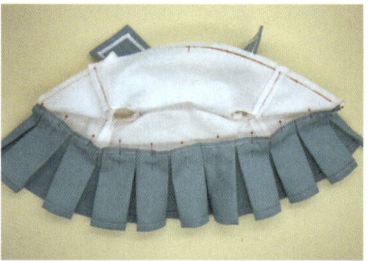

24 스커트의 뒤중심 시접을 0.5cm, 1cm로 두 번 접고 몸판 겉감과 스커트의 겉을 맞대어 시침핀으로 고정한다.

25 몸판 겉감과 스커트를 박아 연결한다. 시접은 위쪽으로 꺾어 다린다.

26 안감 시접을 접어 겉감 시접을 감싼 채 시침핀으로 고정하고 공그르기한다.

27 뒤중심을 눌러 박고 뒤여밈에 스냅을 세 개 달면 완성!

DRESS

02
로웨이스트원피스

재료 겉감 50×50cm, 배색 50×20cm, 안감 40×20cm, 고무줄 6cm×2개, 스냅 3쌍, 장식 단추 2개, 리본 2개

※ 원단 끝은 올풀림방지액 처리

※ 실물 도안 p. 234~236

PATTERN MAKING

시접은 스커트 밑단 0.8cm, 스커트 뒤중심 1.5cm, 나머지 0.5cm.

[몸판]

1. 몸판 원형에서 원하는 디자인에 따라 앞뒤 목둘레를 변형한다.
2. 품을 0.3cm 키우고 진동깊이를 0.3cm 내린다.
3. 길이를 연장하여 허리 절개선과 스커트 밑단을 그린다.
4. 앞뒤 몸판에 프린세스라인을 넣고 뒤절개선에만 다트 분량을 넣는다.

[스커트]

1. 몸판에서 스커트를 잘라낸 다음 플레어스커트 제도법(p. 41~44)을 참고하여 절개선을 넣고 원하는 만큼 주름 분량을 만든다.
2. 자연스럽게 퍼지도록 바이어스방향으로 두고 허리선은 박을 때 늘어나는 분량을 감안하여 몸판보다 작게 제도한다.

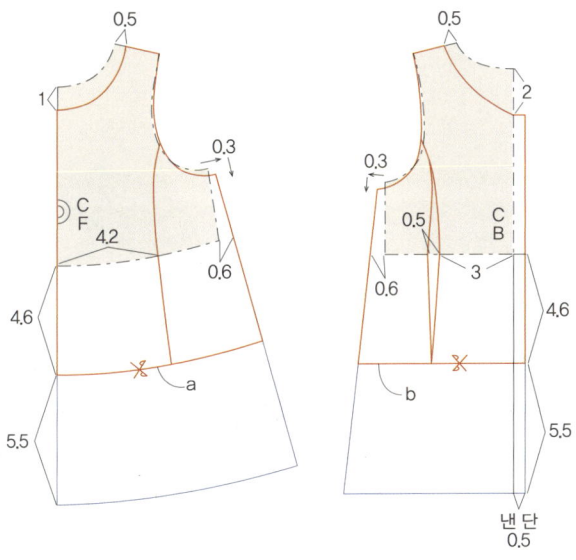

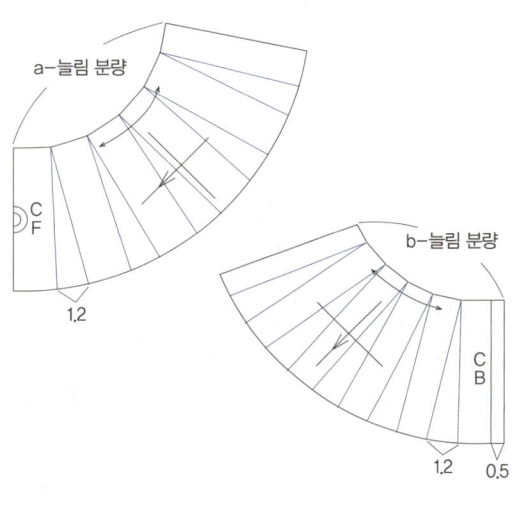

[소매]

1 몸판에 맞추어 소매 원형의 폭을 키우고 진동깊이를 내린다.
2 손등을 덮는 디자인을 위해 기장을 1cm 연장하고 밑단은 A라인으로 제도한다.
3 밑단에서 2cm 위에 고무줄 위치를 표시한다.

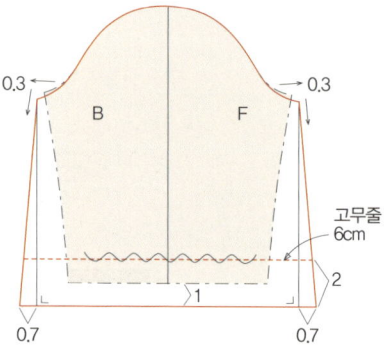

HOW TO MAKE

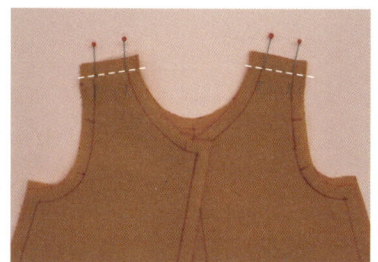

1 안감 앞판과 뒤판의 겉을 맞대고 어깨선을 박아 연결한다.

2 어깨 시접은 갈라 다린다. 진동둘레 시접에 가위집을 내고 접어 박는다.

3 겉감 뒤판을 두 조각씩 연결한다.

4 시접은 갈라서 다리고 가위집을 낸다.

5 겉감 앞판도 같은 방법으로 만든다.

6 앞판 연결된 부분에 장식선을 박는다.

7 뒤판 연결 부분에도 장식선을 박는다.

8 앞판과 뒤판의 겉을 맞대고 어깨선을 박아 연결한다.

9 시접은 갈라 다린다.

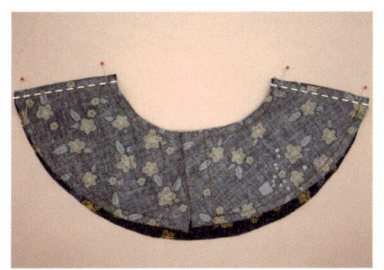

10 스커트의 앞판과 뒤판의 겉을 맞대고 옆선을 박아 연결한다.

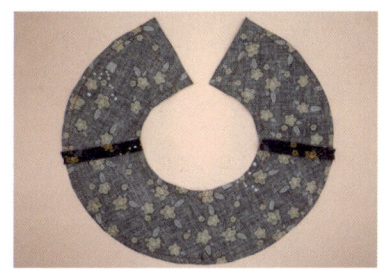

11 옆선 시접을 가른다.

12 곡선 시접을 접기 위해 밑단 시접에 홈질한다.

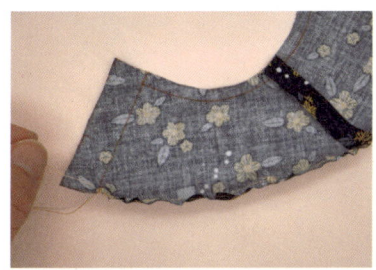

13 실을 잡아당겨 시접을 위로 접어 올린다.

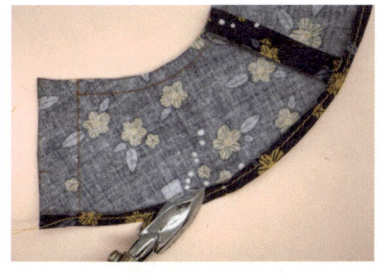

14 시접의 폭이 일정하도록 자리를 잡으면서 다린다.

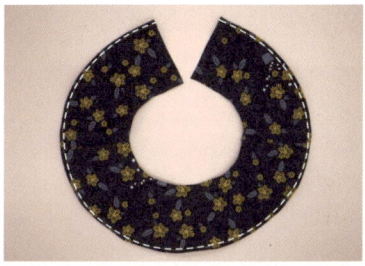

15 겉에서 밑단을 눌러 박아 시접을 고정한다.

16 뒤중심 시접을 0.5cm, 1cm로 2번 접어 다리고 겉에서 눌러 박아 시접을 고정한다.

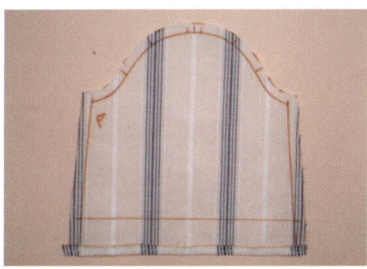

17 양쪽 소매의 밑단 시접을 접어 박는다.

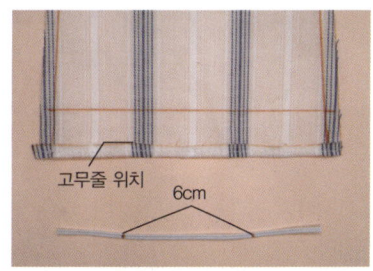

18 인형 손목둘레 길이보다 조금 더 긴 고무줄을 준비하고 고무줄이 달릴 위치를 표시한다.

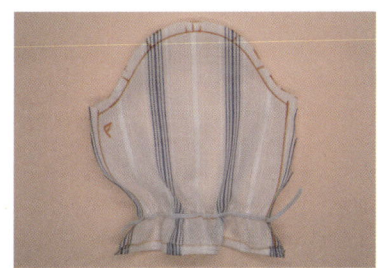

19 고무줄의 길이가 원단보다 짧으니 늘려 당겨서 박는다. 다른 쪽 소매도 같은 방식으로 박는다.

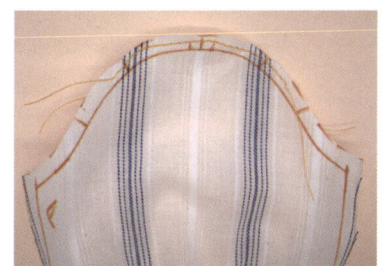

20 소매를 오그리기 위해 소매 위쪽 시접에 홈질한다.

21 실을 잡아당겨 오그린다.

TIP 골고루 분산시키며 오그리세요!

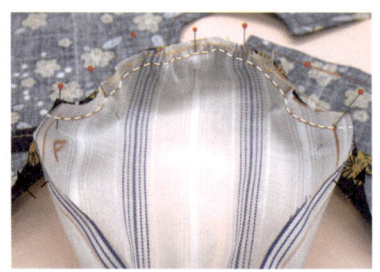

22 진동둘레 곡선에 유의하여 양쪽 소매를 겉감 몸판에 붙인다.

23 시접은 몸판 쪽으로 꺾어 다리고 겨드랑이 부분 시접에 가위집을 낸다.

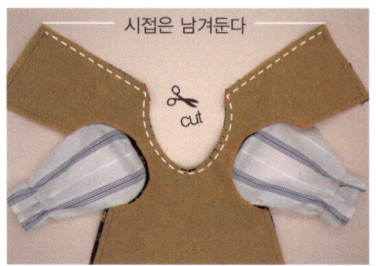

24 겉감 위에 안감의 겉을 맞대고 뒤중심 - 목둘레 - 뒤중심을 이어 박는다. 뒤중심 밑단 시접은 박지 말고 남겨둔다. 목둘레 시접에 가위집을 내고 뒤중심 모서리 시접은 잘라낸다.

25 겉감 앞판과 뒤판의 겉을 맞대고 몸판부터 소매까지 옆선을 박는다. 겨드랑이 시접에 가위집을 내고 갈라 다린다.

26 안감도 겉끼리 맞대고 옆선을 박는다.

27 옆선 시접을 갈라 다린다.

28 뒤집어서 겉감과 안감을 다려서 정리한다.

29 몸판 겉감과 스커트의 겉을 맞대고 허리둘레를 따라 박는다.

30 시접은 위로 꺾어 올리고 겉에서 눌러 박아 고정한다.

31 안감 시접을 접어 넣고 몸판에 고정한 다음 공그르기 한다.

32 뒤여밈에 스냅을 3개 단다.

33 장식 단추와 리본을 달아 완성!

DRESS

03
롱원피스

재료 겉감 80×40cm, 안감 20×30cm, 스냅 3쌍, 레이스 20cm

※ 원단 끝은 올풀림방지액 처리

※ **실물 도안** p. 237~239

PATTERN MAKING

시접은 스커트 뒤중심 1.5cm, 나머지 0.5cm.

[몸판]
1 어깨를 덮는 민소매 디자인으로 몸판 원형에서 어깨선을 곡선으로 1cm 연장하고 진동깊이는 그대로 둔다.
2 허리선은 2.5cm 높여 절개선을 올린다.
3 목둘레 레이스는 몸판의 앞뒤 목둘레 길이를 재서 2배한 다음 시접을 더해 준비한다.
4 스커트는 허리둘레에 주름분을 더한 폭에 원하는 기장만큼 사각형으로 제도한다.
5 스커트에 원하는 주름의 양과 위치를 잡는다.

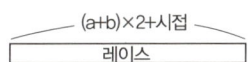

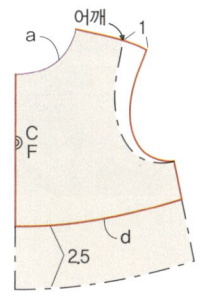

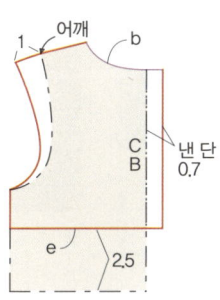

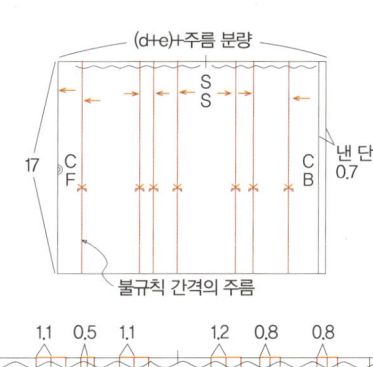

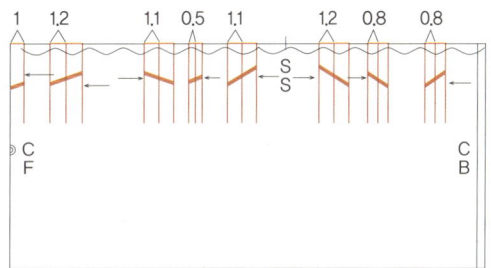

[소매]

1 몸판에 맞추어 소매 원형의 진동둘레 길이를 조정하고 반팔 길이로 자른다.
2 소매 밑단에 주름 분량을 포함한 소매 프릴을 제도한다.

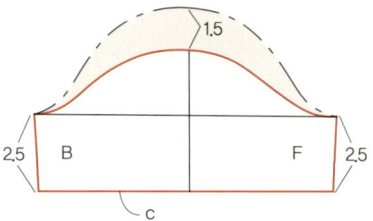
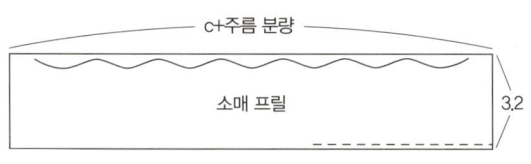

✂ HOW TO MAKE

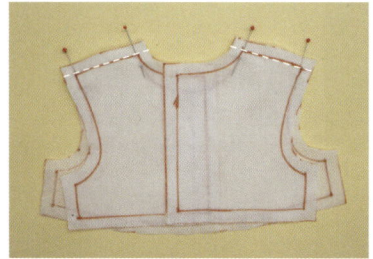

1 안감의 앞판과 뒤판 겉을 맞대고 어깨선을 박아 연결한다.

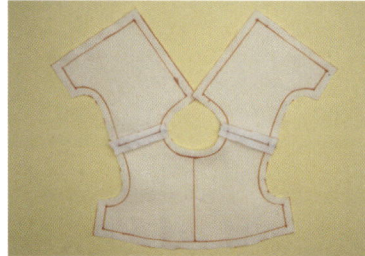

2 어깨 시접을 갈라 다린다.

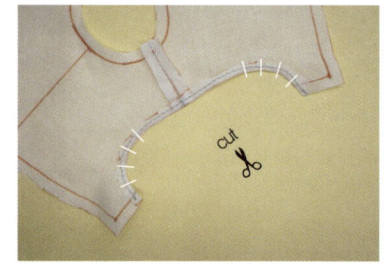

3 진동둘레 시접에 가위집을 넣고 안쪽으로 접어 박는다.

4 겉감의 앞판과 뒤판 겉을 맞대고 어깨선을 박아 연결하고 시접을 가른다.

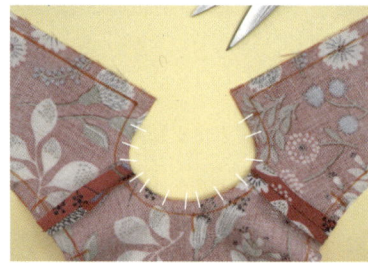

5 레이스를 붙이기 위해 겉감 목둘레 시접에 가위집을 낸다.

6 겉감 목둘레에 레이스 겉을 맞대고 시침핀으로 고정한다.

7 레이스와 겉감을 박아서 붙인다.

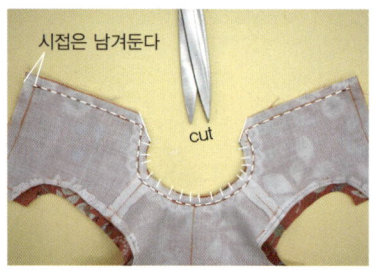

8 레이스를 붙인 겉감에 안감을 올려 뒤중심 - 목둘레 - 뒤중심을 이어 박는다. 밑단 시접은 박지 말고 남겨둔다. 목둘레 시접에 가위집을 낸다.

9 뒤집어서 잘 다린 다음 겉에서 목둘레를 눌러 박는다.

10 소매 프릴의 아래쪽 시접을 접어 박는다.

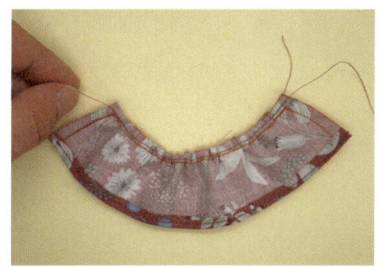

11 프릴 위쪽 시접에 홈질하고 주름을 잡는다.

12 주름 잡은 프릴 시접과 소매의 겉을 맞대고 박는다.

13 시접은 위로 꺾는다.

14 겉에서 눌러 박는다.

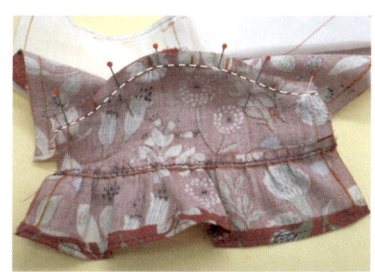

15 소매의 앞뒤를 확인하고 몸판 진동 둘레의 곡선에 잘 맞추어 시침핀으로 고정한 다음 박아서 소매를 연결한다.

16 뒤집을 때 자리가 잘 잡히도록 시접에 가위집을 낸다.

17 양쪽에 소매를 단 몸판의 안쪽.

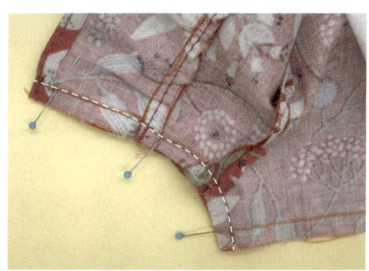

18 겉감의 몸판과 소매의 옆선을 박는다.

19 소매가 잘 놓이도록 가위집을 내고 시접을 갈라서 다린다.

20 안감의 옆선도 박고 시접을 양옆으로 갈라 다린다.

21 뒤집으면 몸판 완성!

22 스커트 밑단과 레이스의 겉을 맞대고 박는다.

23 시접을 안쪽으로 접어 넘기고 겉에서 눌러 박는다.

24 패턴의 방향에 따라 겉에서 턱을 접는다.

25 뒤중심 시접은 0.5cm, 1cm로 두 번 접어 다린다.

26 뒤중심 시접을 박아 고정한다.

27 스커트 허리 시접 부분에 홈질하고 실을 잡아당겨 주름을 잡는다.

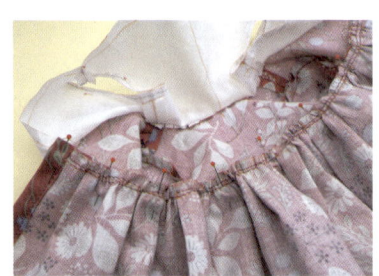

28 몸판 겉감과 스커트의 겉을 맞대고 시침핀으로 고정한다.

29 허리둘레를 둘러 박아 연결한다.

30 시접은 몸판 쪽으로 꺾어서 다린다.

31 겉에서 몸판 위를 눌러 박아 시접을 고정한다.

32 안감의 시접을 접어 넣고 공그르기 한다.

33 뒤여밈에 스냅을 달면 원피스 완성!

DRESS

04
오버올원피스

재료 겉감 50×30cm, 고무줄 6cm, 단추 4개

※ 원단 끝은 올풀림방지액 처리

※ 실물 도안 p. 240

PATTERN MAKING

시접은 스커트 밑단 1.5cm, 나머지 0.5cm.

1 몸판 원형을 이용해서 앞판은 가슴판과 어깨끈, 뒤판은 어깨끈만 제도한다.
2 원형 허리선을 중심으로 1cm 폭의 허리밴드를 그린다.
3 허리밴드 아래로 길이를 연장하여 앞뒤판에 스커트를 제도하고 앞판 절개선에 트임 장식을 넣는다.
4 허리밴드와 스커트 부분의 옆선을 붙이고 어깨끈도 앞뒤를 연결하여 제도한다.

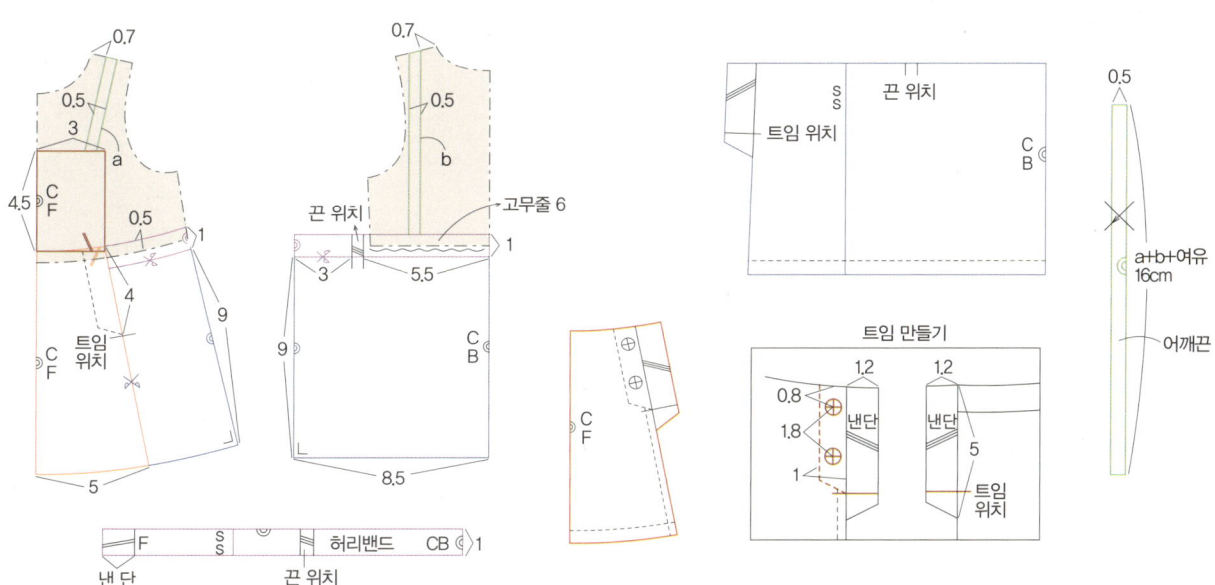

HOW TO MAKE

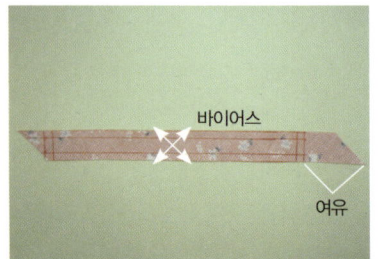

1 어깨끈은 바이어스방향으로 패턴보다 여유 있게 재단한다.

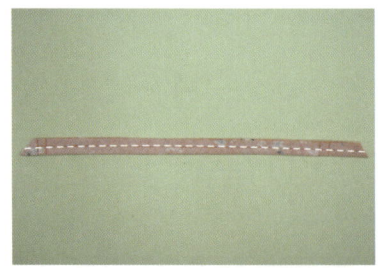

2 안이 보이도록 반으로 접어 완성선을 박는다.

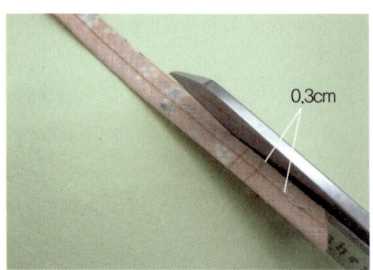

3 뒤집을 수 있게 시접을 0.3cm 남기고 잘라내고 시접을 갈라 다린다.

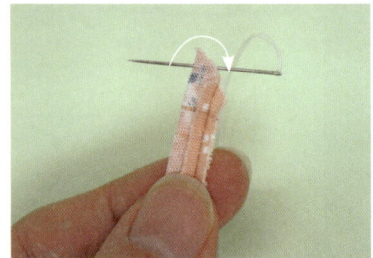

4 바늘에 실을 꿰어 매듭을 짓고 어깨끈 한쪽 끝에 두 땀 정도 고정한다.

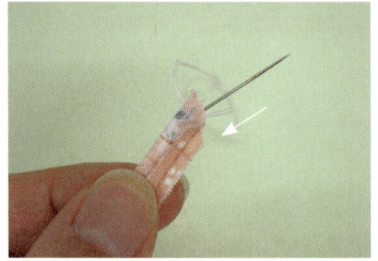

5 바늘의 뒷부분을 터널에 넣어 통과시킨다.

TIP 바늘 앞쪽으로는 빠져나가기 어려워요.

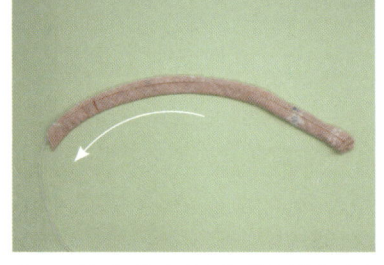

6 바늘을 통과시키며 실을 살살 잡아당긴다.

TIP 실이 끊어지지 않게 조심하세요!

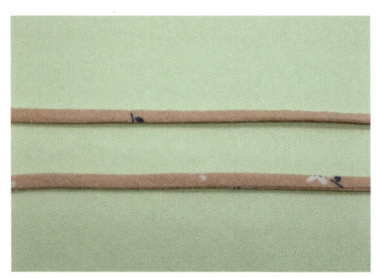

7 2줄을 만들어 사이즈에 맞게 자른다.

8 앞판의 위와 아래의 겉을 맞대고 허리선을 박아 연결한 다음 시접을 위로 꺾는다.

9 연결한 겉감에 안감의 겉을 맞대고 허리를 뺀 나머지 세 면을 박는다. 아래 시접 부분은 박지 않고 남겨 접는다.

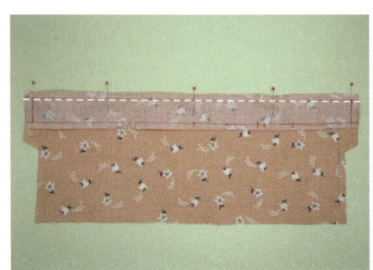

10 허리밴드와 스커트 뒤판 겉을 맞대고 허리둘레를 박아 연결한 다음 시접은 위쪽으로 꺾어 다린다.

11 허리밴드를 반으로 접고 아래를 박아 터널을 만든다. 박은 선이 앞면에는 허리밴드 위에 오도록 한다.

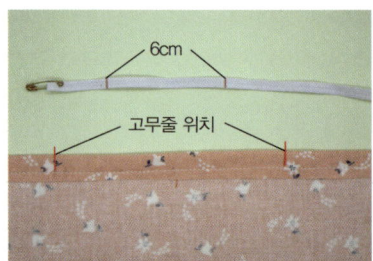

12 고무줄이 들어갈 위치를 패턴에서 확인 후 표시한다. 6cm 고무줄에 좌우 1~2cm 시접을 둔다.

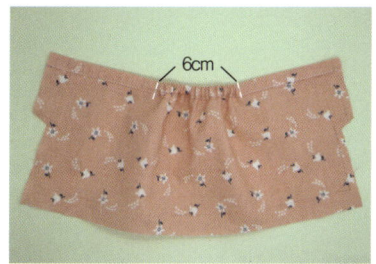

13 터널에 고무줄을 끼워 표시된 위치에 고정한다.

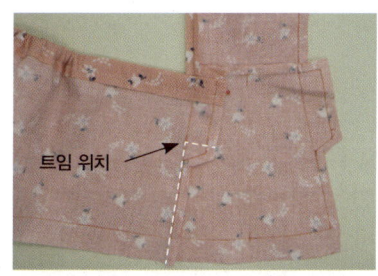

14 앞판과 뒤판의 겉을 맞대고 트임 위치부터 밑단까지 박는다.

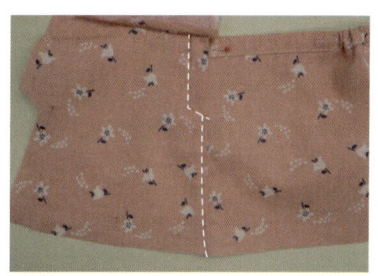

15 겉에서 장식선을 박는다.

16 반대쪽도 같은 방법으로 박는다.

17 밑단은 0.5cm, 1cm로 두 번 접어 박는다.

18 앞판 윗부분 모서리의 시접을 잘라 정리한 다음 뒤집어서 다린다. 겉에서 가장자리를 둘러 박아 겉감과 안감을 고정한다.

19 송곳으로 어깨끈이 통과할 구멍을 뚫는다.

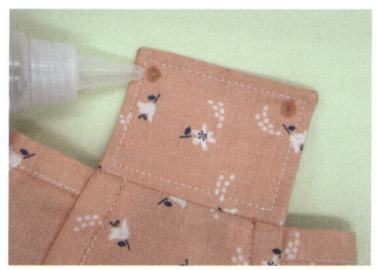

20 구멍에 올풀림방지액을 바른다.

21 끈의 한쪽을 통과시키고 매듭을 짓는다.

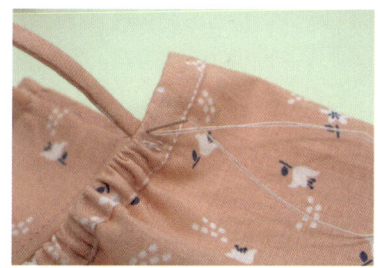

22 나머지 한쪽은 허리밴드에 고정한다. 양쪽 모두 어깨끈을 연결한다.

23 단추를 달아 완성!

DRESS

05
스탠드칼라원피스

재료 겉감 60×50cm, 안감 25×20cm, 몸판 레이스 15cm, 밑단 레이스 60cm,
스냅 3쌍, 장식 단추 1개, 장미꽃 자수 장식 5개

※ 원단 끝은 올풀림방지액 처리

※ 실물 도안 p. 241~242

PATTERN MAKING

시접은 스커트 뒤중심 1.5cm, 나머지 0.5cm.

[몸판]
1. 몸판 원형에서 목둘레를 살짝 파고 민소매의 진동깊이를 0.5cm 올린다. 뒤중심선에 0.5cm 낸 단을 그린다.
2. 요크선을 그리고 허리선을 1cm 올려 그린다.

[스커트]
1. 허리둘레에 맞게 스커트 폭을 정하고 절개선을 넣어 주름 분량을 더한다.

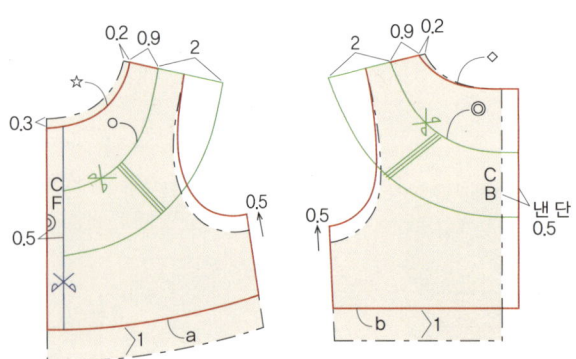

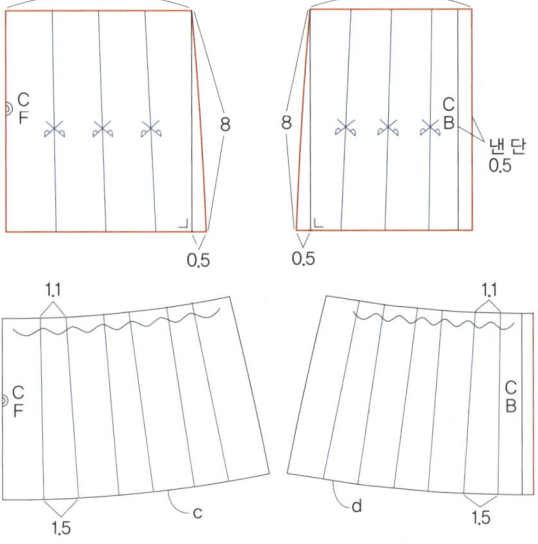

[칼라+어깨 프릴+밑단 프릴]

1 스탠드칼라 제도법(p. 68~69)을 참고하여 목둘레에 맞는 칼라를 제도한다.
2 요크선 길이를 재서 주름 분량이 포함된 어깨 프릴을 제도한다.
3 스커트 밑단 아래 주름분을 더한 밑단 프릴을 제도한다.

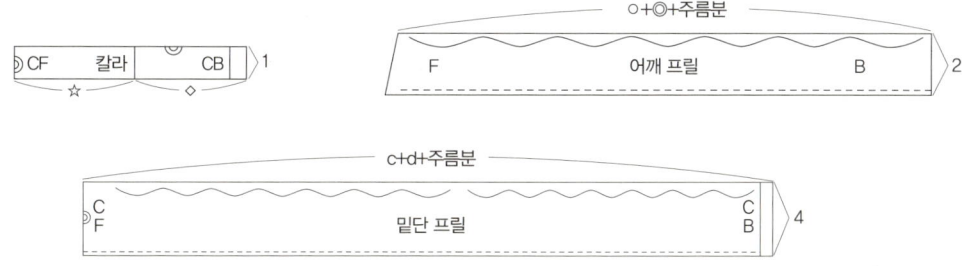

HOW TO MAKE

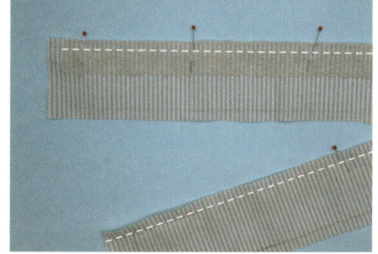

1 밑단 프릴과 레이스의 겉을 맞대고 박아 붙인다.

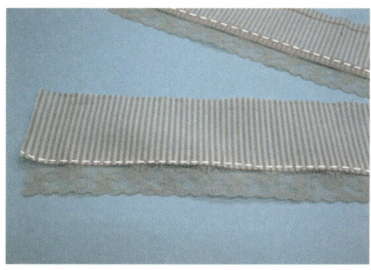

2 시접을 위쪽으로 꺾어 다리고 겉에서 눌러 박아 고정한다.

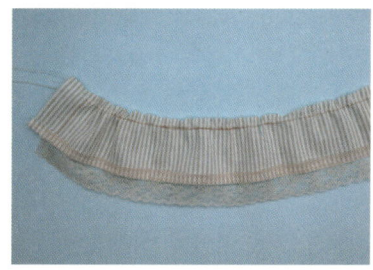

3 밑단 프릴 윗부분에 홈질하고 실을 잡아당겨 주름을 잡는다.

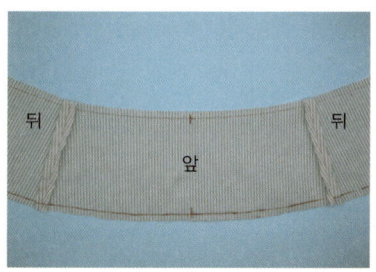

4 스커트 앞판과 뒤판의 옆선을 박고 시접을 가른다.

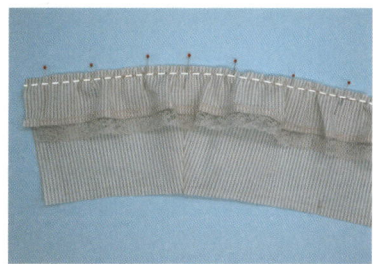

5 밑단 프릴과 스커트의 겉을 맞대고 박아 연결한다.

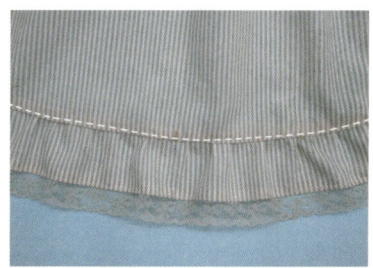

6 시접을 위쪽으로 꺾어 다리고 겉에서 눌러 박는다.

7 스커트 허리에 홈질하고 실을 잡아당겨 주름을 잡는다.

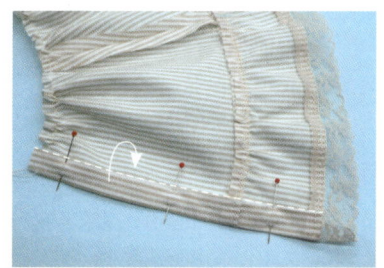

8 뒤중심을 0.5cm, 1cm로 두 번 접어 박는다.

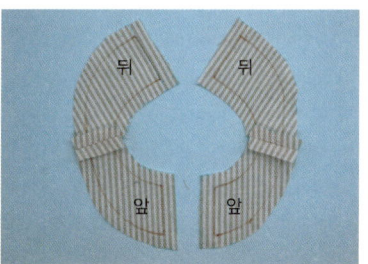

9 앞뒤 요크의 겉을 맞대고 어깨선을 박아 연결하고 시접을 가른다.

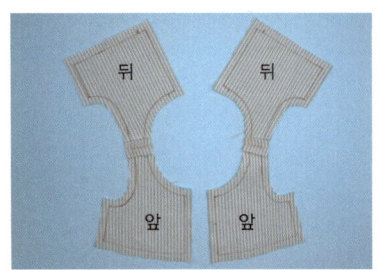

10 앞뒤 몸판의 어깨선도 박아 연결한 다음 시접을 가른다.

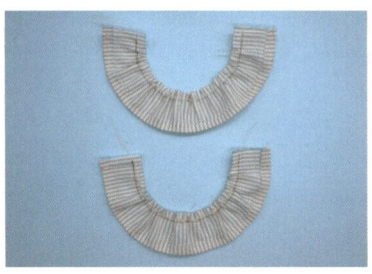

11 요크에 연결할 어깨 프릴의 아래쪽 시접을 접어 박고 위쪽 시접에 주름을 잡는다.

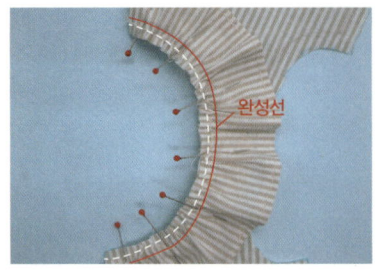

12 몸판 겉에 어깨 프릴 겉이 보이게 놓고 완성선 바깥으로 박아 고정한다.

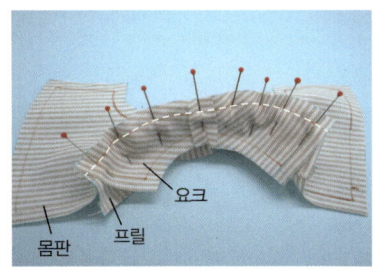

13 프릴을 붙인 몸판 겉에 요크의 겉을 맞대고 박는다.

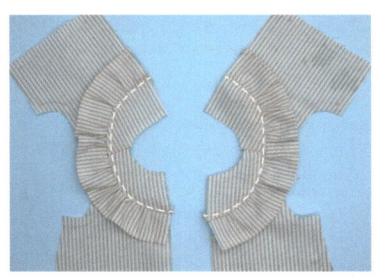

14 시접은 요크 쪽으로 꺾어 다리고 겉에서 요크 위를 눌러 박는다.

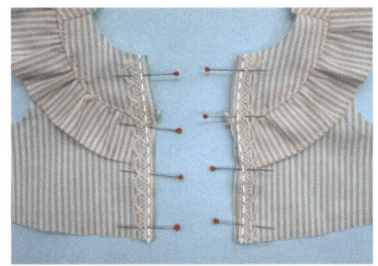

15 앞판 위에 레이스를 겉이 보이도록 올리고 박아 고정한다.

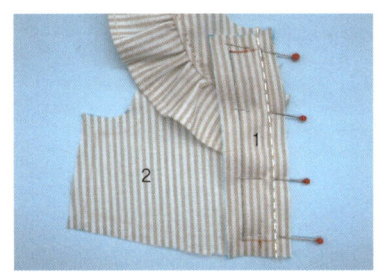

16 레이스를 붙인 앞판에 앞판 조각 1의 겉을 맞대고 박아 연결한다.

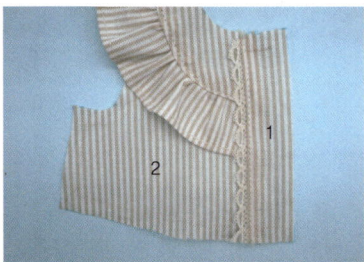

17 시접은 1번 쪽으로 꺾고 겉에서 눌러 박아 고정한다.

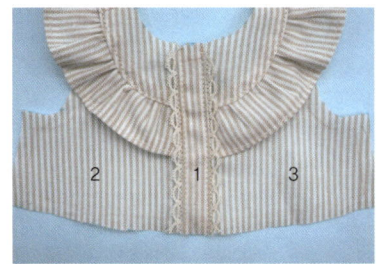

18 앞판 조각 1번과 3번도 겉을 맞대고 박는다. 시접을 1번 쪽으로 꺾고 겉에서 눌러 박아 고정한다.

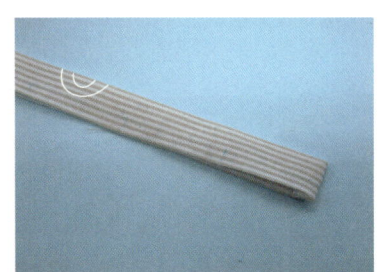

19 칼라는 안쪽이 보이도록 반으로 접어 양쪽 끝을 박고 뒤집어서 다린다.

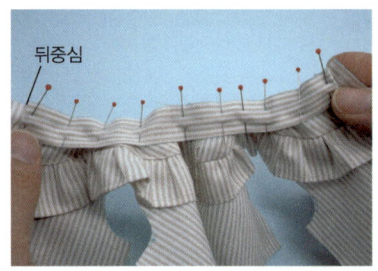

20 몸판 겉에 칼라의 겉을 맞대고 고정한다.

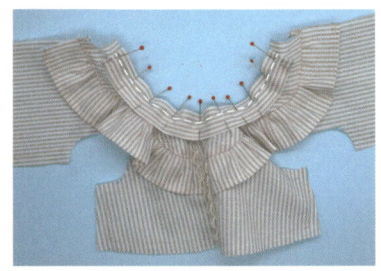

21 목둘레를 따라 박는다.

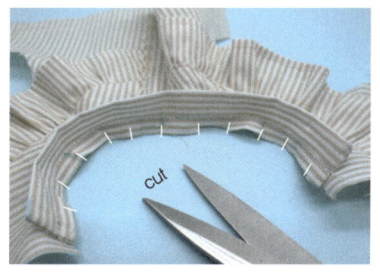

22 칼라 시접에 가위집을 내고 시접은 몸판 쪽으로 꺾어 다린다.

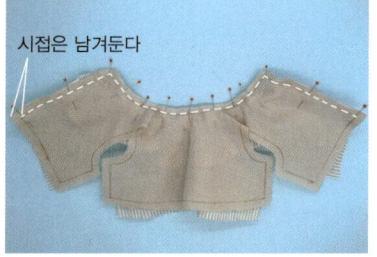

23 칼라를 붙인 겉감에 안감의 겉을 맞대고 뒤중심 – 목둘레 – 뒤중심을 이어 박는다. 뒤중심 아래 시접은 박지 말고 남겨둔다.

24 진동둘레도 둘러 박은 다음 시접에 가위집을 내고 뒤중심과 목의 모서리 시접은 잘라낸다.

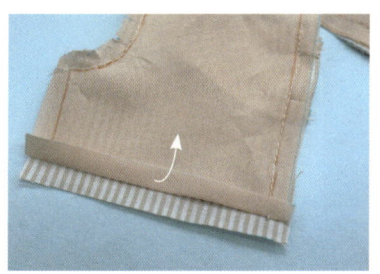

25 안감 아래 시접은 미리 위로 접어 다려둔다.

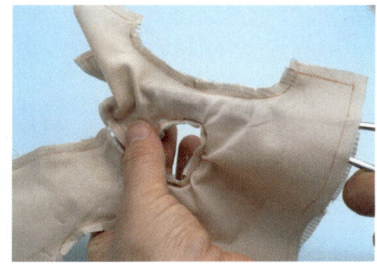

26 뒤집개를 써서 어깨로 뒤집는다.

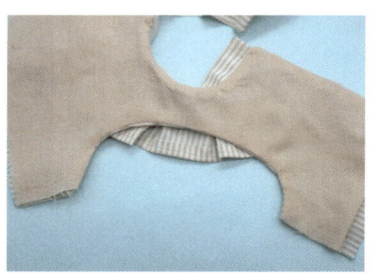

27 시접을 정리하고 다린다.

28 목둘레를 따라 겉에서 눌러 박아 고정한다.

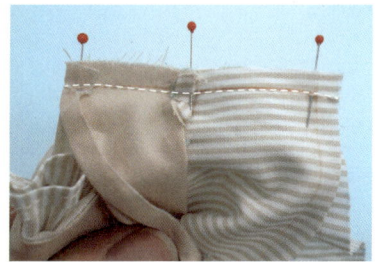

29 옆선을 안감끼리, 겉감끼리 겉을 맞대고 고정하여 박은 다음 시접을 갈라 다린다.

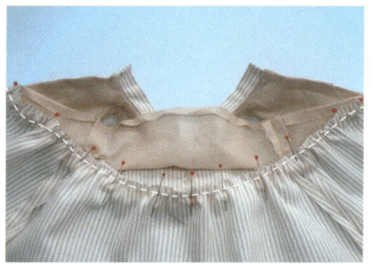

30 스커트와 몸판 겉감의 겉을 맞대고 허리둘레를 박아 연결한다.

31 시접은 위로 꺾어 다린 다음 겉에서 눌러 박아 고정한다.

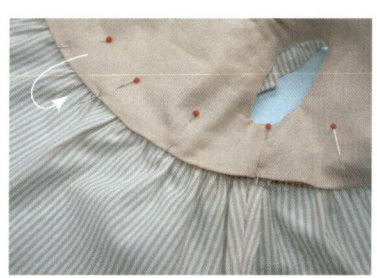

32 안감 시접을 접어 넣고 몸판 시접을 감싸 공그르기 한다.

33 뒤여밈에 스냅을 3개 달고 칼라 가운데 장식 단추를 단 다음 밑단에 장미 꽃 자수 장식을 더하면 원피스 완성!

JACKET & COAT

01
데님재킷

재료 겉감 50×40cm, 배색 40×30cm, 단추 2개, 도트 4쌍, 와펜 1개
※ 원단 끝은 올풀림방지액 처리
※ **실물 도안** p. 243

PATTERN MAKING

시접은 앞중심 1.5cm, 나머지 0.5cm.

[몸판 변형1]
1 앞여밈 부분이 두꺼워지므로 원단의 두께에 따라 앞중심에 여유분을 더한다. 여기서는 0.5cm의 여유분을 두었다.
2 드롭소매 제도법(p. 98~102)을 참고하여 어깨 각도를 조절하고 품을 1cm, 진동깊이를 2.5cm 늘려 여유를 준다.
→ [몸판 변형2]로 이어짐.

[칼라]
1 셔츠칼라 제도법(p. 74~77)을 참고하여 제도한다.

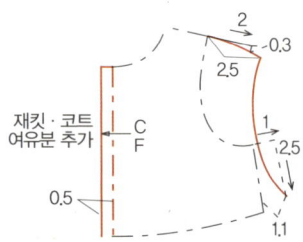
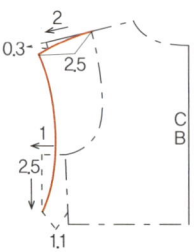
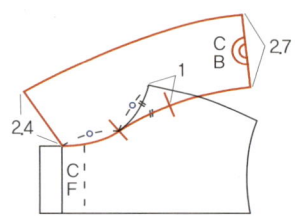

[밑단]
1 가로는 몸판 밑단 둘레와 같은 길이로, 세로는 원하는 폭으로 제도한다.

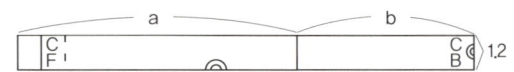

[몸판 변형2]

1. 목둘레를 여유 있게 파고 길이를 연장한다.
2. 드롭소매 제도법(p. 98~102)을 이용해 소매를 완성하고 커프스는 따로 제도한다.
3. 앞뒤판에 요크선을 그리고 앞판에는 주머니와 장식선을 표시한다.
4. 앞여밈에 낸 단을 그리고 도트 위치를 표시한다.

[소매]

1. 앞뒤 몸판에서 제도한 소매를 잘라내 중심선에 맞추어 붙인다. 늘어나는 재질이면 박을 때 늘일 것에 대비해 진동 쪽을 0.4cm 겹쳐 놓는다. 원단이 잘 늘어나지 않는 재질이라면 겹치지 않아도 된다.
2. 소매 절개선에 트임용 절개선을 넣어 앞뒤를 나누고 트임 위치를 표시한다.

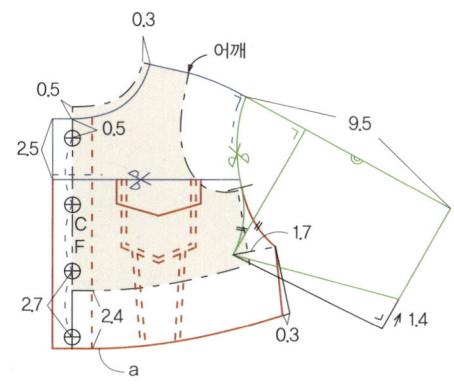

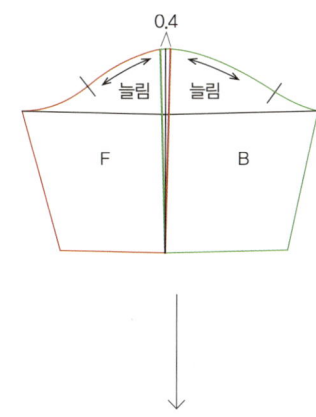

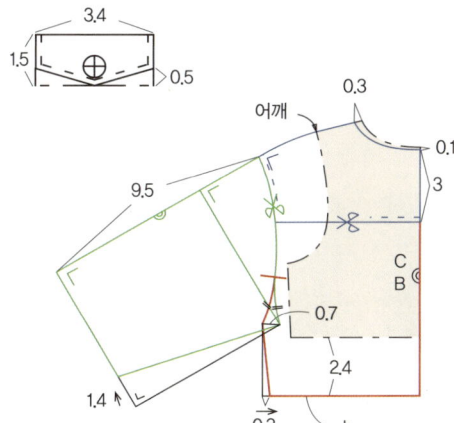

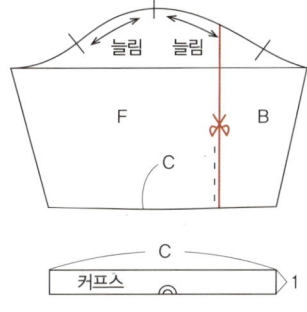

✄ HOW TO MAKE

1. 소매 두 조각의 겉을 맞대고 박아 연결한다.

2. 시접을 가른다.

3. 겉에서 장식선을 박는다.

4 소매와 커프스의 겉을 맞대고 소매 밑단을 박아 연결한다.

5 시접은 커프스 쪽으로 내려서 다린다.

6 커프스 시접을 접고 한 번 더 반으로 접어서 시침핀으로 고정한다.

7 겉에서 커프스를 눌러 박아 고정한다.

8 다른 쪽 소매도 같은 방법으로 완성해둔다.

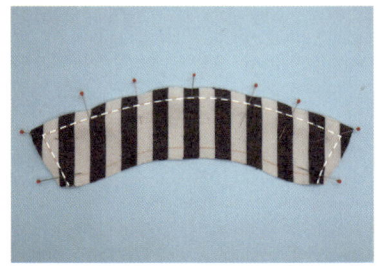

9 칼라 2장의 겉을 맞대고 목둘레를 뺀 나머지 세 면을 둘러 박는다.

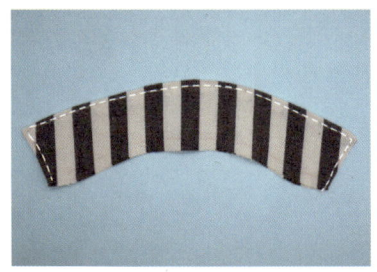

10 모서리는 잘라내고 곡선 부분은 가위집을 내어 시접을 정리하고 뒤집는다. 모양을 잡아 다린 다음 겉에서 장식선을 둘러 박는다.

11 뒤 요크와 뒤 몸판의 겉을 맞대고 요크선을 박아 연결한다.

12 시접은 갈라 다린다.

13 겉에서 요크 위에 장식선을 박는다.

14 앞주머니 2장의 겉을 맞대고 윗부분을 뺀 세 면을 둘러 박는다.

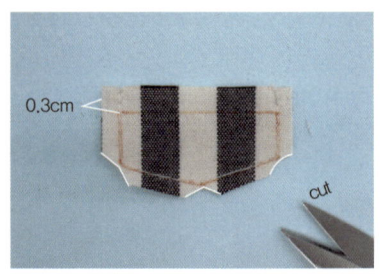

15 조각이 작으니 시접을 잘라 정리하고 뒤집는다.

16 앞 몸판에 장식선을 박을 위치를 초크펜으로 미리 그린다.

17 겉에서 장식선을 박는다.

18 만들어둔 주머니를 위에 얹고 시접 부분에 미리 고정해둔다.

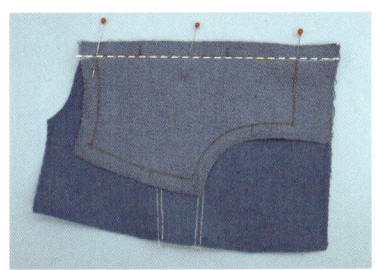

19 주머니를 붙인 앞 몸판에 앞 요크의 겉을 맞대고 박는다.

20 시접을 가르고 겉에서 요크 위에 장식선을 박는다.

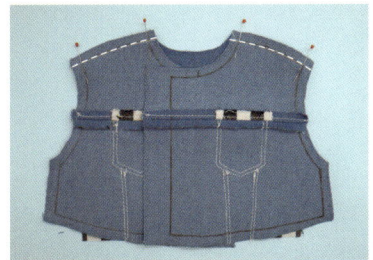

21 앞판과 뒤판의 겉을 맞대고 어깨선을 박아 연결한다.

22 어깨 시접을 갈라 다린다.

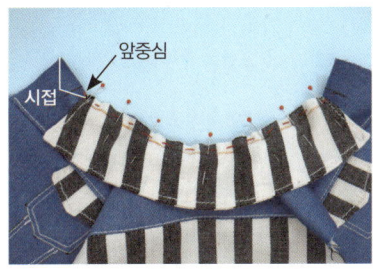

23 칼라 달릴 위치를 확인하고 시접 부분에 시침질해둔다.

24 앞단 시접을 완성선에서 칼라 쪽으로 꺾는다.

TIP 앞중심선에서 꺾지 않도록 조심하세요!

25 목둘레를 따라 칼라와 몸판을 박아 연결한다.

26 앞여밈을 뒤집고 칼라를 바깥으로 뺀 다음 목둘레 시접에 가위집을 낸다.

27 앞여밈 – 목둘레 – 앞여밈을 따라 겉에서 눌러 박는다.

28 앞여밈을 고정하면서 장식선을 한 줄 더 박는다.

29 소매의 앞뒤를 확인하여 몸판의 진동둘레에 대고 곡선이 잘 맞도록 시침핀이나 시침질로 고정한 다음 박는다.

30 겉에서 몸판 위에 장식선을 박는다.

31 몸판과 소매의 옆선을 이어 박고 시접에 가위집을 낸다.

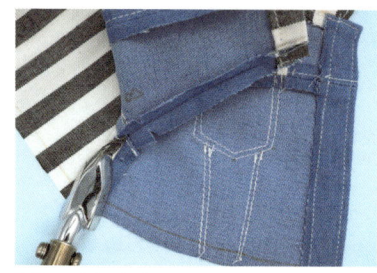

32 옆선 시접을 갈라 다린다.

33 밑단의 여밈 쪽 시접을 안으로 접은 다음 몸판의 겉과 맞대고 시침핀으로 고정한다.

34 밑단과 몸판을 박아 연결한다. 시접은 밑단 쪽으로 꺾어 다린다.

35 밑단 시접을 접고 한 번 더 접은 다음 시침핀으로 고정하고 겉에서 눌러 박아 밑단을 고정한다.

36 앞여밈에 도트 4개를 달고 주머니에 단추를 단 다음 소매에 와펜을 붙여 완성!

TIP 도트가 없다면 스냅이나 단추를 달아도 괜찮아요.

JACKET & COAT

02
투버튼재킷

재료 겉감 60×50cm, 안감 50×40cm, 단추 6개, 스냅 3쌍

※ 원단 끝은 올풀림방지액 처리

※ 실물 도안 p. 244~245

PATTERN MAKING

시접은 겉감 밑단과 소매 밑단 1cm, 안감 밑단 0cm, 나머지 0.5cm.

[몸판 변형1]

1 앞여밈 부분이 두꺼워지므로 몸판 원형 앞중심에 여유분을 더한다. 여유분은 원단의 두께에 따라 분량을 조절한다.

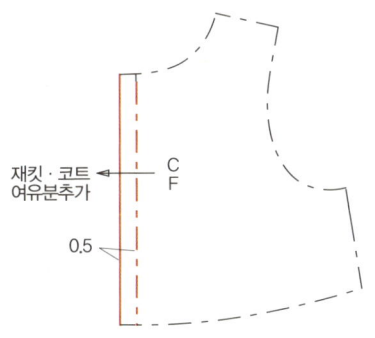

[몸판 변형2]

1 목둘레를 여유 있게 파고 어깨와 품, 진동깊이 모두 여유분을 넣는다.

2 길이를 5cm 연장하고 몸판 앞뒤에 절개선을 넣는다.

3 뒷판 절개선에는 다트 분량을 0.3cm 넣고 엉덩이 부분에 여유가 있도록 다트 아래는 겹치게 제도한다.

4 앞중심에 1cm 낸 단을 그리고 다음 페이지의 그림을 참고하여 칼라 꺾임선을 그린다.

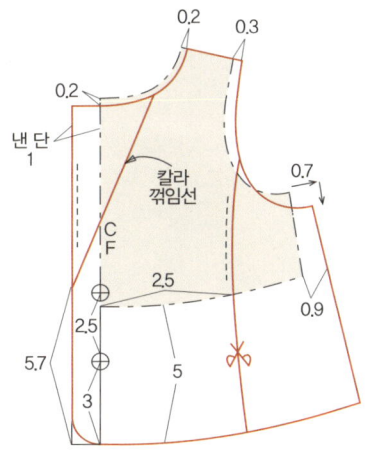
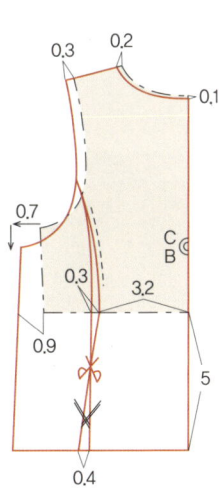

[칼라 꺾임선]

1. 수정한 옆목점에서 앞쪽으로 0.5cm 연장한 지점과 칼라 끝을 직선으로 연결한다. 원단이 두꺼울수록 꺾이는 위치가 높아져 0.5cm 이상이 되기도 한다.

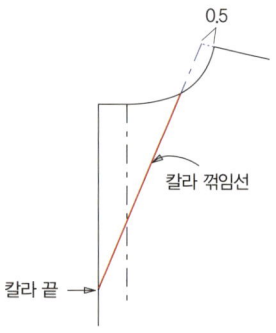

[소매]

1. 몸판에 맞추어 소매 원형의 진동둘레 길이를 조정하고 소맷부리에도 여유를 준다.
2. 소매 뒤쪽에 절개선을 넣어 앞뒤를 나누고 가운데를 절개한 다음 0.7cm 집어 굽은 소매로 변형한다.

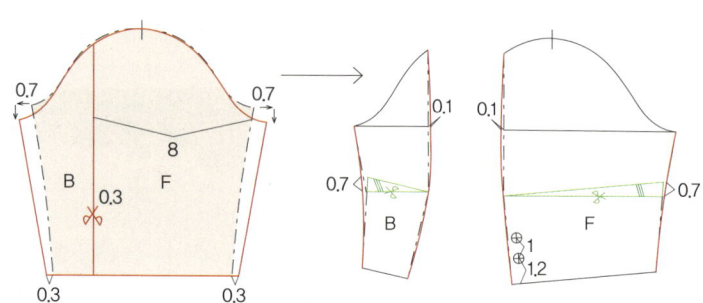

[칼라]

1. 칼라는 셔츠칼라 제도법(p. 74~77)을 참고하여 제도한다.

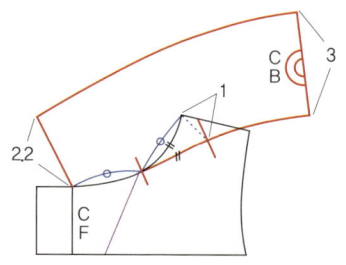

[주머니]

1. 주머니를 제도하고 몸판에 위치를 표시한다.

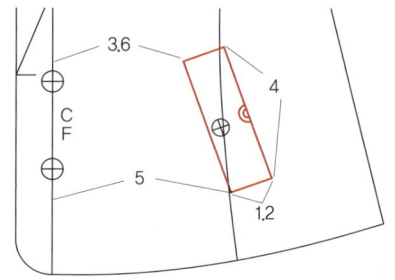

HOW TO MAKE

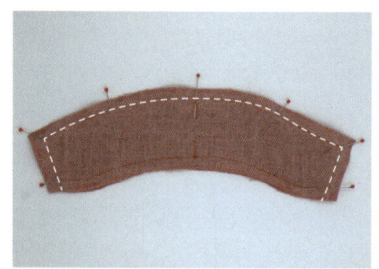

1. 칼라 2장의 겉을 맞대고 목둘레를 뺀 세 면을 둘러 박는다. 모서리 시접을 잘라내고 곡선 시접에 가위집을 낸다.

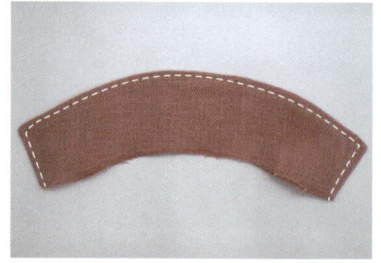

2. 칼라를 뒤집어 잘 다리고 가장자리를 눌러 박아 고정한다.

3. 뒤판 3조각을 박아 연결하고 시접은 가운데로 꺾어 다린다.

TIP 두꺼운 원단이라면 갈라 다리세요.

4 겉에서 눌러 박아 시접을 고정한다.

5 앞판도 두 조각씩 연결하고 시접을 가운데로 꺾는다.

6 겉에서 눌러 박아 시접을 고정한다.

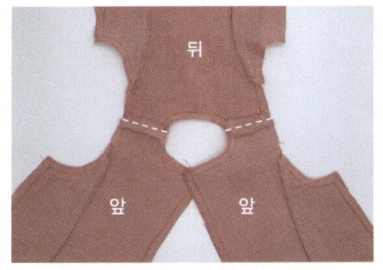

7 앞판과 뒤판의 겉을 맞대어 어깨선을 박고 시접을 가른다.

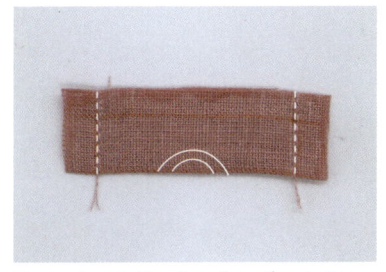

8 앞주머니는 안쪽이 보이도록 반으로 접어 양옆을 박고 뒤집어서 다린다.

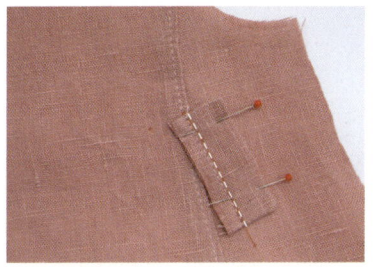

9 앞판에 주머니가 달릴 위치를 표시하고 박아 붙인다.

10 꺾어서 한 번 더 박는다.

11 뒤판 안감의 다트를 안쪽에서 접어 박는다.

12 앞판 안감과 앞판 안단의 겉을 맞대어 밑단 완성선에서 1cm 떨어진 부분까지 박는다.

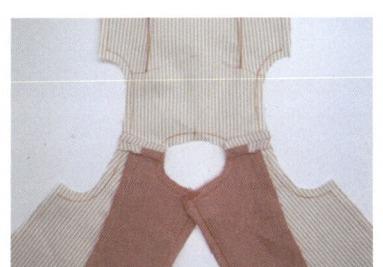

13 앞뒤 안감의 겉을 맞대고 어깨선을 박아 연결한 다음 시접을 가른다.

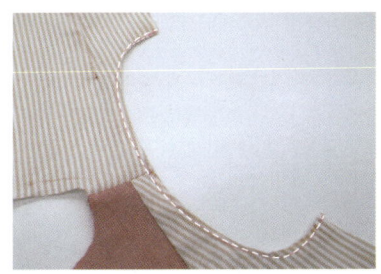

14 안감 진동둘레 시접에 가위집을 내고 안쪽으로 접어 다린 다음 눌러 박아 시접을 고정한다.

15 앞소매와 뒤소매의 겉을 맞대고 박고 시접을 앞쪽으로 꺾어 다린다.

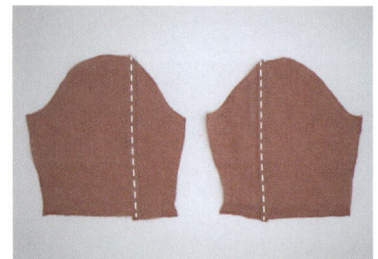

16 겉에서 앞소매 위를 눌러 박아 고정한다.

17 밑단 시접을 접어 다리고 박아 고정한다.

TIP 패브릭 본드로 고정해도 돼요.

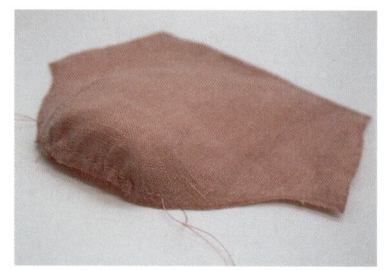

18 소매산 시접에 홈질한 다음 실을 잡아당겨 소매산을 오그린다.

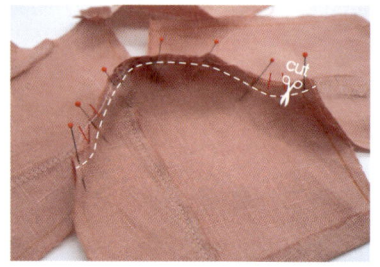

19 소매의 앞뒤를 확인하여 몸판에 고정하고 진동둘레의 곡선을 잘 맞추어 박는다. 겨드랑이 부분 시접에는 가위집을 낸다.

20 소매 시접은 몸판 쪽으로 꺾어 다린다.

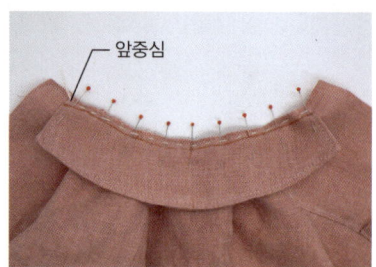

21 칼라에 목둘레 완성선을 표시해서 겉감 위에 올려놓고 시침질로 고정한다.

22 칼라를 올린 겉감에 안감의 겉을 마주 대고 앞 밑단의 시접이 0.5cm 되는 부분부터 오른쪽 앞단 - 목둘레 - 왼쪽 앞단을 둘러 박는다.

23 왼쪽 앞 밑단의 시접이 0.5cm 되는 부분까지 박는다.

24 곡선과 모서리의 시접을 자르거나 가위집을 넣어 정리한다.

25 몸판과 소매의 옆선을 박고 겨드랑이 시접에 가위집을 낸다.

26 옆선 시접을 갈라 다린다.

27 안감의 옆선 시접을 박는다.

28 시접을 갈라서 다린다.

29 안감과 겉감의 밑단을 맞춰서 시침 핀으로 고정한다.

> **TIP** 안감과 겉감의 길이가 다르니 안감을 당겨 밑단을 맞춰야 해요.

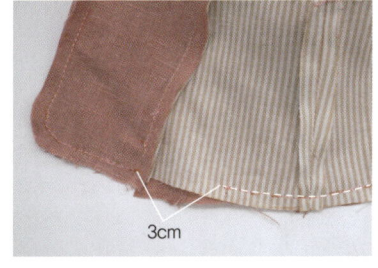

30 양쪽 앞 안단으로부터 3cm 정도 남기고 밑단을 둘러 박는다.

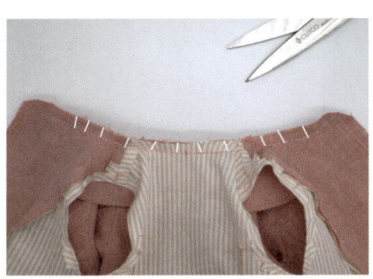

31 목둘레 시접에 가위집을 낸 다음 진동둘레로 재킷을 뒤집는다.

32 박지 않은 밑단 양끝을 안으로 잘 접어 넣고 공그르기로 막는다.

33 안감과 겉감 진동둘레를 고정한다.

34 스냅과 단추를 달아 재킷 완성!

JACKET & COAT

03
레인코트

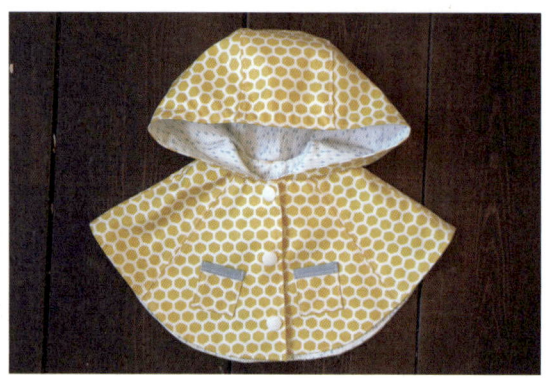

재료 방수원단 겉감 70×50cm, 안감 50×60cm, 배색 10×10cm, T단추 3쌍
※ 방수원단을 제외한 원단 끝은 올풀림방지액 처리
※ 실물 도안 p. 246~249

PATTERN MAKING

시접은 주머니 윗부분 0cm, 나머지 0.5cm.

[몸판 변형1]
1 몸판 원형에서 돌먼소매 제도법(p. 94~97)을 참고하여 어깨 각도를 조절하고 소매 길이만큼 연장한다.
2 몸판 길이도 연장하고 소매까지 밑단을 자연스러운 곡선으로 그린다.
3 앞뒤판에 절개선을 넣고 앞판에 주머니를 제도한다.
4 앞여밈에 낸 단을 그리고 단추 위치를 표시한다.

[몸판 변형2]
1 옷 위에 입는 코트이므로 목둘레에 절개선을 넣어 여유분을 더한다.

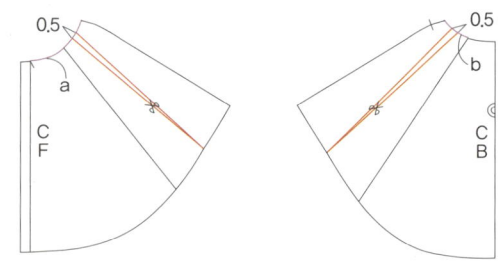

[후드]
1 후드 제도법 두 번째 원형(p. 84~85)에서 코트 여유분을 0.5cm 더한다.
2 몸판 변형에 따른 목둘레 길이를 확인하고 트임 위치를 표시한다.

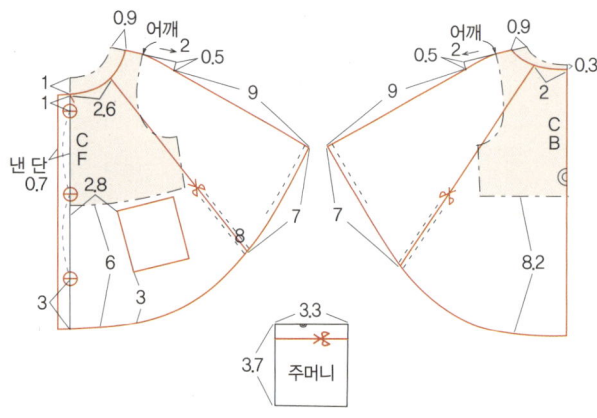

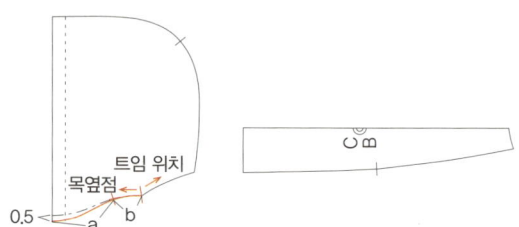

HOW TO MAKE

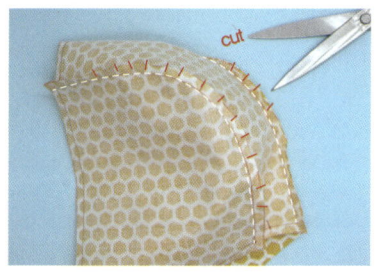

1 후드 겉감 3장을 연결하고 시접에 가위집을 낸다.

2 시접은 가운데로 꺾고 겉에서 눌러 박아 고정한다.

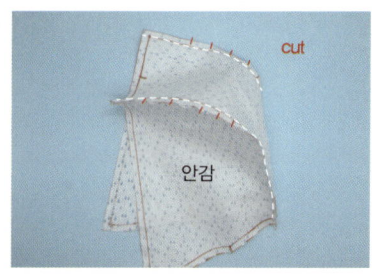

3 안감도 3장을 연결하고 시접에 가위집을 낸다.

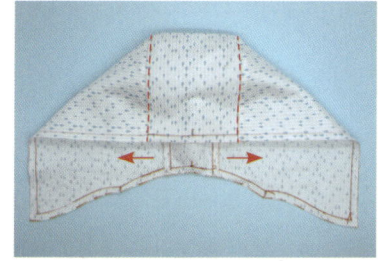

4 시접들이 겹치지 않게 안감 시접은 바깥쪽으로 보내고 겉에서 눌러 박는다.

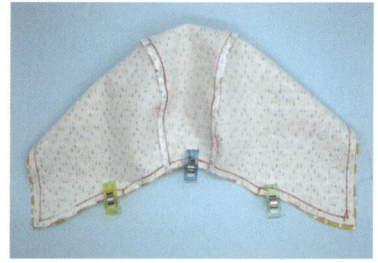

5 겉감과 안감의 겉을 맞대고 집게로 고정한다.

> **TIP** 방수원단은 구멍이 남으니 시침핀 금지!

6 목둘레 두 군데를 남기고 둘러 박는다.

7 곡선 부분에 가위집을 내고 뒤집어 후드 라인에 1~2줄 장식선을 박는다.

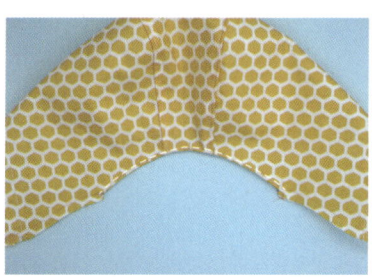

8 뒷목선도 겉에서 눌러 박아 고정한다.

9 뒤판 세 조각을 겉끼리 맞대어 박고 시접을 가른다.

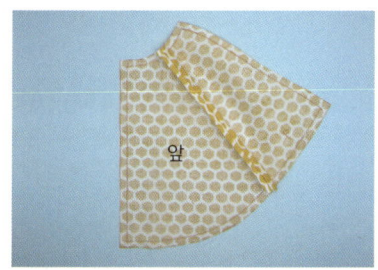

10 앞판도 두 조각씩 겉을 맞대어 박고 시접을 가른다.

11 시접을 가르고 겉에서 양쪽을 박아 고정한다.

> **TIP** 방수원단은 다림질로는 고정이 잘 되지 않으니 박음질을 추천해요.

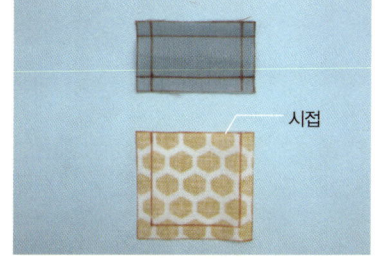

12 앞주머니 입구 쪽은 시접을 두지 않고 재단한다.

13 주머니 장식 시접을 접고 반으로 접은 다음 주머니 입구를 감싸고 끝을 박아 고정한다. 나머지 시접은 안쪽으로 접어 다린다.

14 앞판에 주머니 위치를 표시하고 옆과 아래를 둘러 박는다.

15 앞판과 뒤판의 겉을 맞대고 어깨선을 박아 연결한다.

16 어깨 시접을 가르고 겉에서 눌러 박는다.

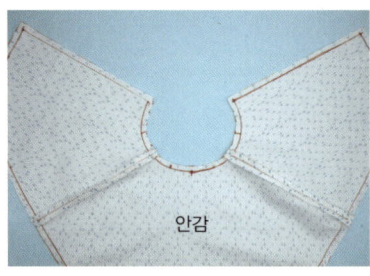

17 안감도 어깨선을 연결하고 시접을 가른다. 눌러 박을 필요는 없다.

18 겉감 위에 후드를 올리고 시접 부위에 시침질로 고정한다.

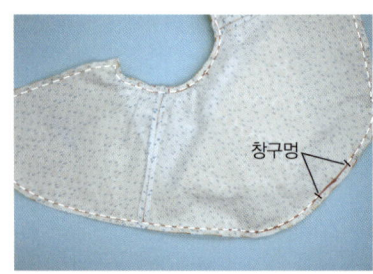

19 후드를 붙인 겉감 위에 안감의 겉을 맞댄 다음 창구멍만 남기고 둘러 박는다.

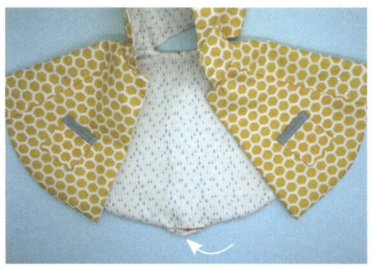

20 목둘레와 밑단의 시접 모서리를 잘라내고 곡선 시접에 가위집을 낸 다음 창구멍으로 뒤집는다.

 방수원단은 손바느질이 어려우니 패브릭 본드로 창구멍을 막아요.

21 몸판의 가장자리를 둘러 박아 고정한다.

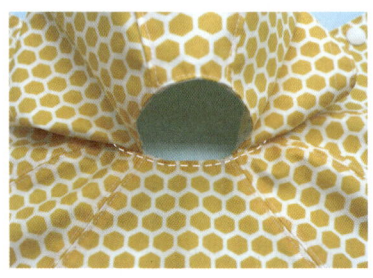

22 목 뒤쪽도 둘러 박는다.

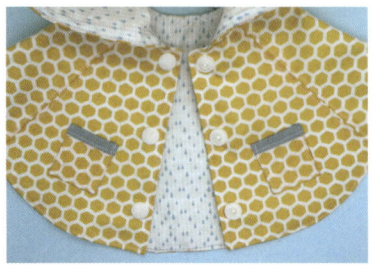

23 앞여밈은 T단추를 단다.

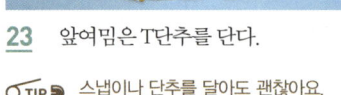 스냅이나 단추를 달아도 괜찮아요.

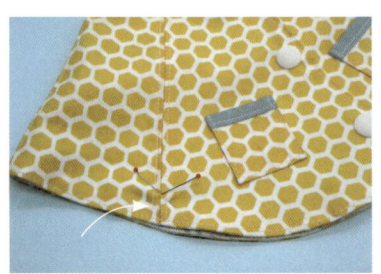

24 단추를 잠근 채로 표시된 위치를 3~4땀 박아서 소매처럼 만들면 완성!

JACKET & COAT

04
래글런코트

재료 겉감 50×50cm, 배색 20×10cm, 단추 4개, 브로치 1개

※ 원단 끝은 올풀림방지액 처리

※ 실물 도안 p. 250~251

PATTERN MAKING

시접은 목둘레, 소매 밑단, 몸판 밑단, 앞여밈, 칼라 외곽, 앞주머니, 소매 장식 0cm, 나머지 0.5cm.(두꺼운 겨울 원단이나 올이 많이 풀리지 않은 원단일 때의 시접으로, 일반 원단일 경우 다른 코트처럼 시접을 준다.)

[몸판 변형1]

1. 앞여밈 부분이 두꺼워지므로 몸판 원형 앞중심에 0.5cm 여유분을 더한다. 원단의 두께에 따라 양을 조절한다.
2. 래글런소매 제도법(p. 103~107)을 참고하여 어깨 각도를 정하고 품과 진동깊이에 여유를 주어 래글런선과 옆선을 그린다. 이때 앞판보다 뒤판이 더 A라인으로 떨어지도록 뒤판 여유분을 더 크게 잡는다.

→ [몸판 변형2]로 이어짐.

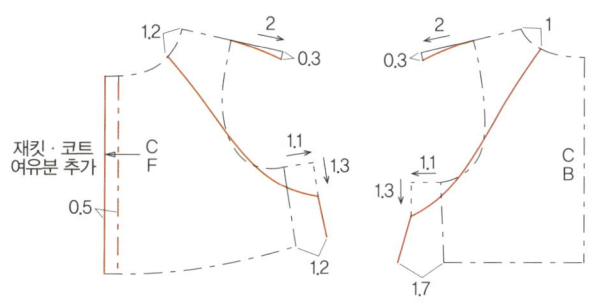

[소매]

1. 앞뒤 몸판에서 잘라낸 소매를 중심선을 맞대어 붙인다.
2. 소매 장식을 제도하고 소매에 위치를 표시한다.

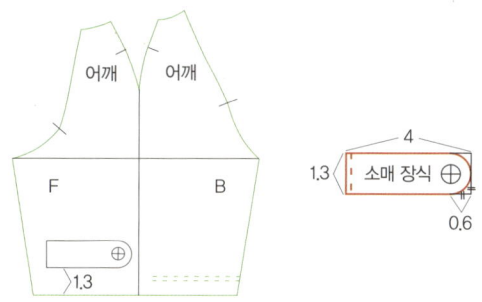

[칼라]

1. 셔츠칼라 제도법(p. 74~77)을 이용하여 제도하고 칼라 끝의 모양은 디자인에 따라 굴린다.

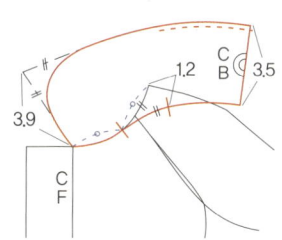

[몸판 변형2]

1. 목둘레를 여유 있게 파고 길이를 연장한다.
2. 래글런소매 제도법(p. 103~107)에 따라 소매를 완성하고 잘라낸다.
3. 앞중심에 2cm 낸 단을 그리고 뒤중심에는 맞주름을 넣는다. 뒤중심선이 골선이므로 1.3cm 폭으로 2칸만 잡는다.
4. 앞판 주머니와 뒤판 허리 장식을 제도하고 위치를 표시한다.

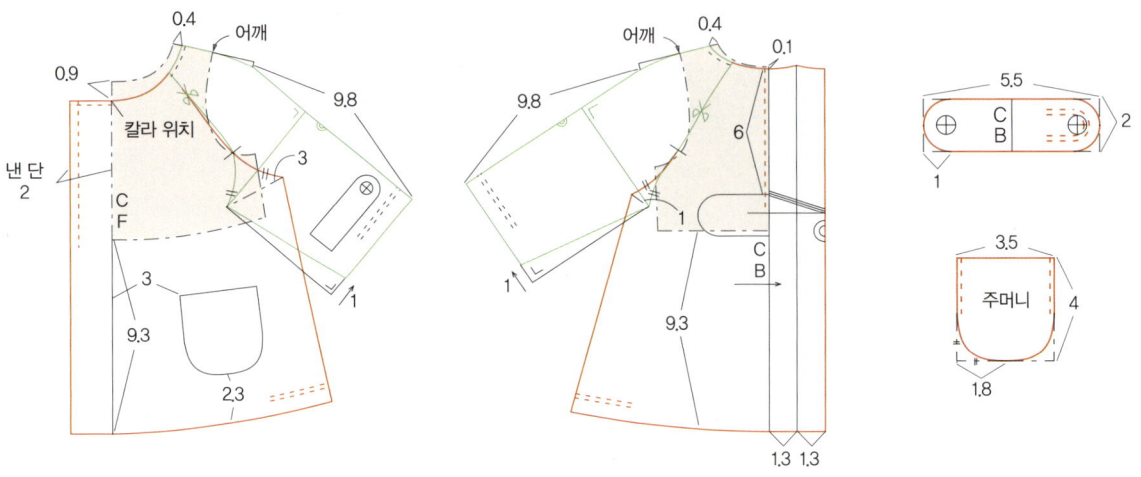

HOW TO MAKE

1. 소매 밑단에 0.5cm, 0.3cm 간격으로 장식선을 2줄 박는다.

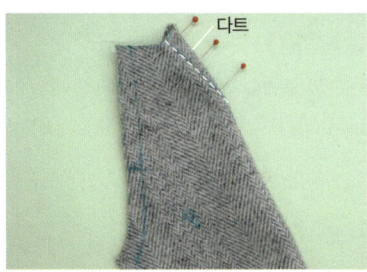

2. 안쪽에서 소매의 다트선을 박는다.

3. 원단이 두꺼우니 다트를 갈라 다리고 밖으로 튀어나오는 부분은 잘라 낸다.

4. 양쪽 소매를 같은 방법으로 만든다.

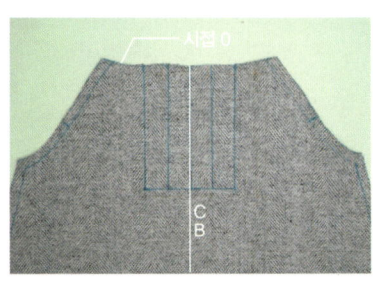

5. 뒤중심에 맞주름 위치를 표시한다.

6. 안이 보이게 뒤중심을 접고 주름선이 표시된 위치까지 박는다.

7 뒤중심을 기준으로 주름선을 접는다.

8 주름을 눌러 다린다.

9 겉에서 주름 잡은 선 양쪽을 눌러 박고 아래도 가로로 박아 고정한다.

10 소매의 뒷부분과 뒤판의 겉을 맞대고 진동둘레를 박아 연결한다.

11 시접은 갈라서 다린다.

TIP 원단이 뻣뻣하다면 시접에 가위집만 내세요.

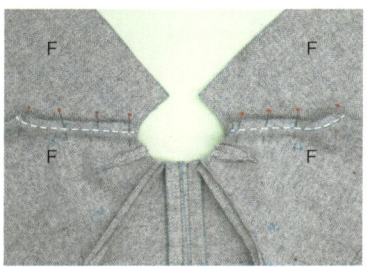

12 소매의 앞부분과 앞판의 겉을 맞대고 진동둘레를 박아 연결한다.

13 시접을 갈라 다린다.

14 겉에서 소매 위를 눌러 박는다.

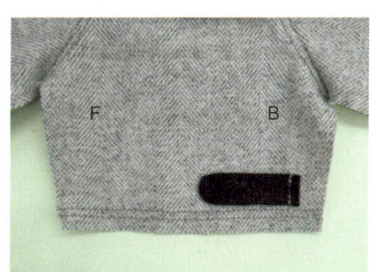

15 가죽 소매장식을 시접 없이 잘라서 한쪽 끝만 박아 붙인다.

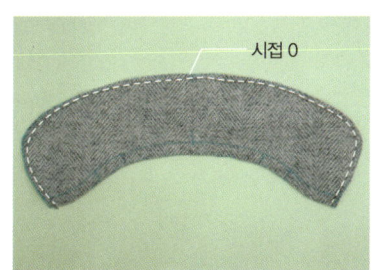

16 홑겹 칼라의 시접 없는 외곽을 박는다.

17 칼라의 목둘레 시접 위에 몸판을 올려 시침핀으로 고정하고 목둘레를 따라 눌러 박는다.

18 몸판과 소매의 옆선을 박는다. 겨드랑이 시접에 가위집을 내고 갈라 다린다.

19 앞여밈 - 밑단 - 앞여밈을 따라 장식선을 박는다.

20 주머니를 몸판 주머니 위치에 올리고 둘러 박아 단다.

21 소매 장식과 주머니에 단추를 달아 장식한다.

22 뒤중심 허리 장식은 2장을 시접 없이 잘라 겹쳐놓고 2줄로 둘러 박는다.

23 장식을 뒤판 허리 위치에 단추로 고정한다.

24 가슴 부분에 작은 브로치를 달면 완성!

TIP 앞섶을 여미는 게 좋다면 스냅을 달아 마무리하세요.

dolls clothing MAKE

JACKET & COAT

05
트렌치코트

재료 겉감 70×50cm, 안감 40×25cm, 스냅 2쌍, 단추 13개

※ 원단 끝은 올풀림방지액 처리

※ **실물 도안** p. 252~254

PATTERN MAKING

시접은 겉감 밑단과 소매 밑단 1cm, 안감 밑단 0cm, 나머지 0.5cm.

[몸판 변형1]

1 앞여밈 부분이 두꺼워지므로 몸판 원형 앞중심에 0.5cm 여유분을 더한다. 여유분은 원단의 두께에 따라 조절한다.

[몸판 변형2]

1 목둘레를 여유 있게 파고 어깨와 품, 진동깊이 모두 여유분을 준다.
2 길이를 연장하고 몸판 앞뒤에 날개를 그린다.
3 주머니를 제도하고 위치를 표시한다.
4 앞중심에 2cm 낸 단을 그리고 단추 위치를 표시한다.

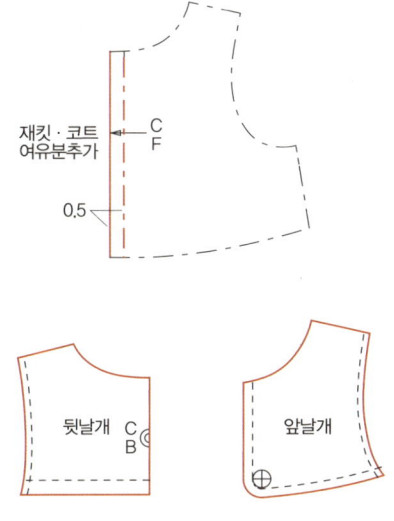

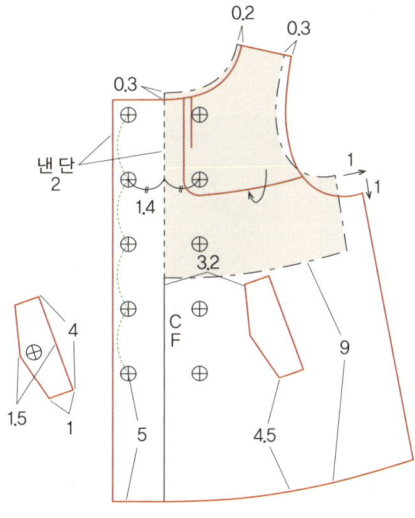

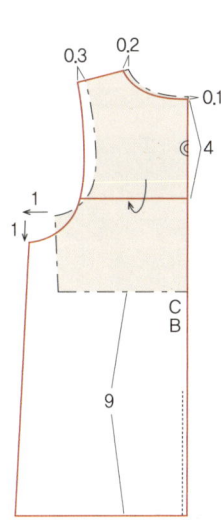

[칼라]

1 셔츠칼라 제도법(p. 74~77)을 참고하여 제도한다.

[소매]

1 몸판에 맞추어 소매 원형의 진동둘레 길이를 조정하고 소맷부리에도 여유를 준다.
2 소매 뒤쪽에 절개선을 넣어 앞뒤를 나눈 다음 가운데를 절개하고 0.7cm 집어 굽은 소매로 변형한다.

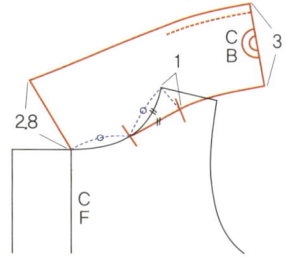

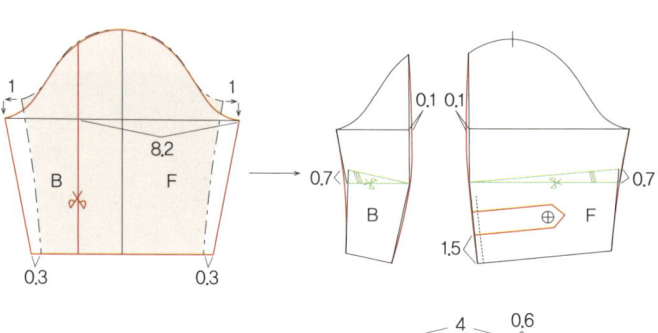

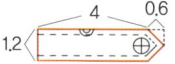

[벨트]

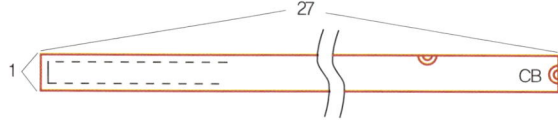

HOW TO MAKE

1 앞날개 곡선 시접에 홈질하고 실을 잡아당긴다. 안에 패턴을 대고 시접을 접어 다려 모양을 잡는다.

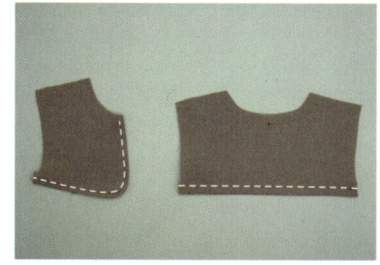

2 뒷날개 밑단 시접을 안쪽으로 접어 다린다. 앞뒤 날개 2장을 겉에서 눌러 박아 시접을 고정한다.

3 앞판 안단과 앞판 안감을 연결하고 시접은 안감 쪽으로 꺾어 다린다.

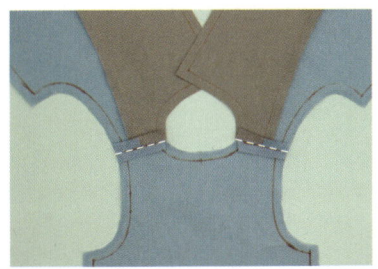

4 뒤판 안감과 어깨선을 연결하고 시접을 가른다.

5 안감 진동둘레 시접에 가위집을 내고 안쪽으로 접어 다린 다음 눌러 박는다.

6 뒤판 겉감 2장의 겉을 맞대어 박고 시접을 가른다. 겉에서 중심선 한쪽 옆에 장식선을 박는다.

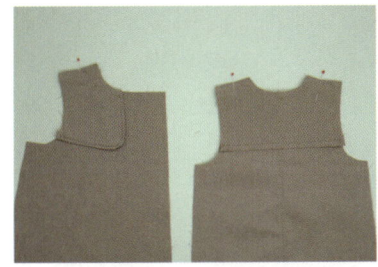

7 뒤판 겉감 겉에 날개의 겉이 보이게 올리고 어깨선 시접에 임시로 고정해둔다. 앞날개도 앞판 왼쪽 어깨선에 임시로 고정한다.

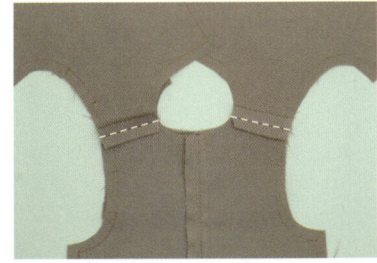

8 날개를 고정한 앞판과 뒤판의 겉을 맞대어 박아 어깨선을 연결한 다음 시접을 가른다.

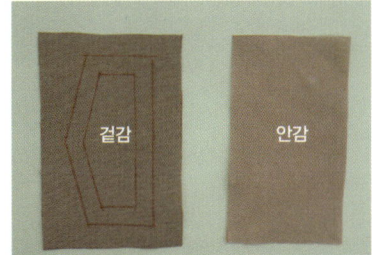

9 주머니의 겉감과 안감은 조각이 작으니 여유 있게 재단한다.

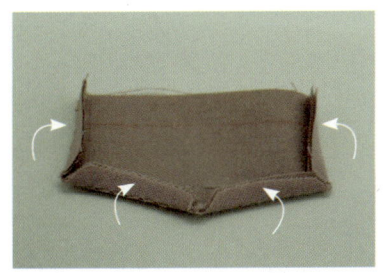

10 주머니 겉감과 안감의 겉을 맞대어 윗부분을 제외한 세 면을 둘러 박고 시접을 정리한다.

 TIP 시접을 미리 꺾어서 겹치는 부분이 없는지 확인하면서 정리하세요.

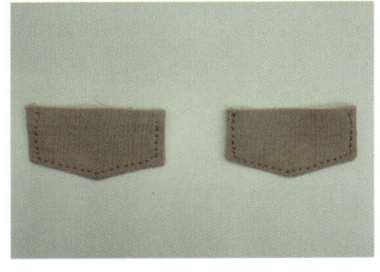

11 주머니를 뒤집고 겉에서 가장자리를 눌러 박는다.

12 몸판에 주머니가 달릴 위치를 표시한 다음 주머니 뒷면이 보이게 올리고 몸판에 박는다.

13 주머니를 앞쪽으로 꺾어서 다린다.

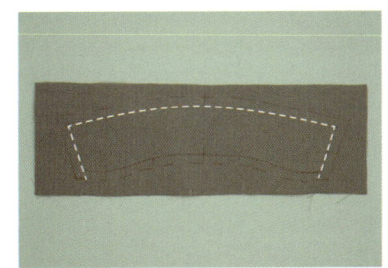

14 칼라 2장도 여유 있게 재단한다. 겉을 맞대어 목둘레를 뺀 세 면을 둘러 박고 시접선을 자른다.

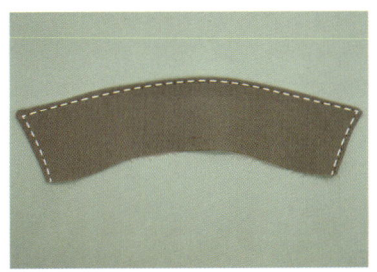

15 시접 모서리를 잘라내고 곡선에 가위집을 낸 다음 칼라를 뒤집고 겉에서 가장자리를 눌러 박는다.

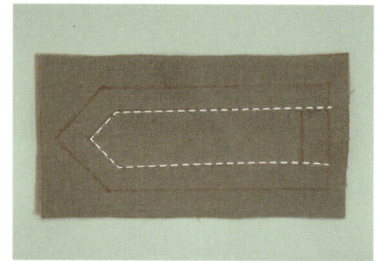

16 소매 장식 2장도 여유 있게 재단한다. 겉을 맞대어 세 면을 박고 시접선을 따라 자른다.

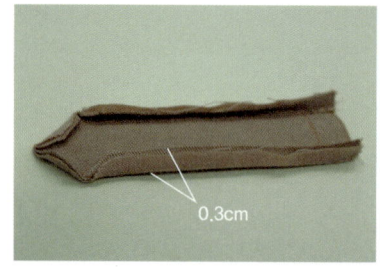

17 시접을 0.3cm만 남기고 잘라내어 꺾고 겹치는 부분의 시접을 잘라 정리한다.

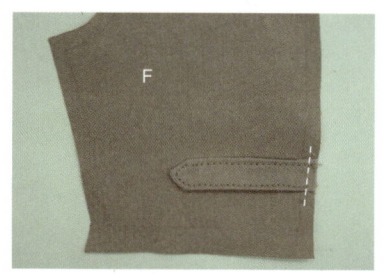

18 뒤집개로 뒤집어 겉에서 가장자리를 눌러 박은 다음 앞소매 시접에 임시 고정한다.

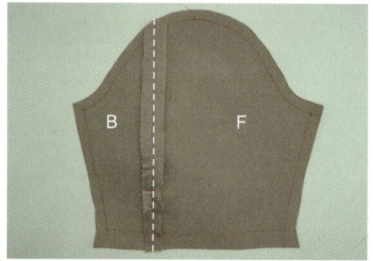

19 앞소매와 뒷소매를 연결하고 시접을 가른다.

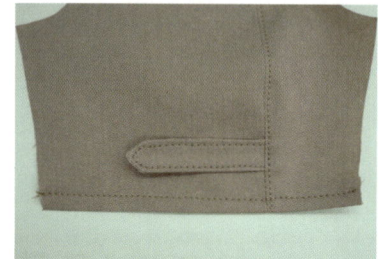

20 겉에서 뒷소매 위를 눌러 박아 장식하고 소매 밑단 시접을 안쪽으로 접어 박는다.

21 소매산 시접에 홈질하고 실을 잡아당겨 소매를 골고루 오그린다.

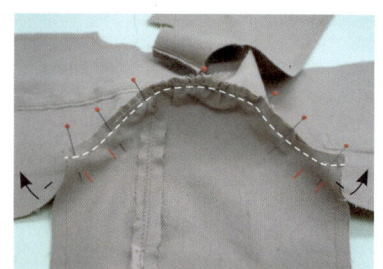

22 소매의 앞과 뒤를 확인해서 몸판에 연결한다. 겨드랑이 부분 시접에는 가위집을 낸다.

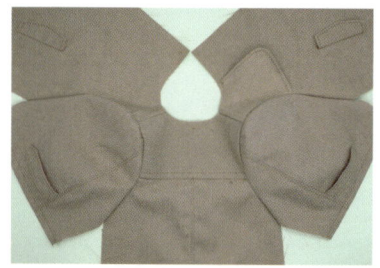

23 양쪽 소매를 모두 달고 시접은 몸판 쪽으로 꺾어 다린다.

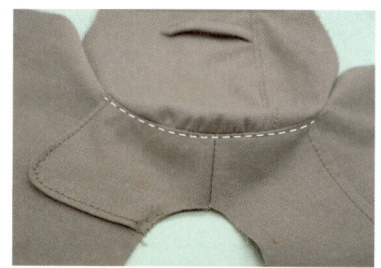

24 겉에서 몸판과 소매가 연결되는 날개 부분을 눌러 박아 시접을 고정한다.

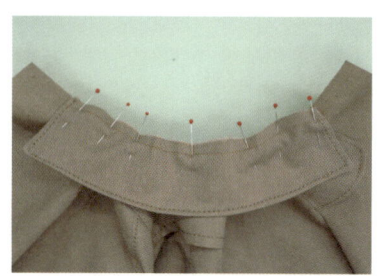

25 만들어둔 칼라에 완성선과 뒤중심과 옆목점을 표시하고 칼라가 달릴 위치를 확인해 시침핀으로 고정한 뒤 시침질한다.

26 칼라를 붙인 겉감과 안감의 겉을 맞대고 앞단 - 목둘레 - 앞단을 따라 박는다.

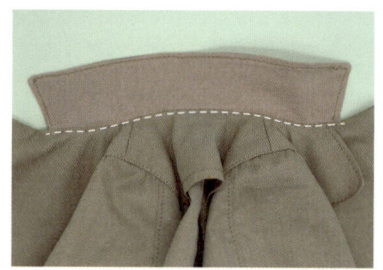

27 목둘레 곡선 시접에 가위집을 내고 목둘레 끝과 밑단의 모서리 부분 시접은 잘라낸다. 뒤집어서 목둘레를 겉에서 눌러 박는다.

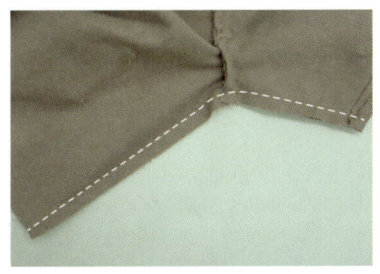

28 겉감의 밑단부터 소매까지 옆선을 박은 다음 겨드랑이 시접에 가위집을 내고 시접을 갈라 다린다.

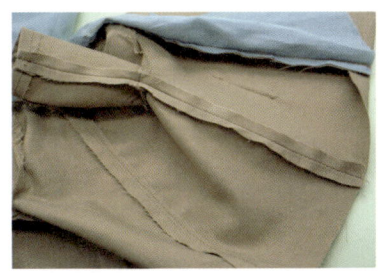

29 안감 옆선도 박고 시접을 갈라 다린다.

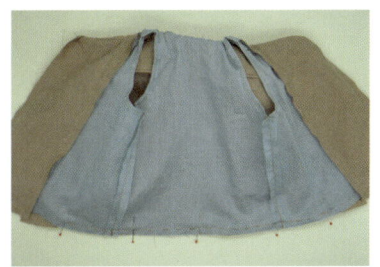

30 안감을 당겨 겉감의 밑단과 선을 맞춘다.

31 양쪽 앞 안단에서 3cm 정도를 남기고 밑단을 박는다.

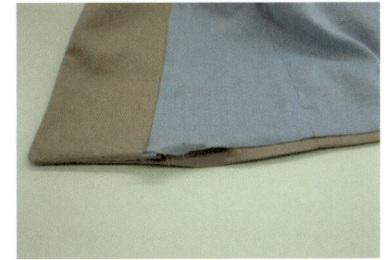

32 진동둘레로 뒤집은 다음 박지 않은 밑단 양끝 시접을 안쪽으로 접어 넣고 공그르기로 막는다.

33 칼라의 시작부터 안단선까지 겉에서 장식선을 박는다.

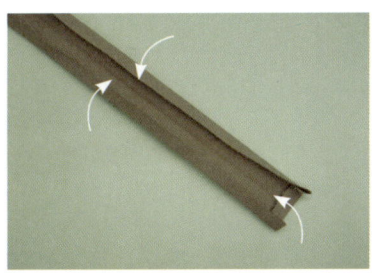

34 허리끈의 사방 시접을 접어 다린 다음 반으로 접는다.

35 겉에서 눌러 박아 허리끈을 완성한다.

36 앞단에 스냅을 달고 주머니와 소매 장식, 앞여밈, 앞날개에 단추를 달면 트렌치코트 완성!

ACCESSORY

01
양말

재료 겉감 25×15cm

※ 원단 끝은 올풀림방지액 처리

※ 실물 도안 p. 249

PATTERN MAKING

시접은 윗부분 1cm, 나머지 0.5cm.

1 패턴을 골(◎, 접은 상태)로 제도하기 때문에 둘레는 1/2로 나누어 제도한다.
2 원단이 늘어나는 분량을 감안하여 패턴을 줄인다. 늘어나는 정도는 원단마다 각기 다르므로 가봉 후 적절한 분량을 찾아야 한다. 여기서는 0.4~0.5cm 정도를 뺐다.
3 길이는 그대로 쓰거나 원단의 늘어나는 정도에 따라 줄인다.

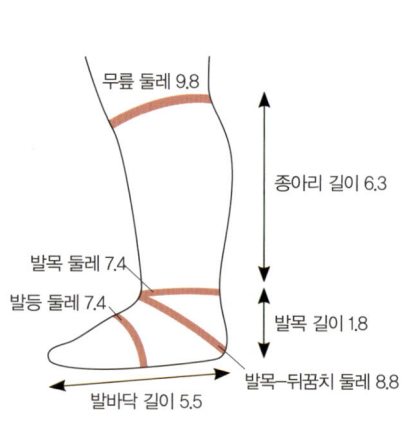
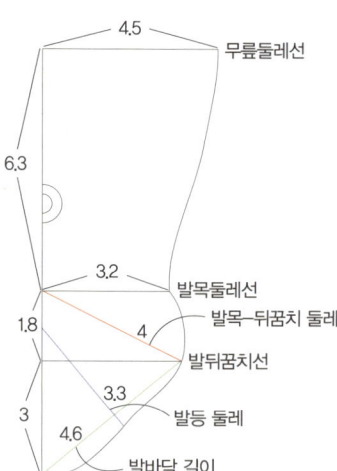

HOW TO MAKE

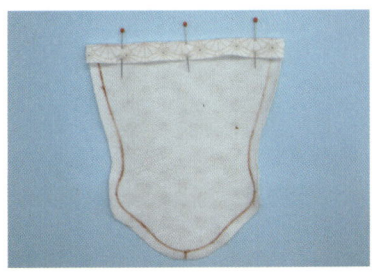

1 위쪽 시접을 안쪽으로 접어 다린다.

2 겉에서 눌러 박아 시접을 고정한다.

3 안이 보이도록 반으로 접어서 완성선을 따라 박는다.

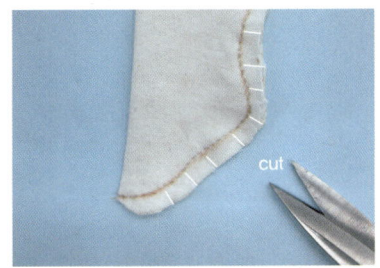

4 곡선 시접에 가위집을 낸다.

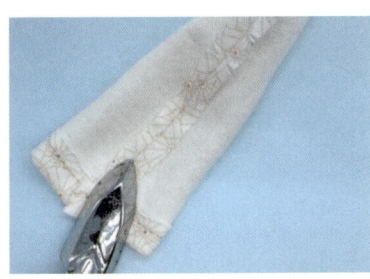

5 발목 위까지 시접을 갈라 다린다.

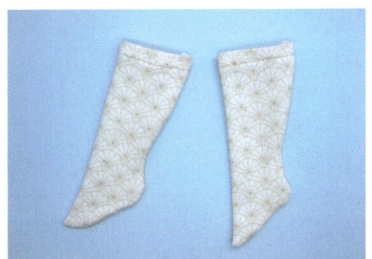

6 뒤집으면 양말 완성!

TIP 원단이 레이스처럼 얇다면 생략해도 돼요!

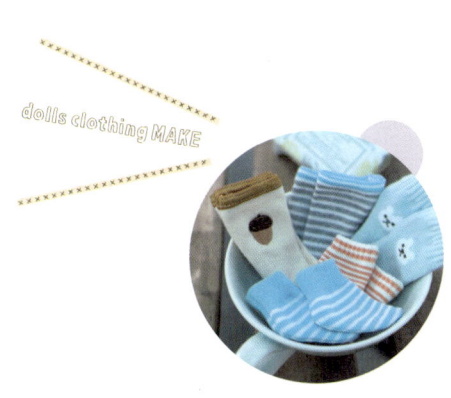

dolls clothing MAKE

ACCESSORY

02
크로스백

재료 겉감 25×10cm, 배색 10×10cm, 안감 25×20cm, 끈 27cm, 스냅 1쌍, 브로치 1개

※ 원단 끝은 올풀림방지액 처리

※ **실물 도안** p. 249

PATTERN MAKING

시접은 모두 0.5cm.

1 크로스백 덮개의 폭과 길이를 정하고 원하는 모양으로 제도한다.
2 크로스백 몸판의 폭과 길이를 정하고 원하는 모양으로 제도 후 밑단에 입체감을 살리기 위한 다트를 넣는다.

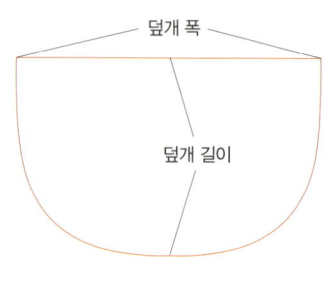
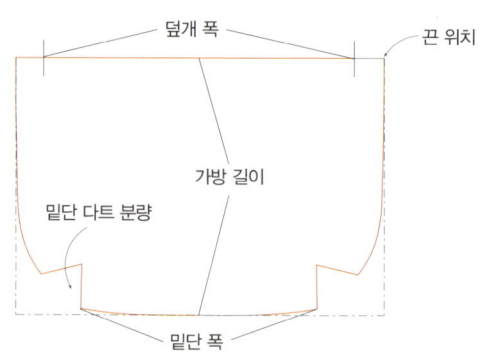

HOW TO MAKE

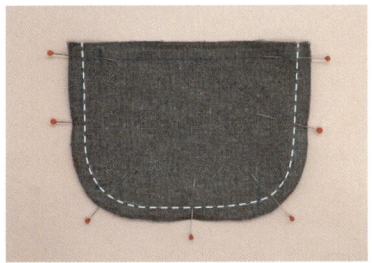

1 겉감 2장의 겉을 맞대고 옆과 아래를 둘러 박는다. 시접은 0.3cm만 남기고 잘라낸다.

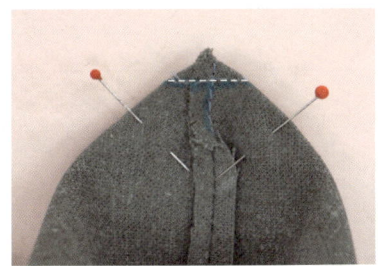

2 양쪽 다트를 박고 나머지 부분 시접은 가른 다음 뒤집는다.

3 덮개는 겉감과 안감의 겉을 맞대고 고정한 다음 옆과 아래를 둘러 박는다. 곡선 시접에 가위집을 내고 뒤집어서 다려둔다.

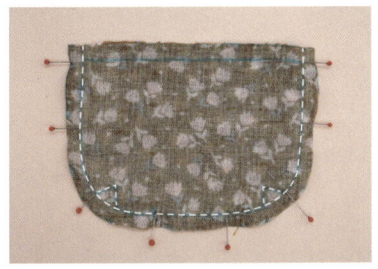

4 안감 2장의 겉을 맞대고 옆과 아래를 둘러 박는다.

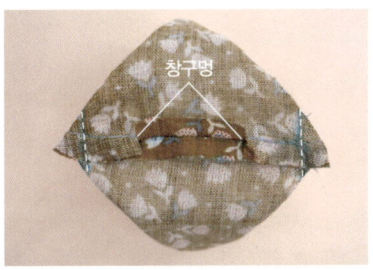

5 양쪽 다트 부분을 박는다. 창구멍 위치에 가위집을 내고 시접을 가른다. 옆선 시접도 갈라 다린다.

6 겉감 뒷면에 덮개의 겉을 맞대고 시접 부분을 박아 임시로 고정한다.

7 시접 포함 27cm의 어깨끈을 준비해서 겉감의 옆 시접에 임시로 고정한다.

8 겉감과 안감의 겉이 맞대도록 안감에 겉감을 끼워 넣는다. 겉감의 끈은 안감의 창구멍으로 뺀다.

9 겉감과 안감의 위치를 잘 맞춰 고정하고 입구를 둘러 박는다.

10 안감 창구멍으로 뒤집은 다음 창구멍은 공그르기로 막는다.

11 안감을 가방 속으로 넣고 가방 입구를 둘러 박는다.

12 덮개와 가방에 스냅을 달고 덮개 겉 중앙에 브로치를 달면 크로스백 완성!

ACCESSORY

03
보닛

재료 겉감 40×30cm, 안감 40×30cm, 레이스끈 70cm

※ 원단 끝은 올풀림방지액 처리

※ **실물 도안** p. 255

PATTERN MAKING

시접은 모두 0.5cm.

1 후드 원형(p. 80~85)에서 얼굴만 감싸도록 길이를 줄이고 뒤중심 곡선을 완만하게 키운다.
2 원하는 디자인으로 보닛 앞부분의 챙을 제도한다.
3 보닛에 절개선을 넣고 뒤중심을 변형한다. 짧은 쪽 길이를 유지하면서 긴 쪽을 직선이 되게 겹쳐서 줄이고 골(◎, 접은 상태)로 바꾼다.

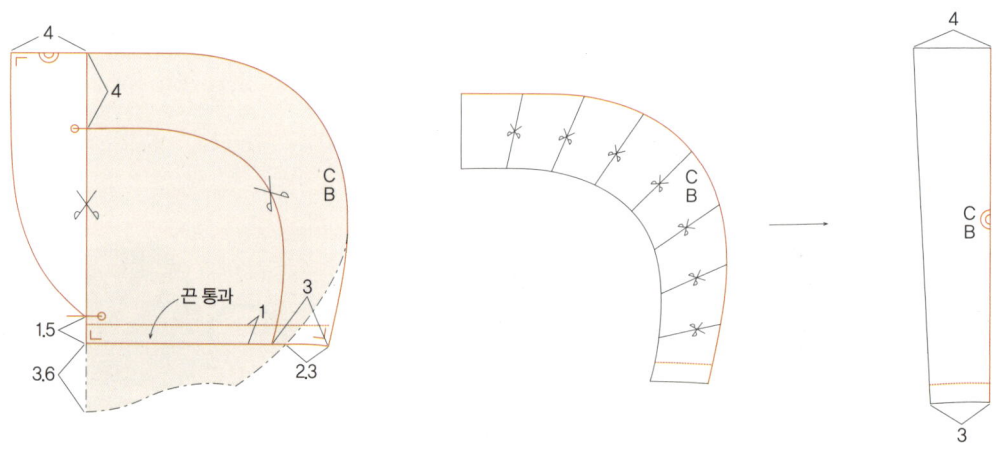

HOW TO MAKE

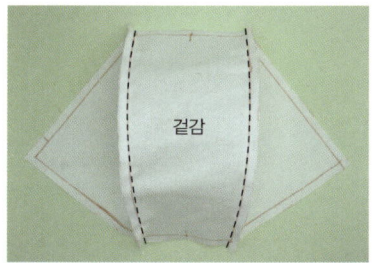

1 보닛 겉감 3장의 겉을 맞대고 박아 연결한다.

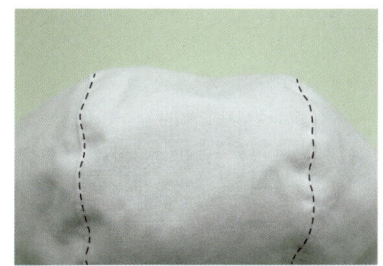

2 곡선 시접은 가위집을 내고 중심 쪽으로 꺾어 다린 다음 겉에서 눌러 박아 시접을 고정한다.

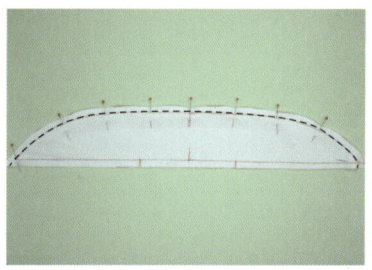

3 챙 2장의 겉을 맞대고 곡선 부분을 박는다.

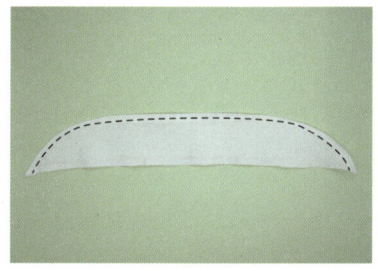

4 곡선 시접에 가위집을 내고 뒤집어서 가장자리를 눌러 박는다.

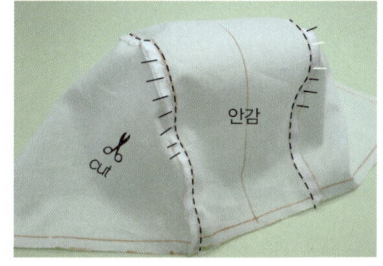

5 보닛 안감 3장의 겉을 맞대고 박아 연결한 다음 시접에 가위집을 낸다. 시접은 겉감과 겹치지 않도록 바깥쪽으로 꺾어 다린다.

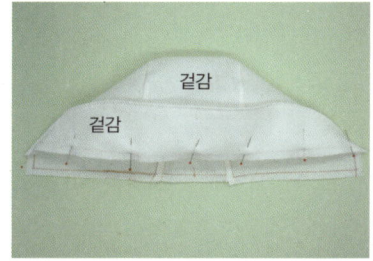

6 보닛 겉감에 챙을 올리고 시침핀으로 위치를 잡는다.

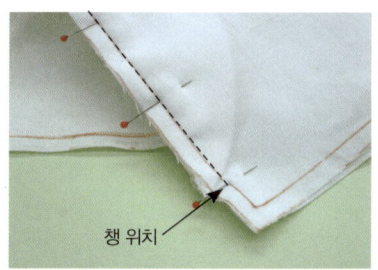

7 챙을 올린 보닛 겉감 위에 안감의 겉을 맞대고 시침핀으로 고정한 다음 챙이 있는 부분만 박는다.

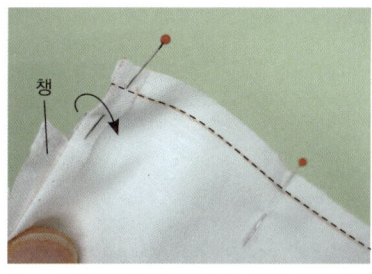

8 밑단을 박기 전 챙의 시접만 남기고 안감과 겉감의 시접을 서로 반대방향으로 꺾는다.

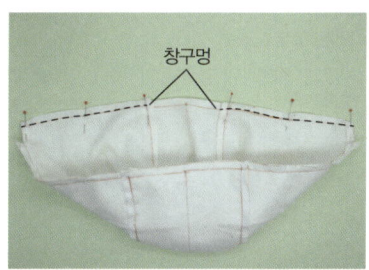

9 뒤중심에 창구멍을 남기고 밑단을 박는다.

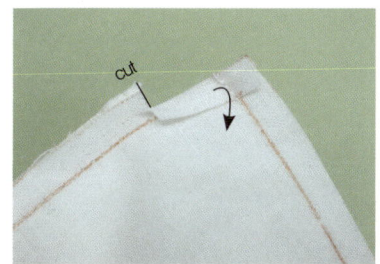

10 챙의 시접에 맞춰 안감과 겉감에 가위집을 낸다.

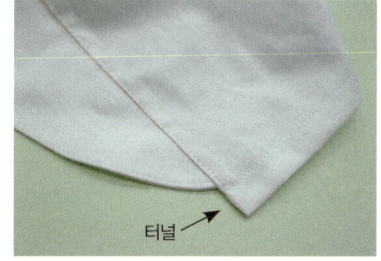

11 창구멍으로 뒤집은 다음 창구멍을 공그르기로 막는다. 보닛의 외곽을 둘러 박는데 밑단 쪽은 1cm 이상 떨어뜨려 터널을 만든다.

12 터널에 레이스를 끼우면 보닛 완성!

ACCESSORY

04
에이프런

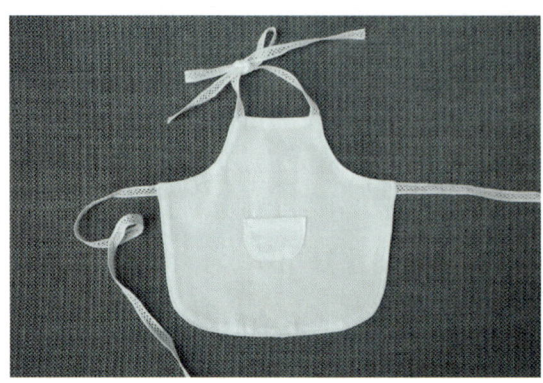

재료 겉감 30×20cm, 레이스끈 110cm
※ 원단 끝은 올풀림방지액 처리
※ 실물 도안 p. 232

PATTERN MAKING

시접은 모두 0.5cm.

1 앞몸판 원형에서 길이를 연장하고 원하는 디자인의 에이프런 실루엣을 그린다.
2 앞주머니를 제도하고 주머니를 달 위치를 표시한다.

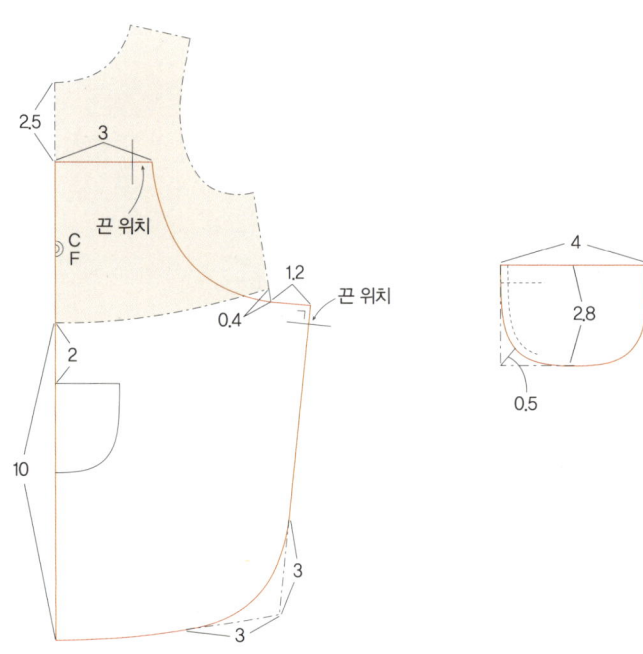

HOW TO MAKE

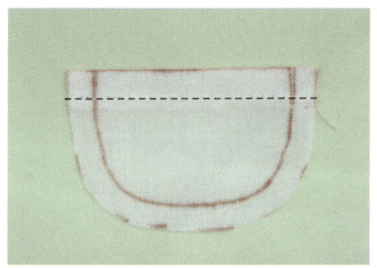

1 주머니 시접을 안쪽으로 접어 다린 다음 눌러 박는다.

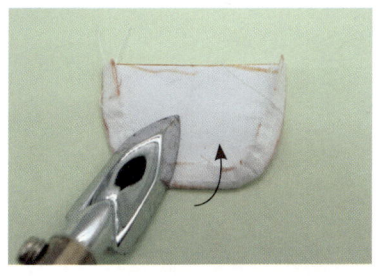

2 곡선 시접에 홈질한 뒤 안에 패턴을 대고 실을 잡아당겨 모양을 잡아 다린다.

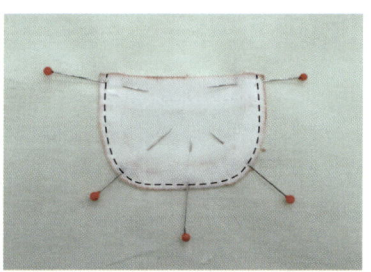

3 표시된 위치에 주머니를 고정하여 가장자리를 둘러 박는다.

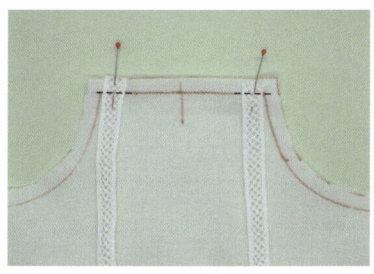

4 어깨끈으로 시접 포함 23cm의 레이스를 2줄 준비한다. 레이스와 몸판의 겉을 맞대고 아래로 늘어뜨려 어깨 시접에 고정한다.

5 허리끈으로 시접 포함 30cm의 레이스를 2줄 준비한다. 레이스와 몸판의 겉을 맞대고 안쪽으로 늘어뜨려 허리 시접에 고정한다.

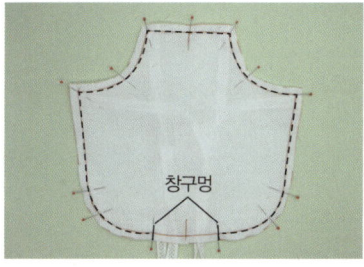

6 레이스를 붙인 겉감 위에 안감의 겉을 맞대고 고정한다. 어깨끈과 허리끈을 창구멍으로 뺀 다음 창구멍을 남기고 나머지 부분을 둘러 박는다.

7 각진 모서리는 잘라내고 곡선에는 가위집을 낸다. 곡선 시접은 미리 꺾어 다린다.

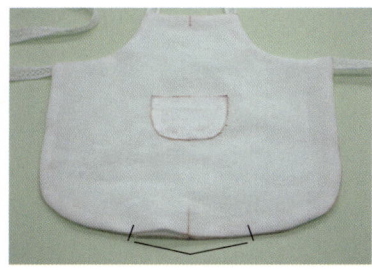

8 창구멍으로 뒤집은 다음 공그르기로 막는다.

9 가장자리를 한 번 더 둘러 박으면 에이프런 완성!

DESIGN

실물 도안

★ 모든 도안은 실물 크기입니다.
　단, 책의 크기보다 큰 사이즈의 패턴은 반복되는 분량을 생략하여 실었습니다.
★ 모든 도안은 완성선을 기준으로 실었습니다.
　자세한 시접 분량은 해당 아이템의 만들기 페이지에서 확인하세요.
★ 원형 패턴은 싸이프레스 홈페이지 자유게시판에서 다운로드할 수 있습니다.

SKIRT 01
턱스커트 p.110

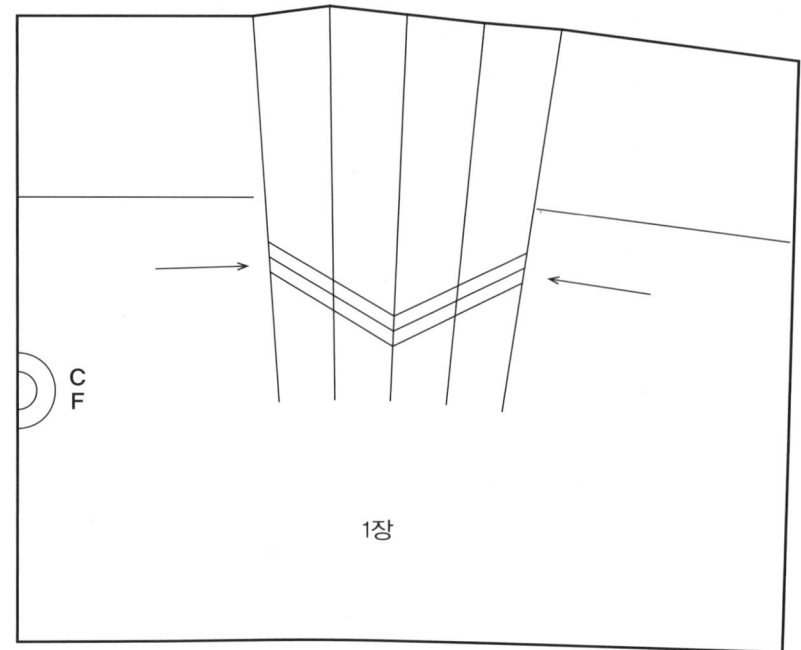

1장

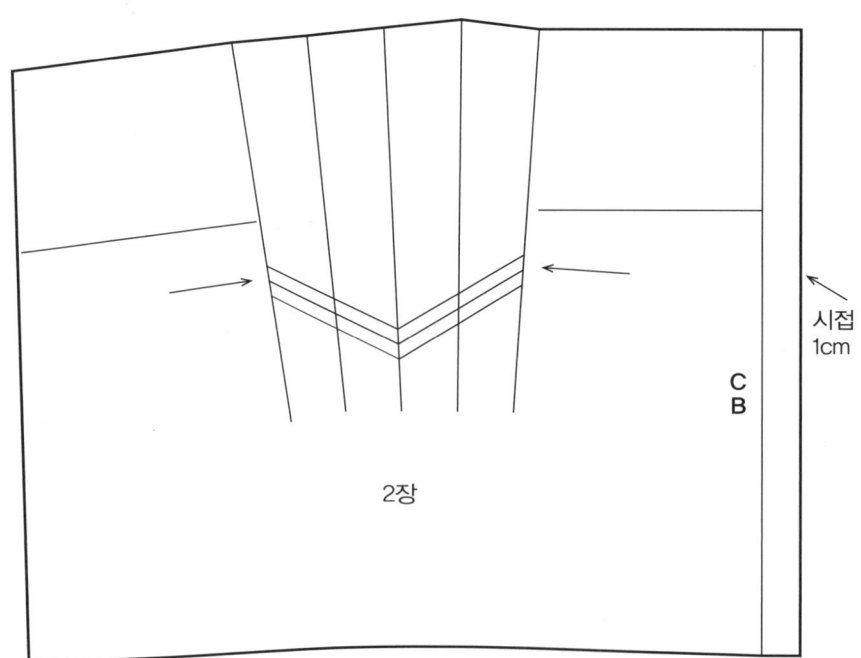

시접 1cm

2장

허리밴드 1장

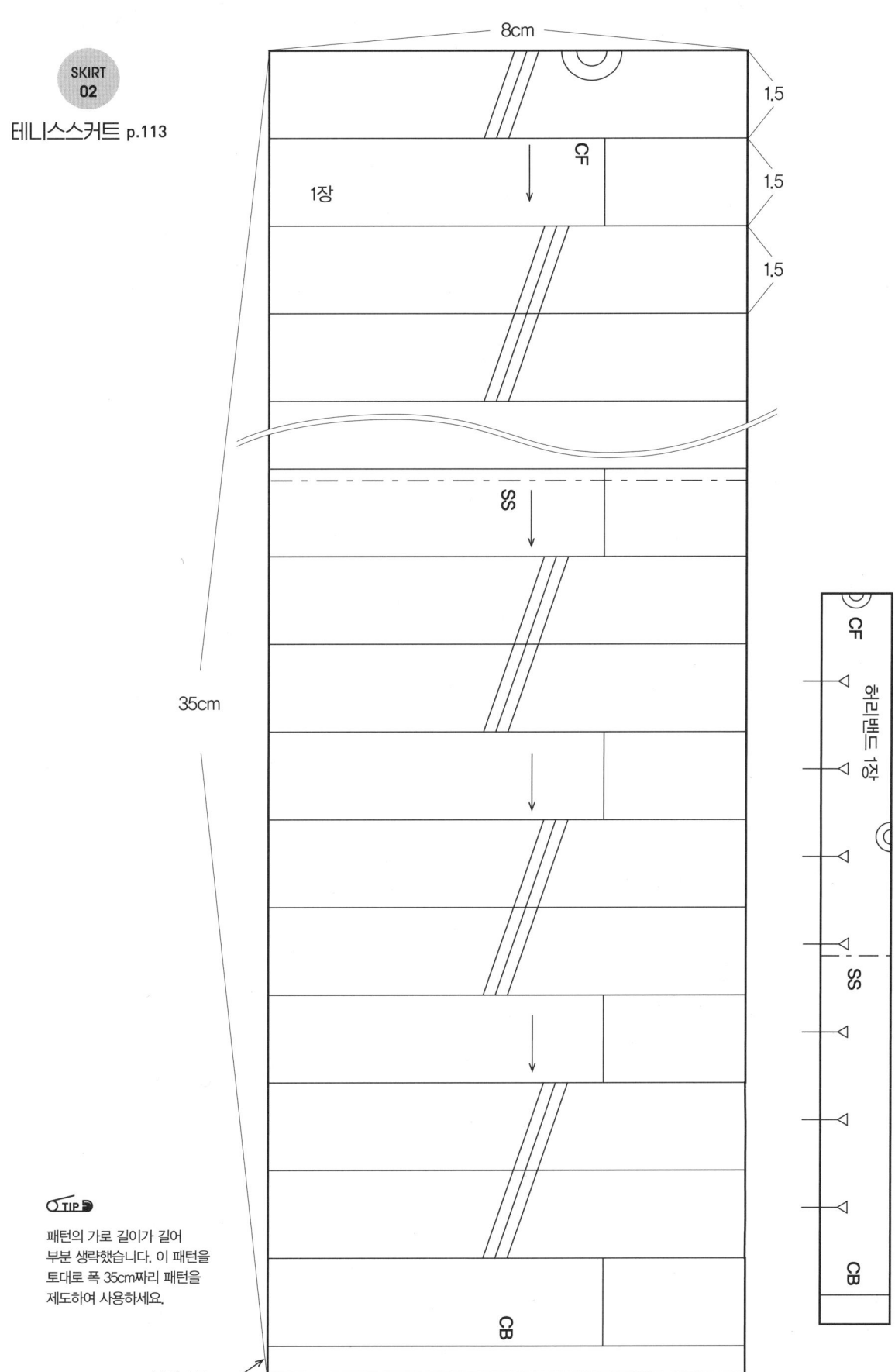

SKIRT 03
셔링스커트
p.115

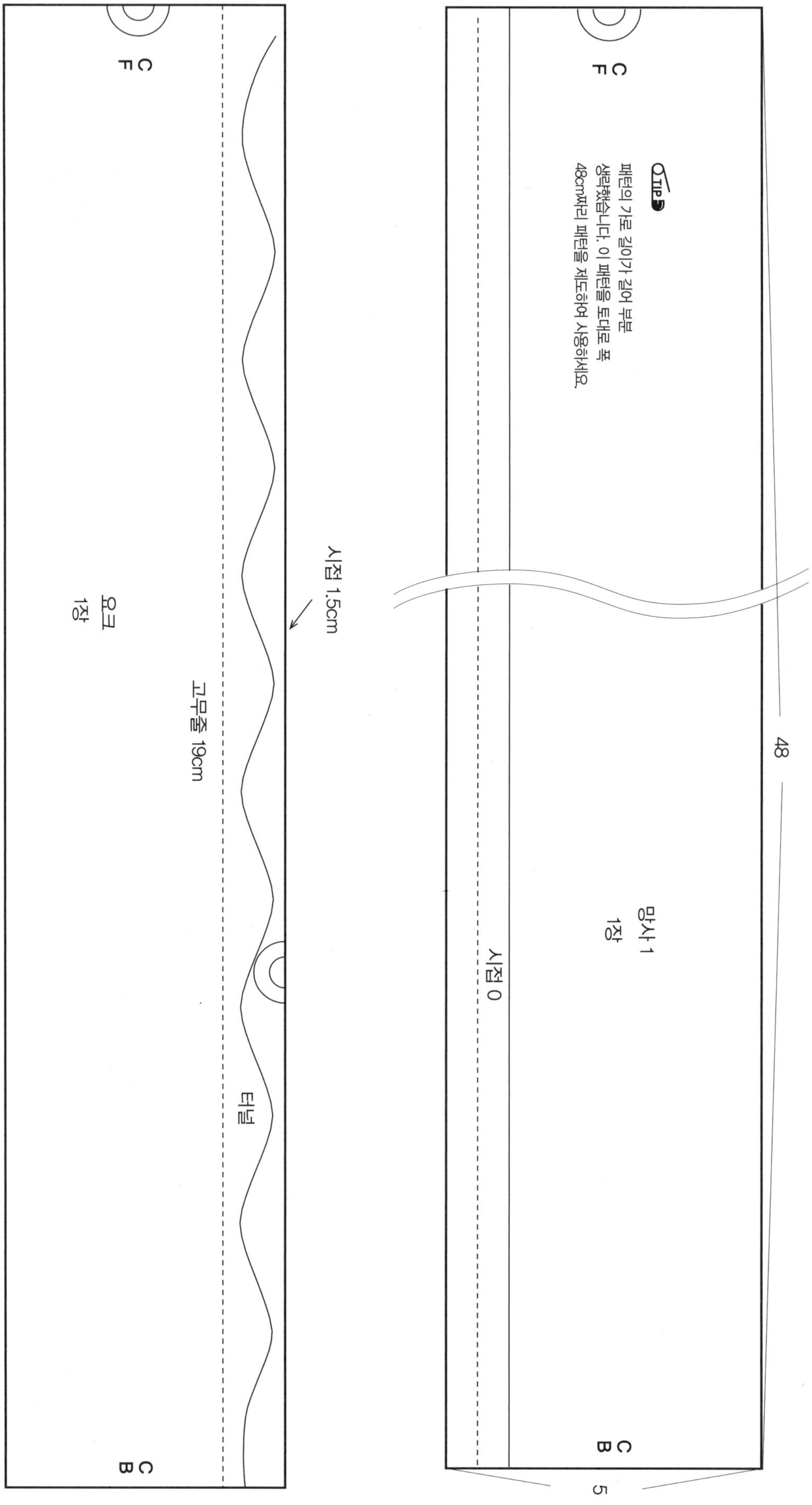

TIP
패턴의 가로 길이가 길어 부분 생략했습니다. 이 패턴을 토대로 폭 48cm짜리 패턴을 제도하여 사용하세요.

망사 1
1장

CF
CB

48
5

시점 0

요크
1장

CF
CB

시접 1.5cm
고무줄 19cm
터널

214

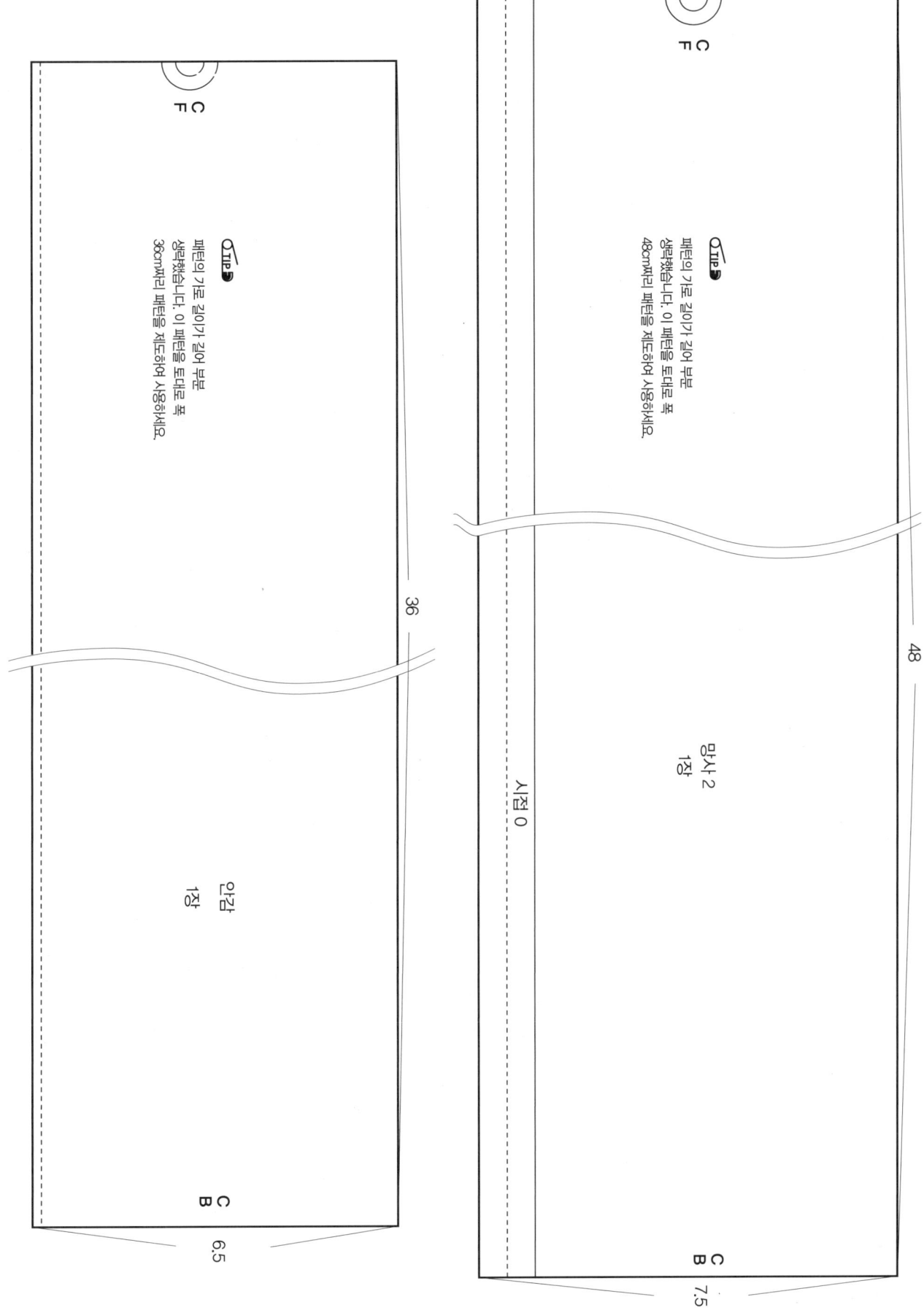

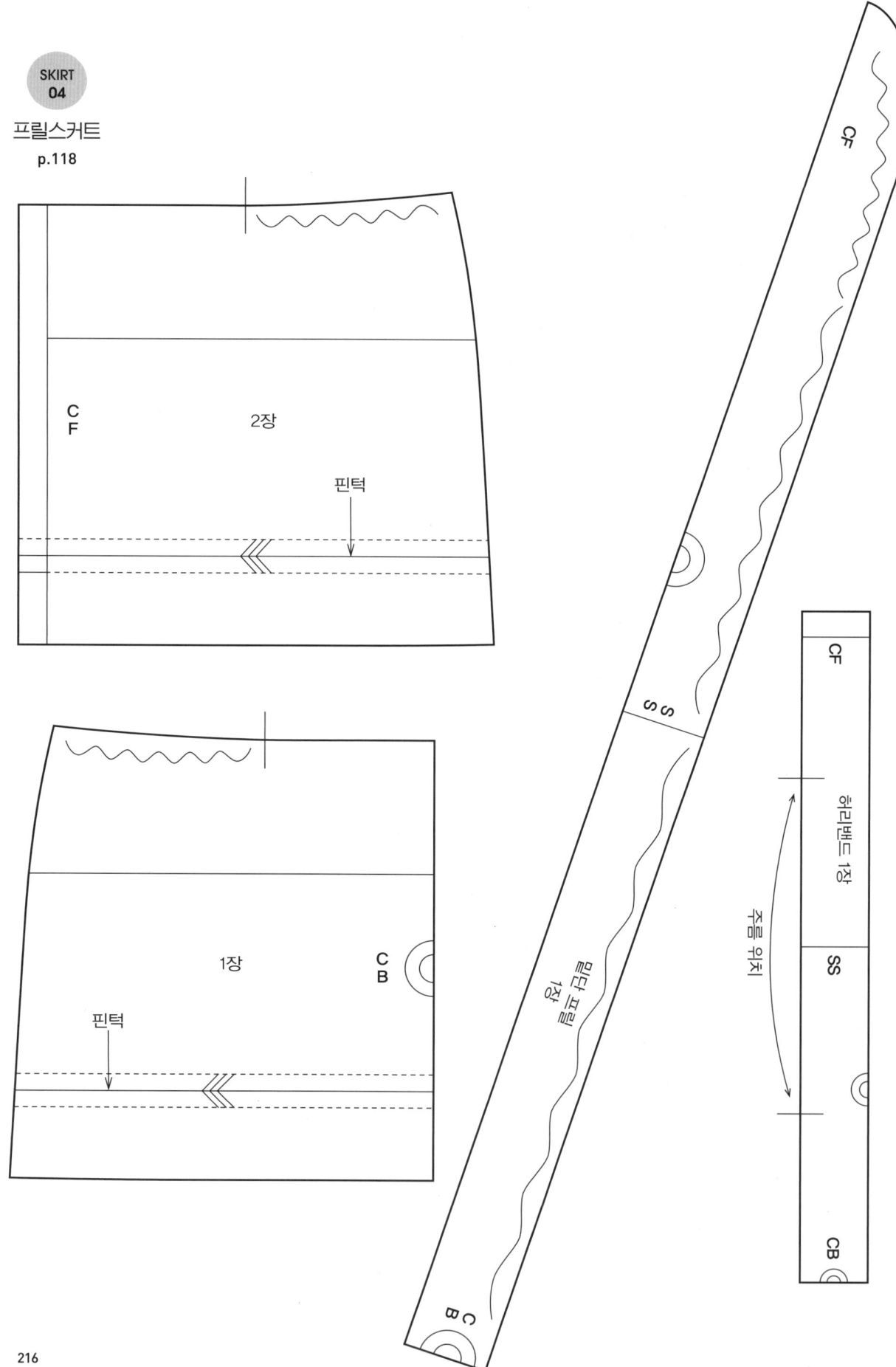

PANTS 01
블루머 p.121

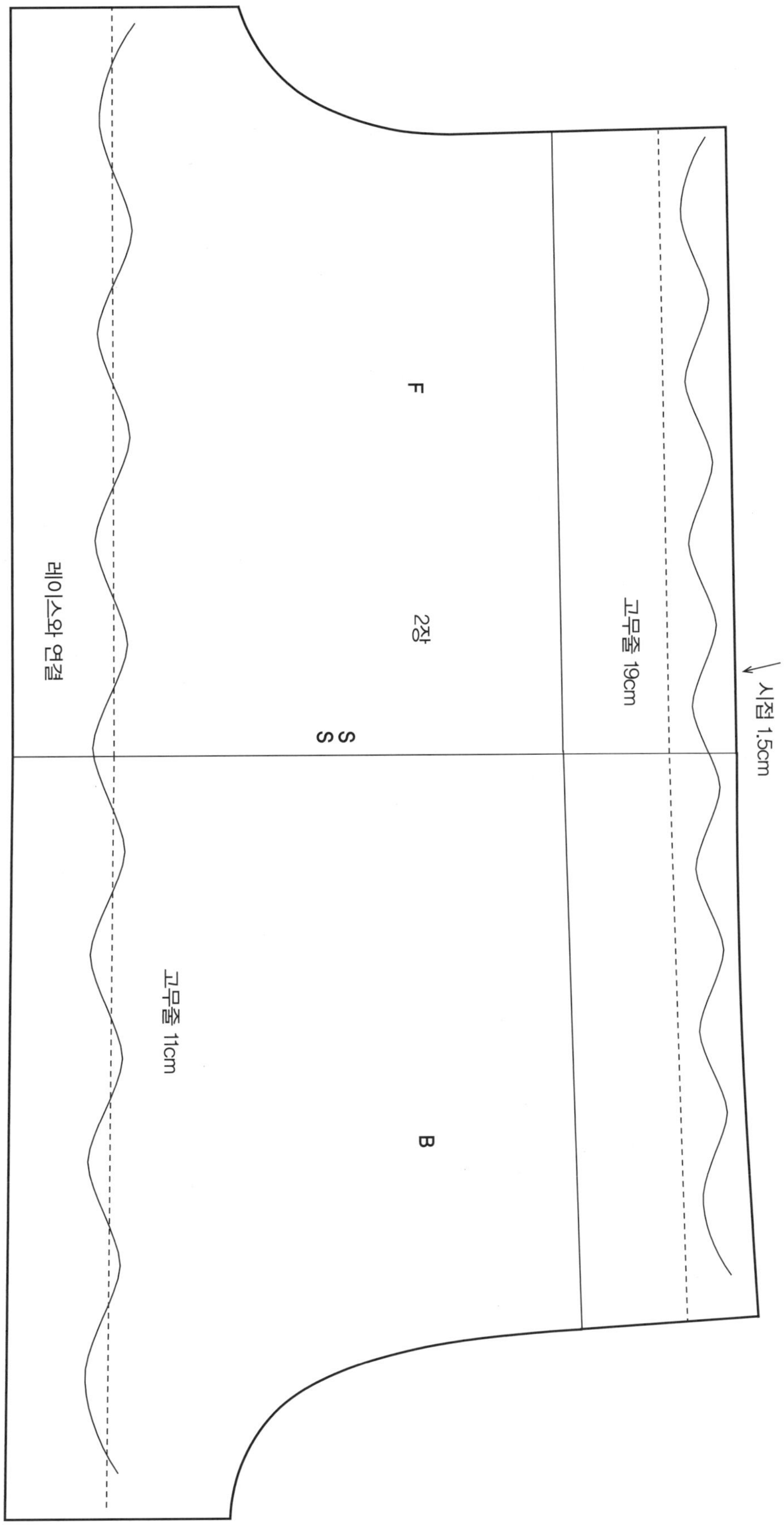

F
2장

레이스와 연결

고무줄 19cm

시접 1.5cm

S S

고무줄 11cm

B

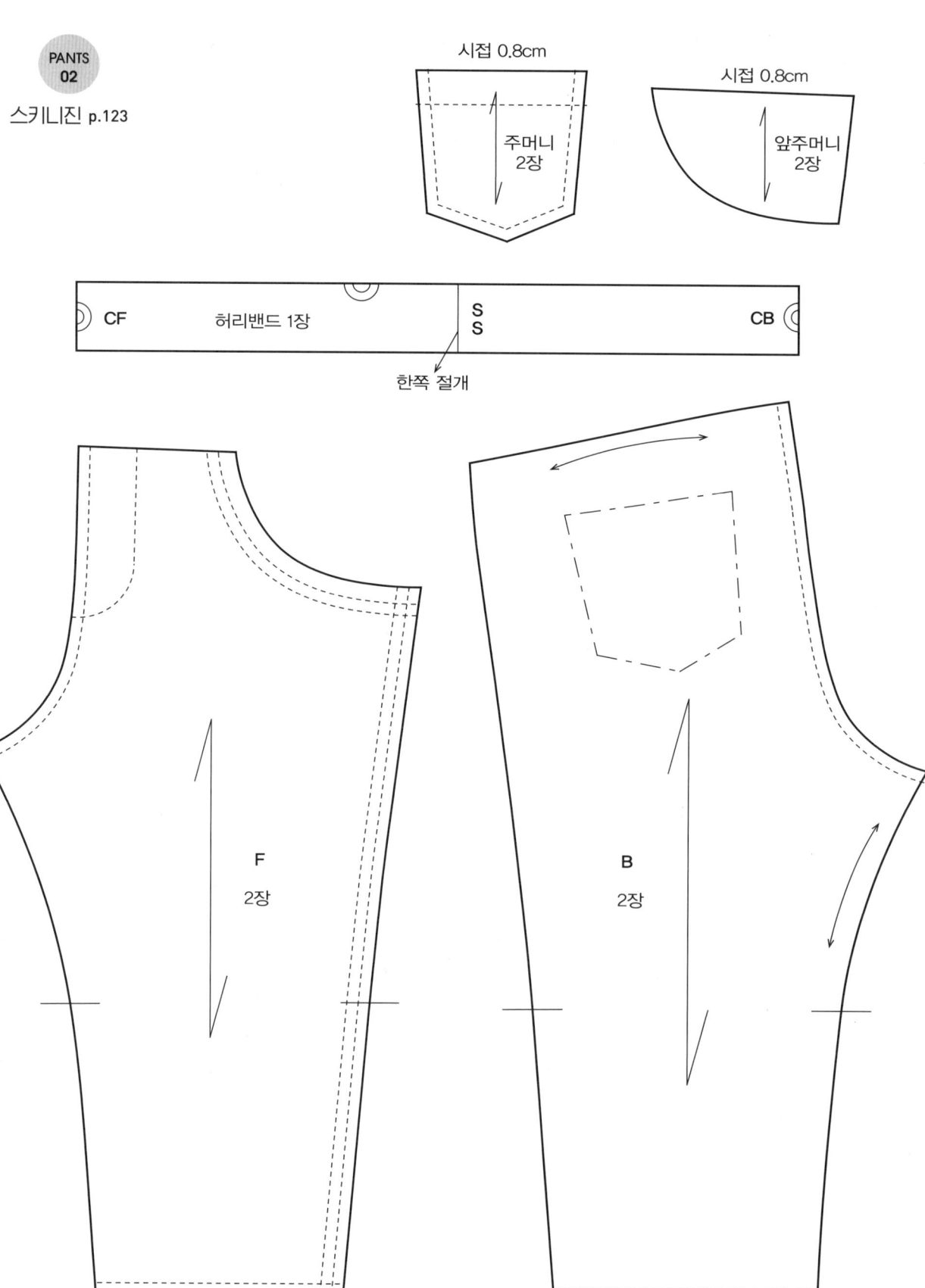

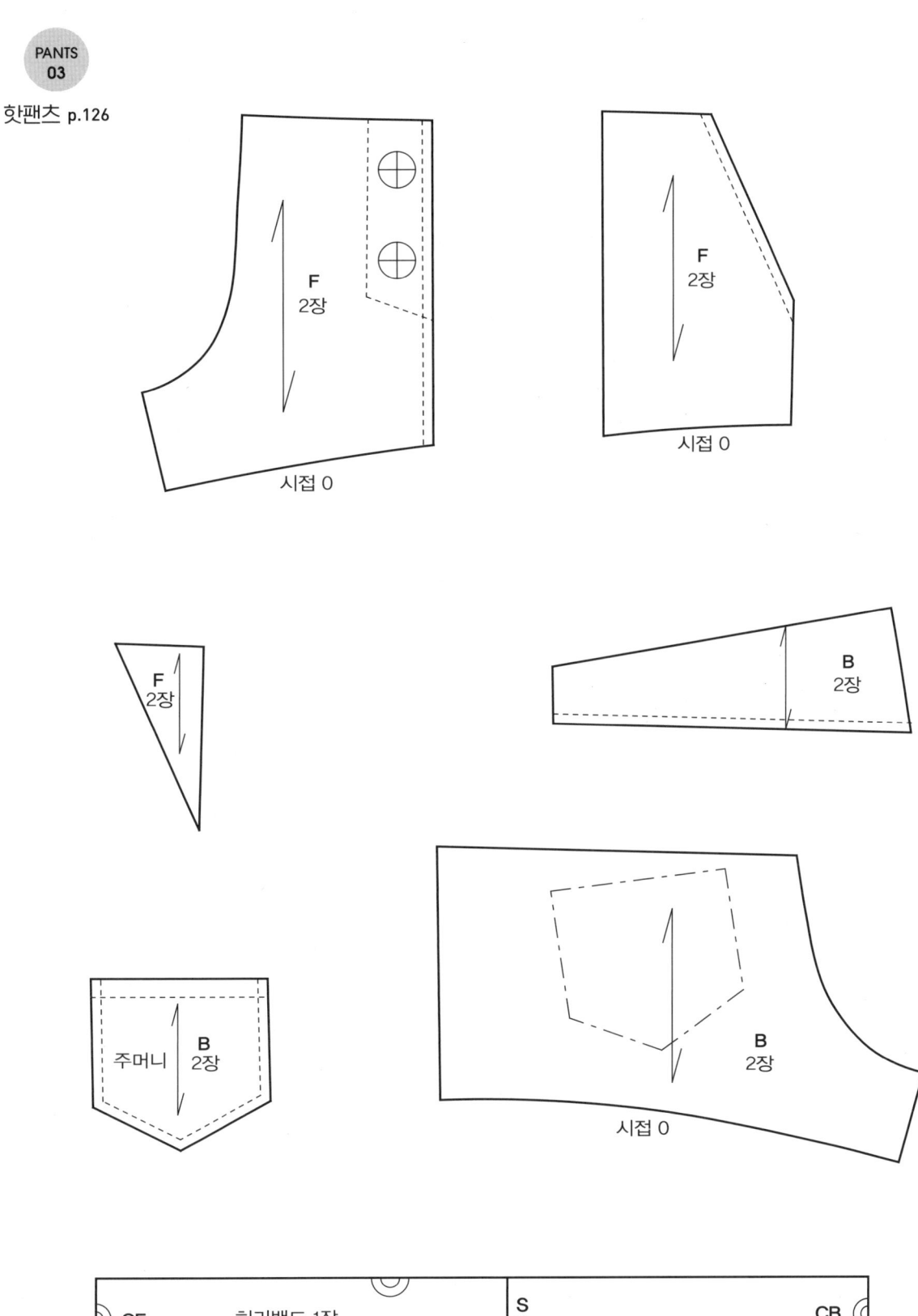

PANTS 04
오버올 p.129

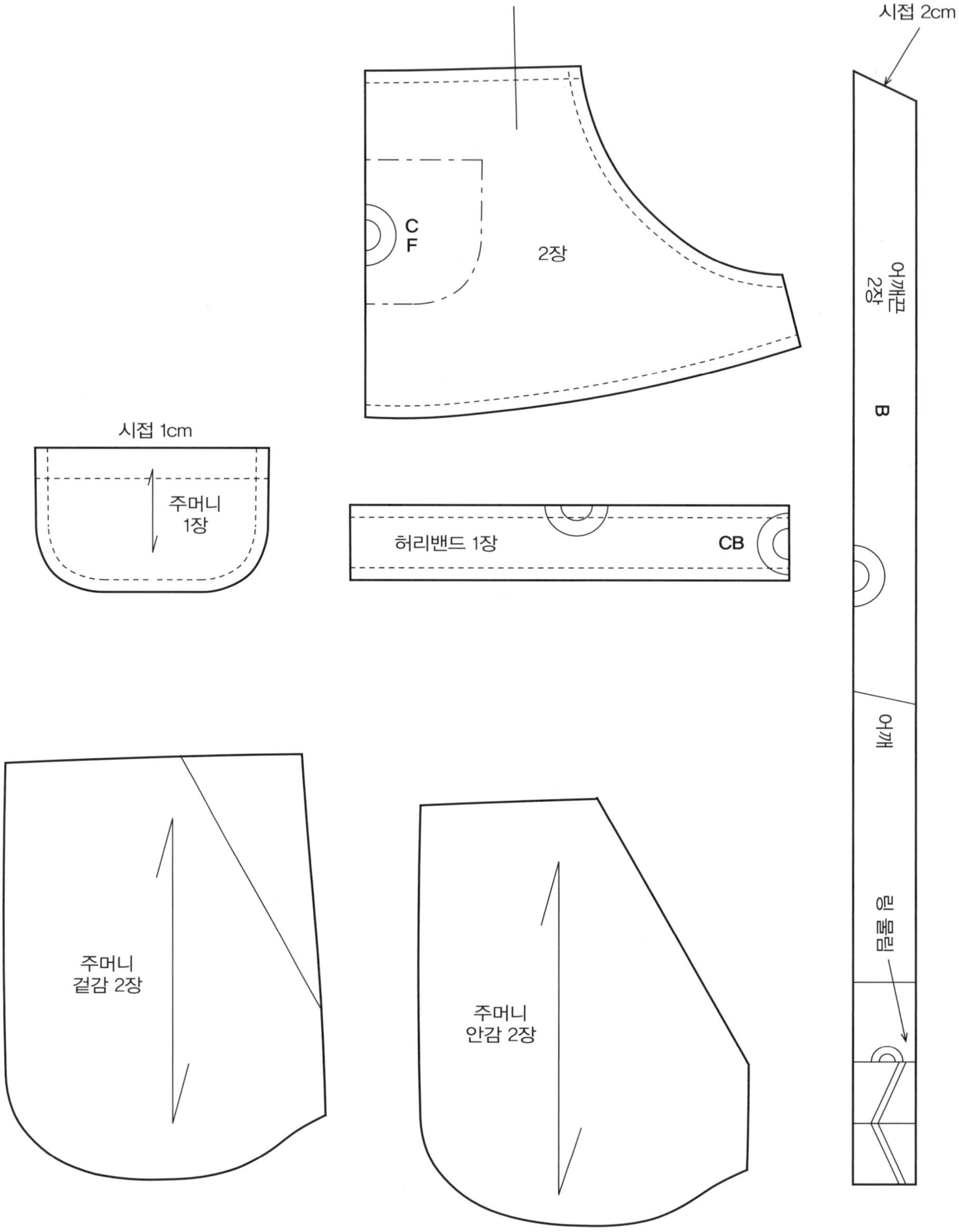

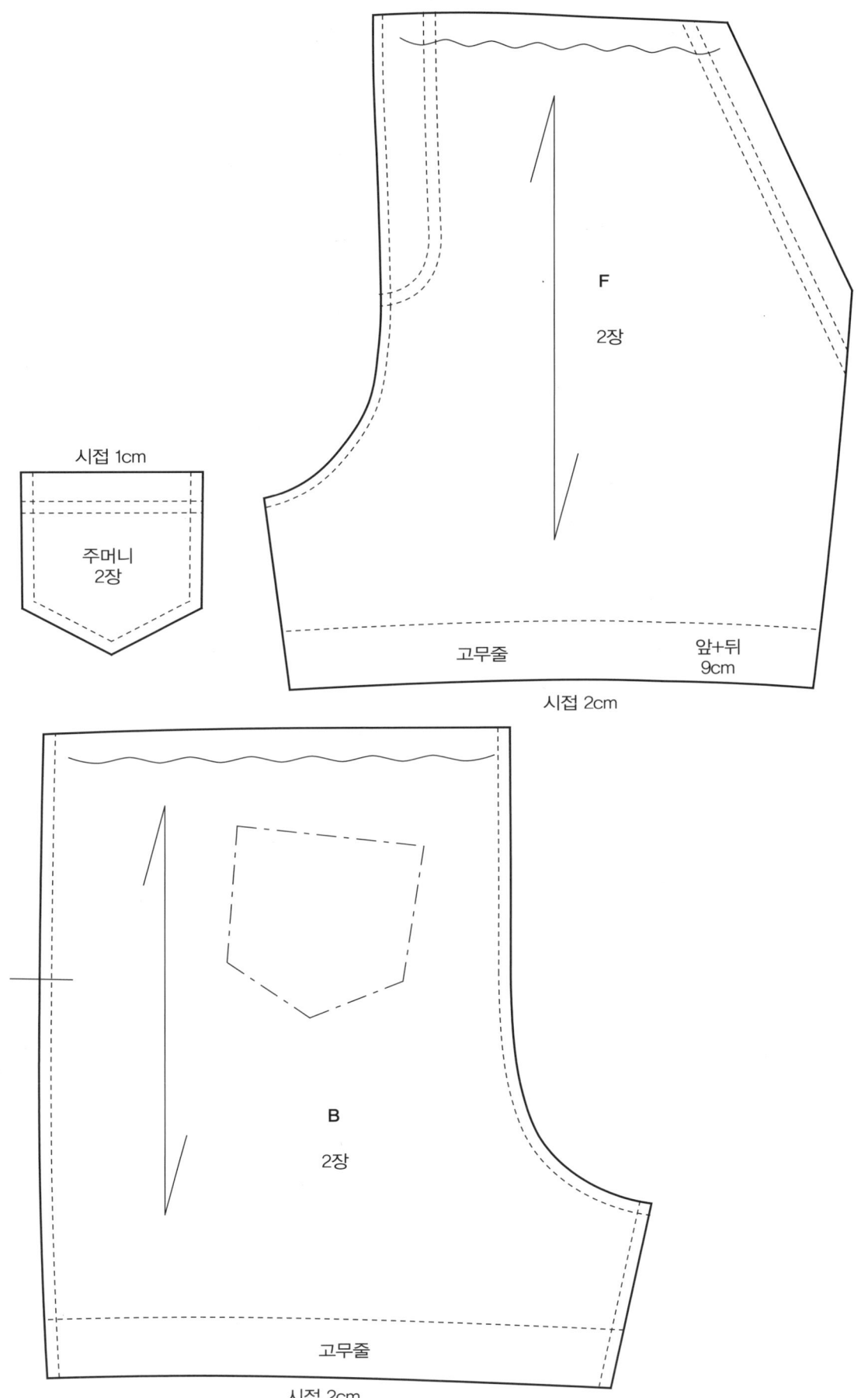

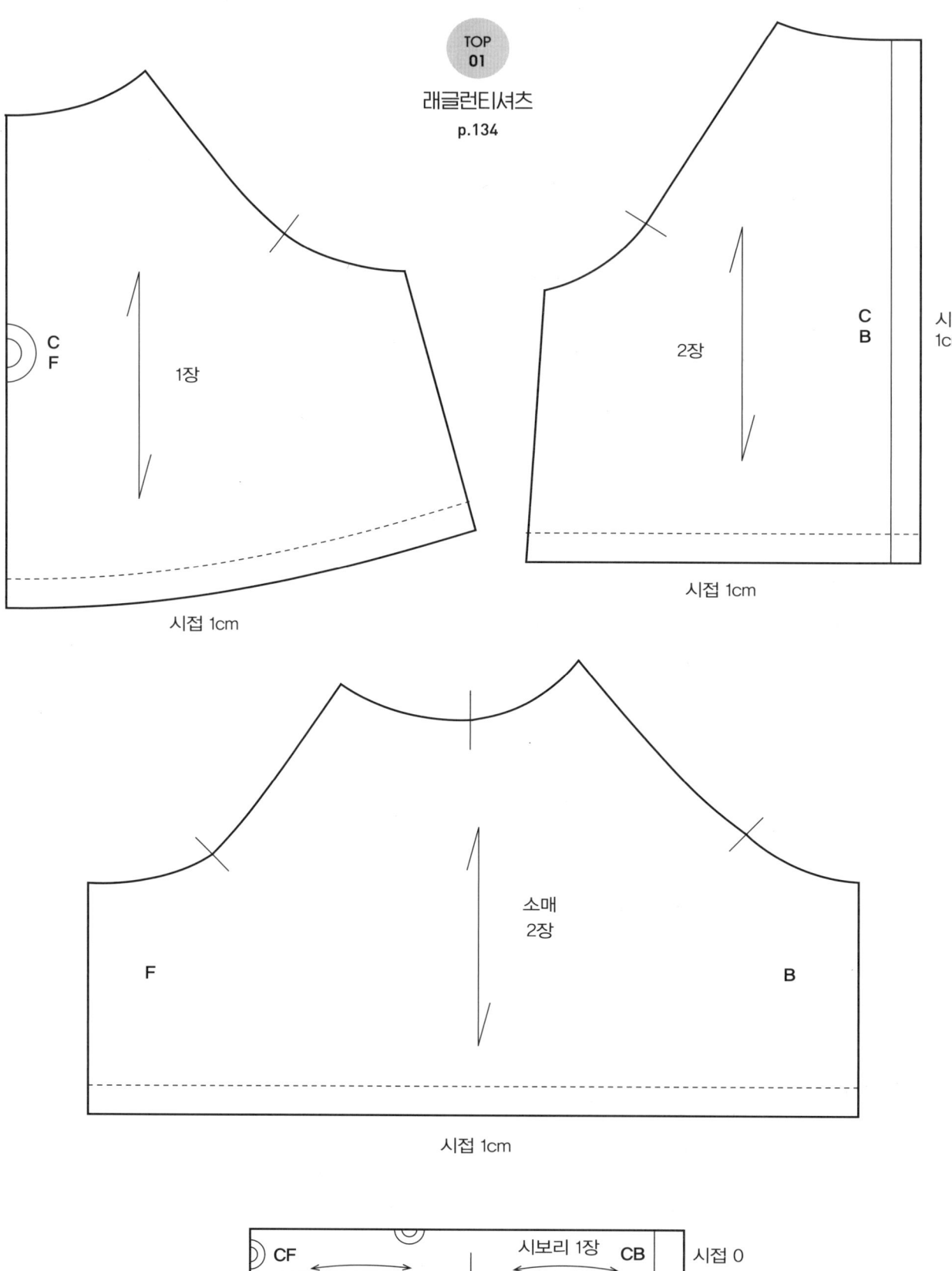

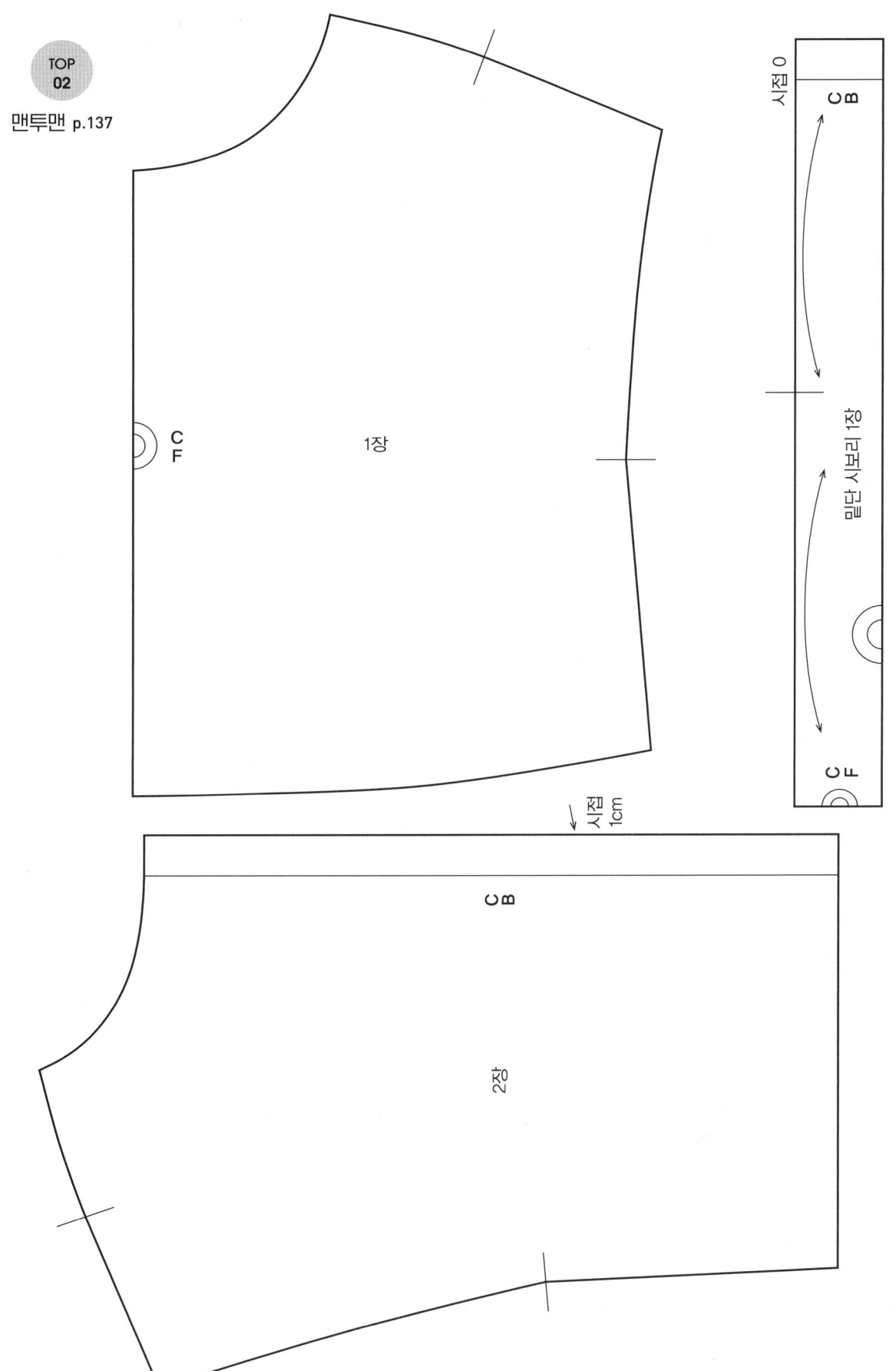

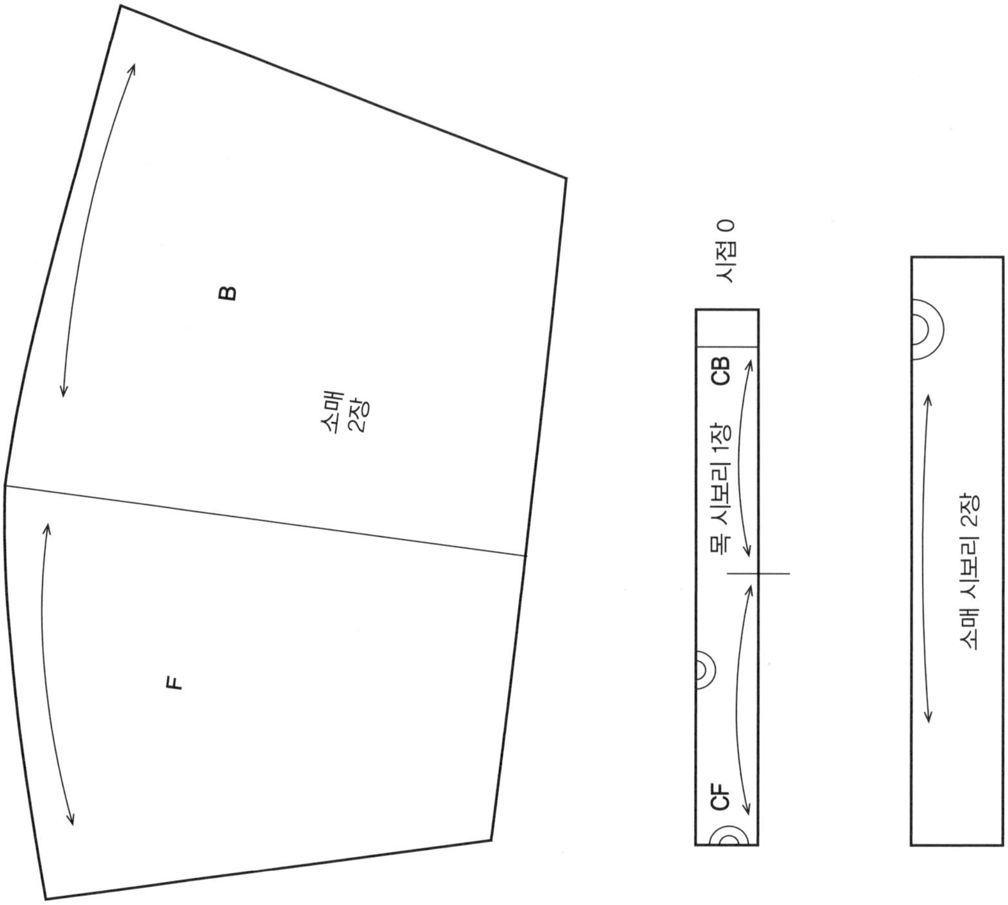

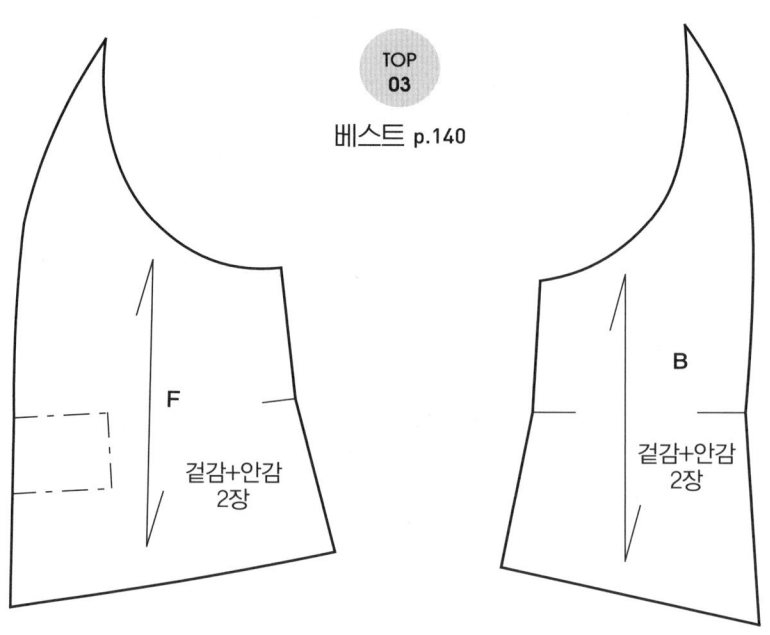

TOP 03
베스트 p.140

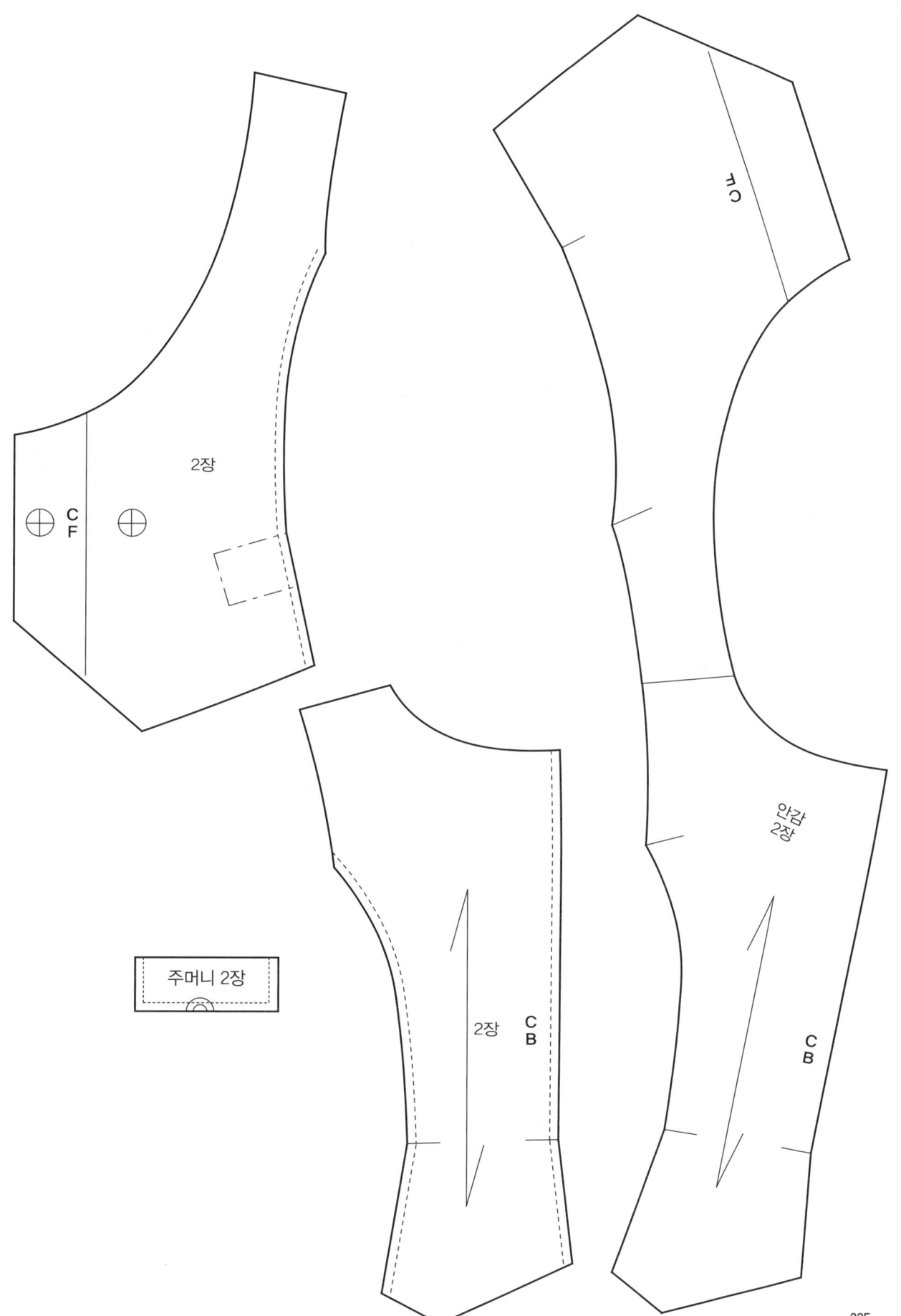

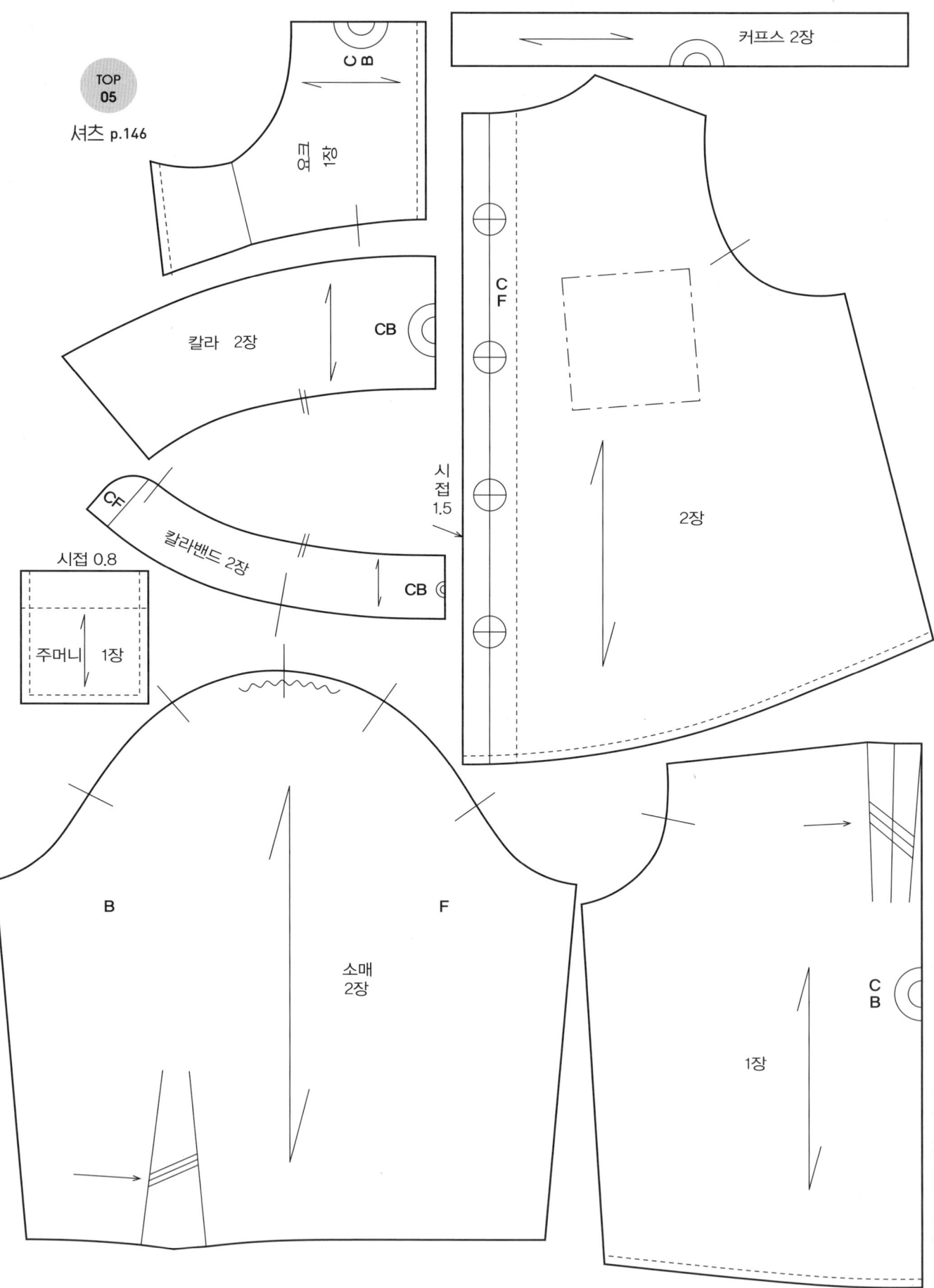

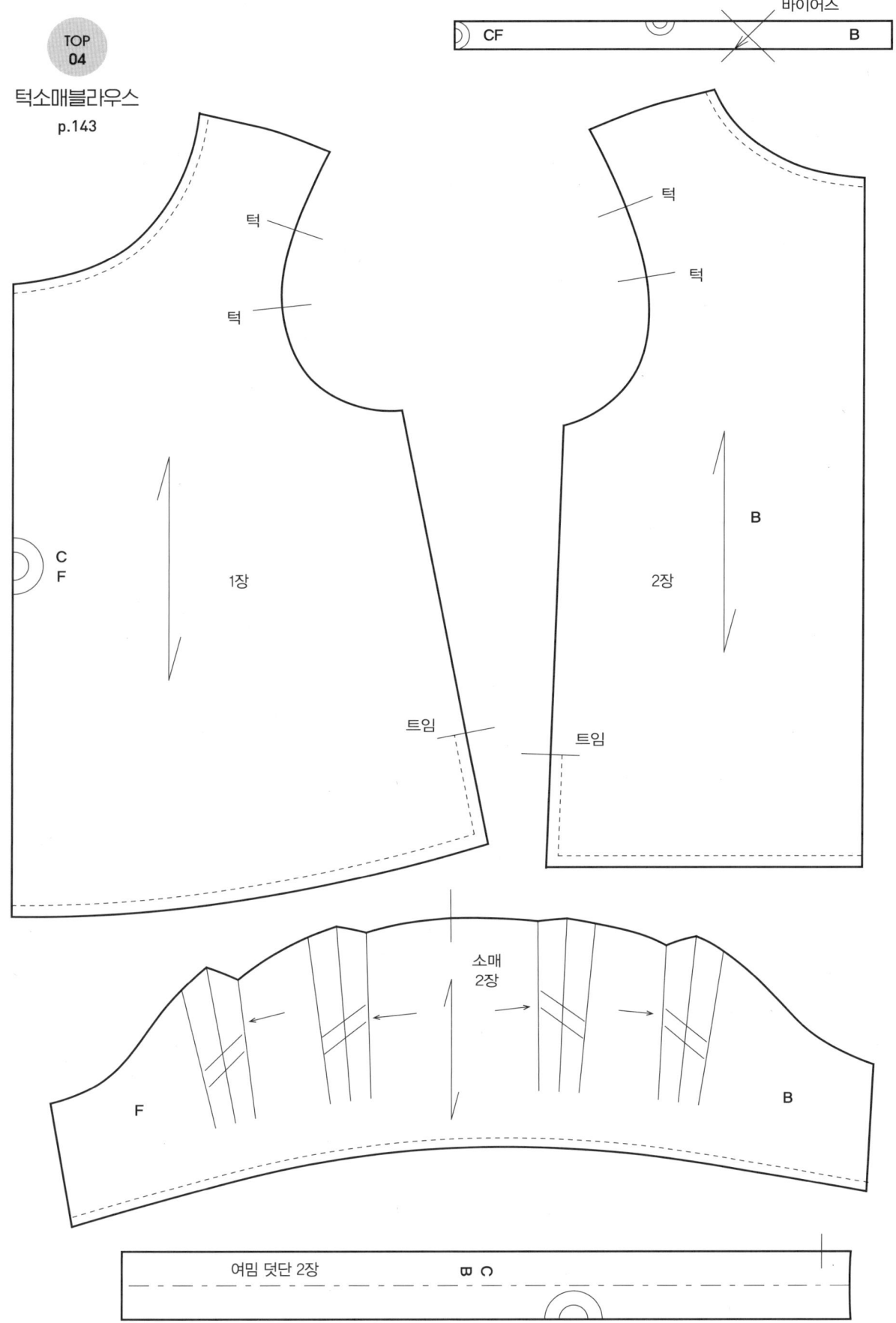

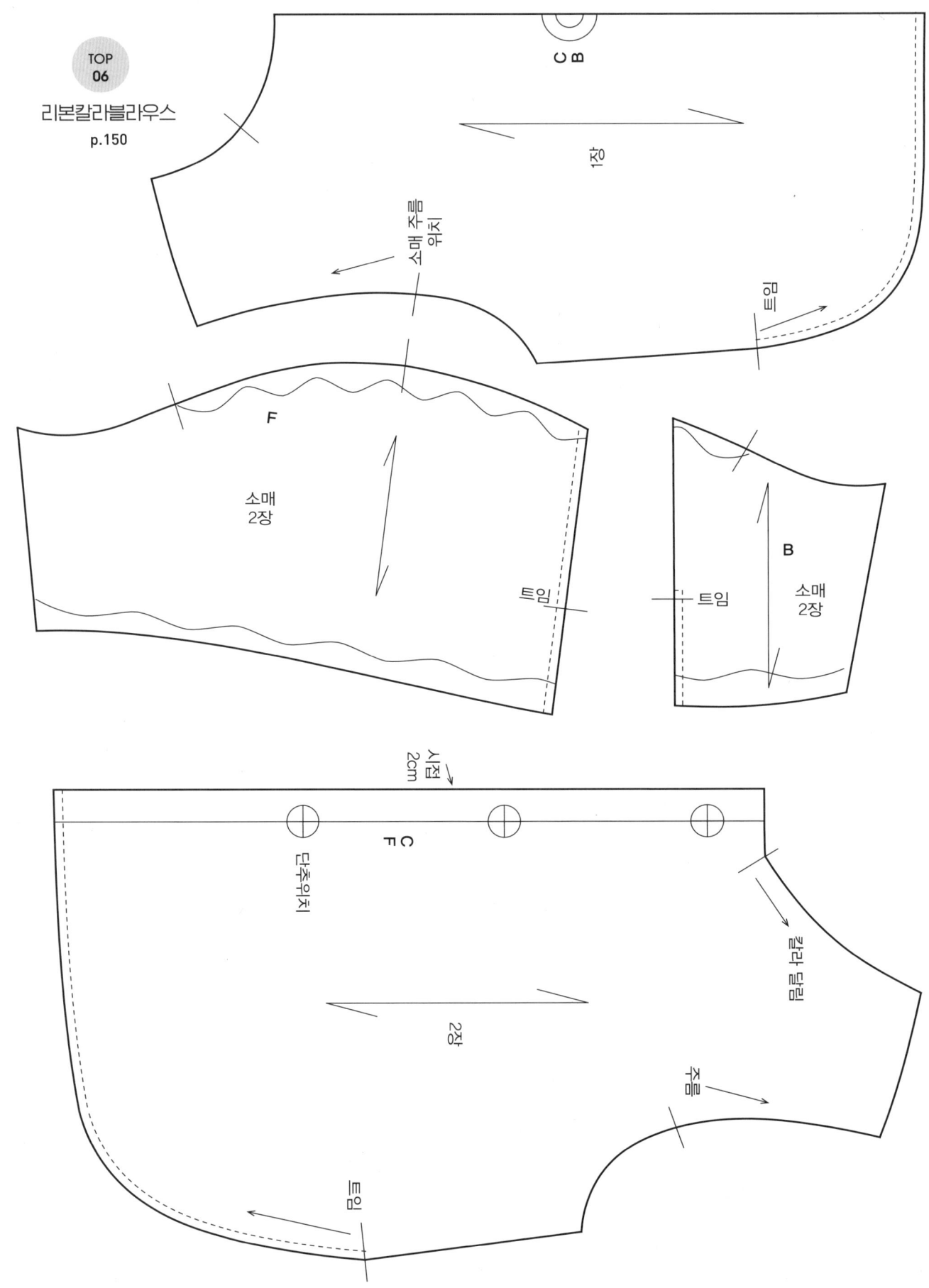

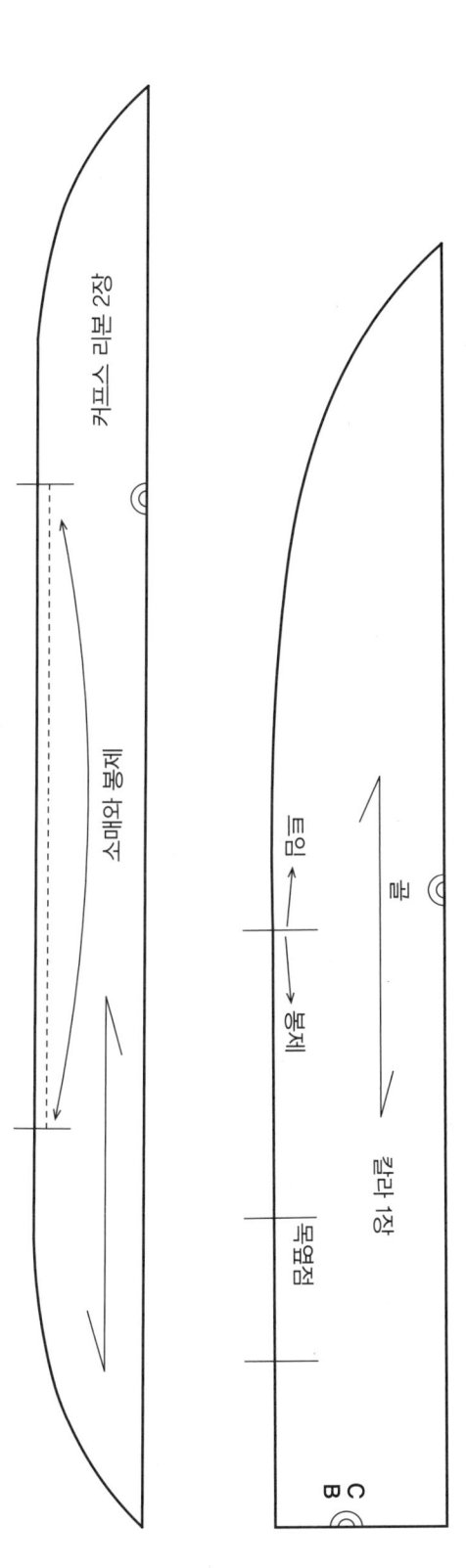
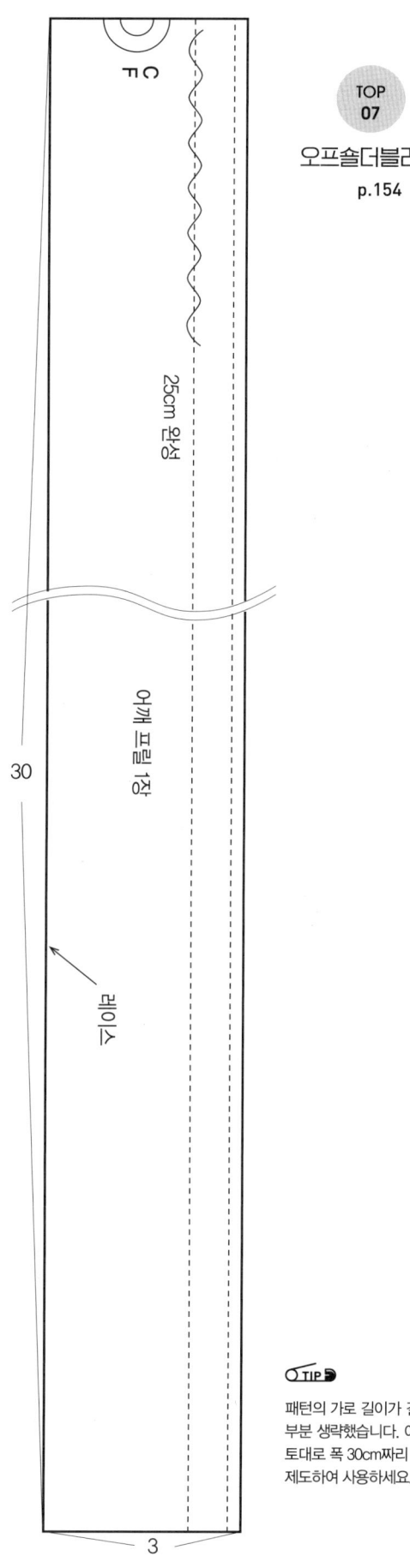

TOP 07
오프숄더블라우스
p.154

TIP
패턴의 가로 길이가 길어 부분 생략했습니다. 이 패턴을 토대로 폭 30cm짜리 패턴을 제도하여 사용하세요.

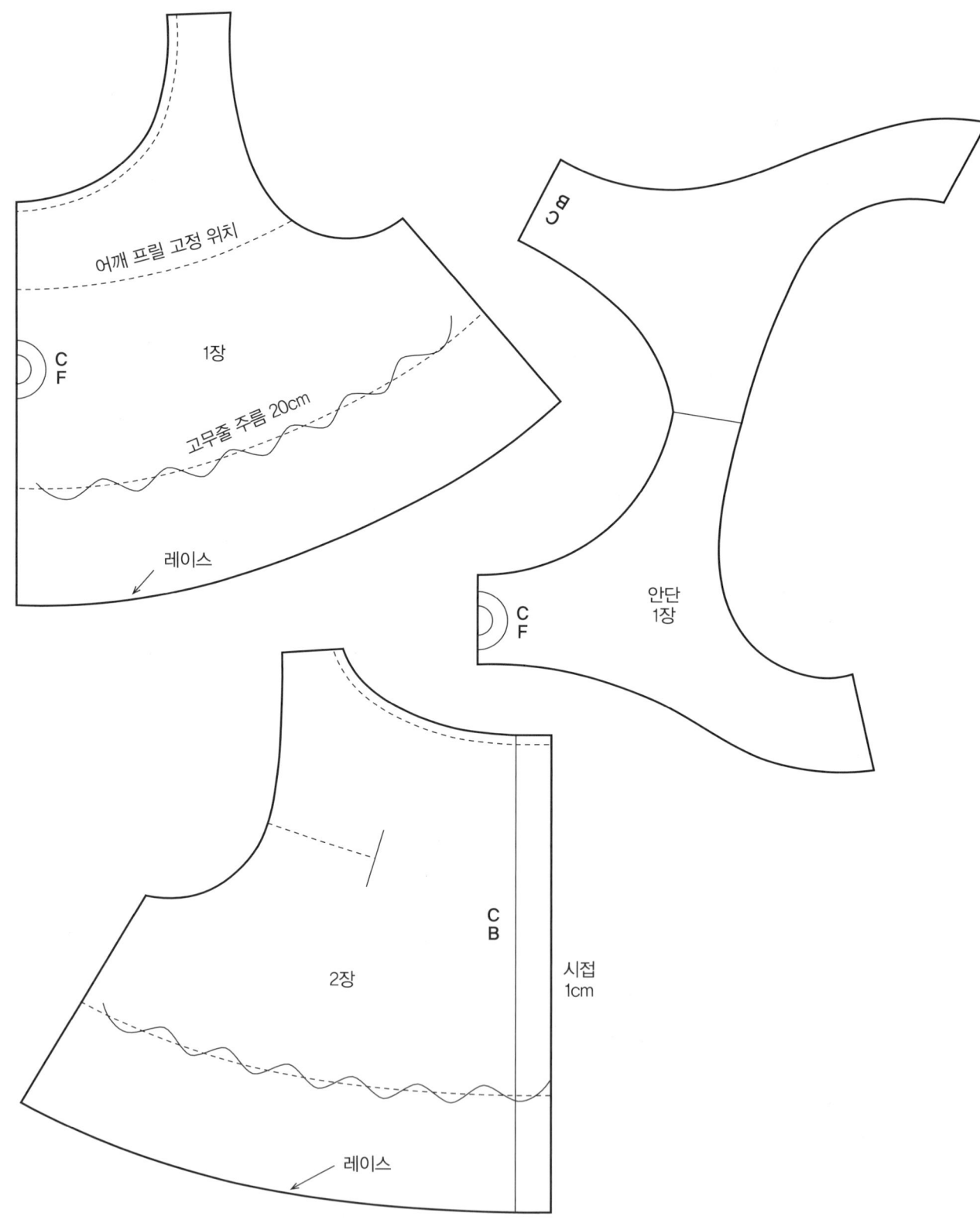

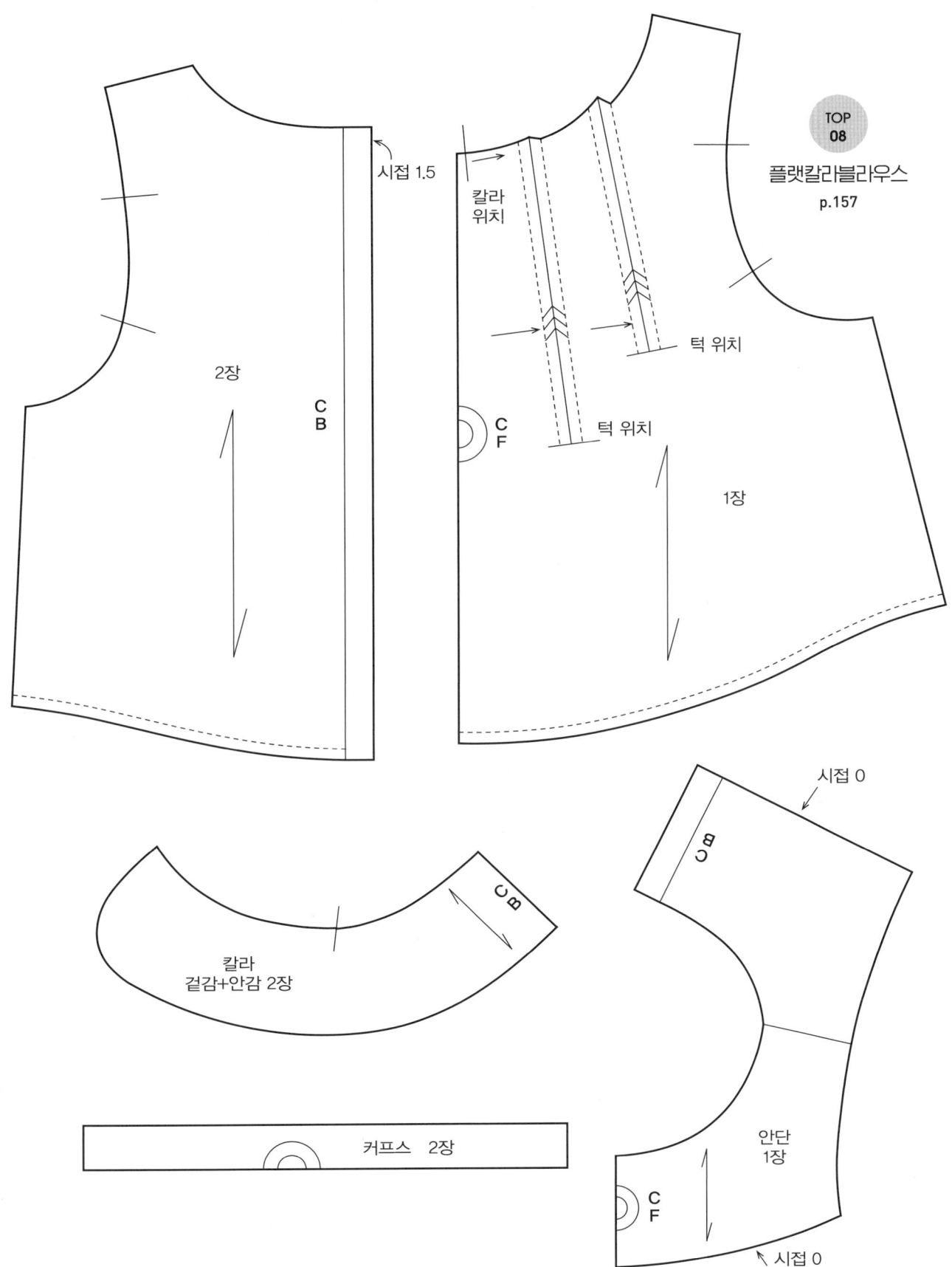

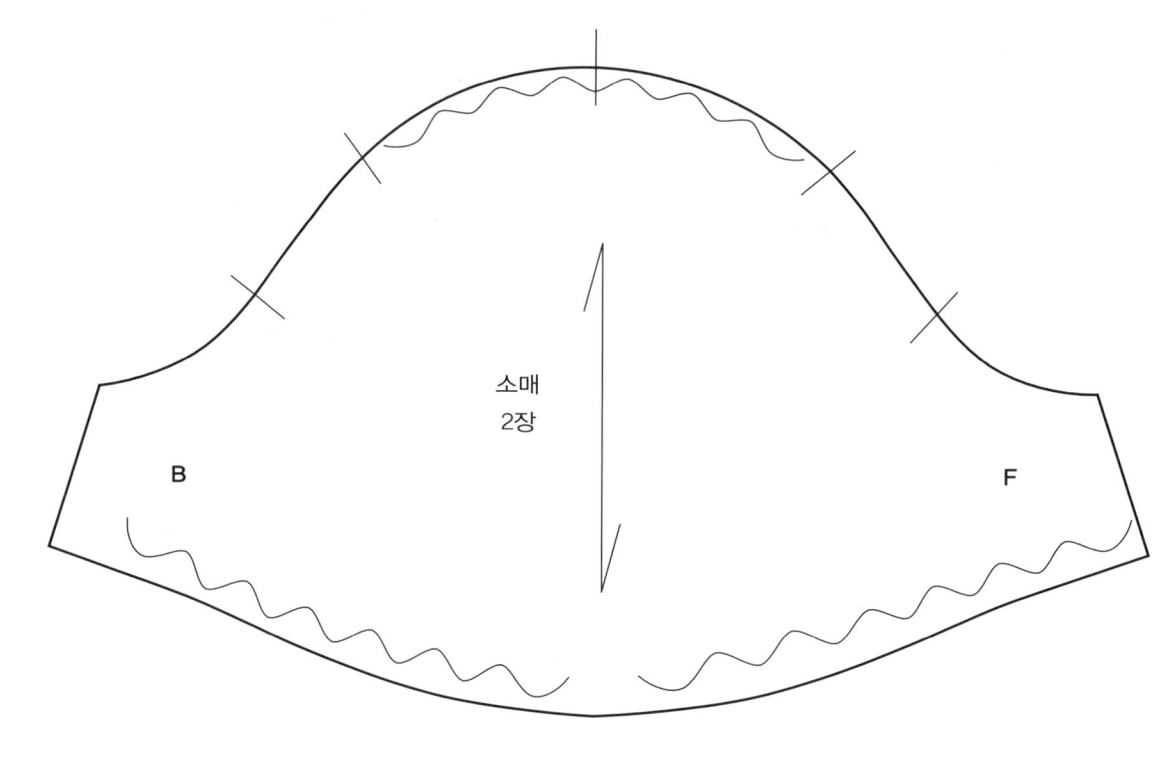

소매
2장
B
F

ACCES-
SORY
04

에이프런 p.208

시접 1cm
1장
끈 위치
겉감+안감
1장
끈 위치
C
F

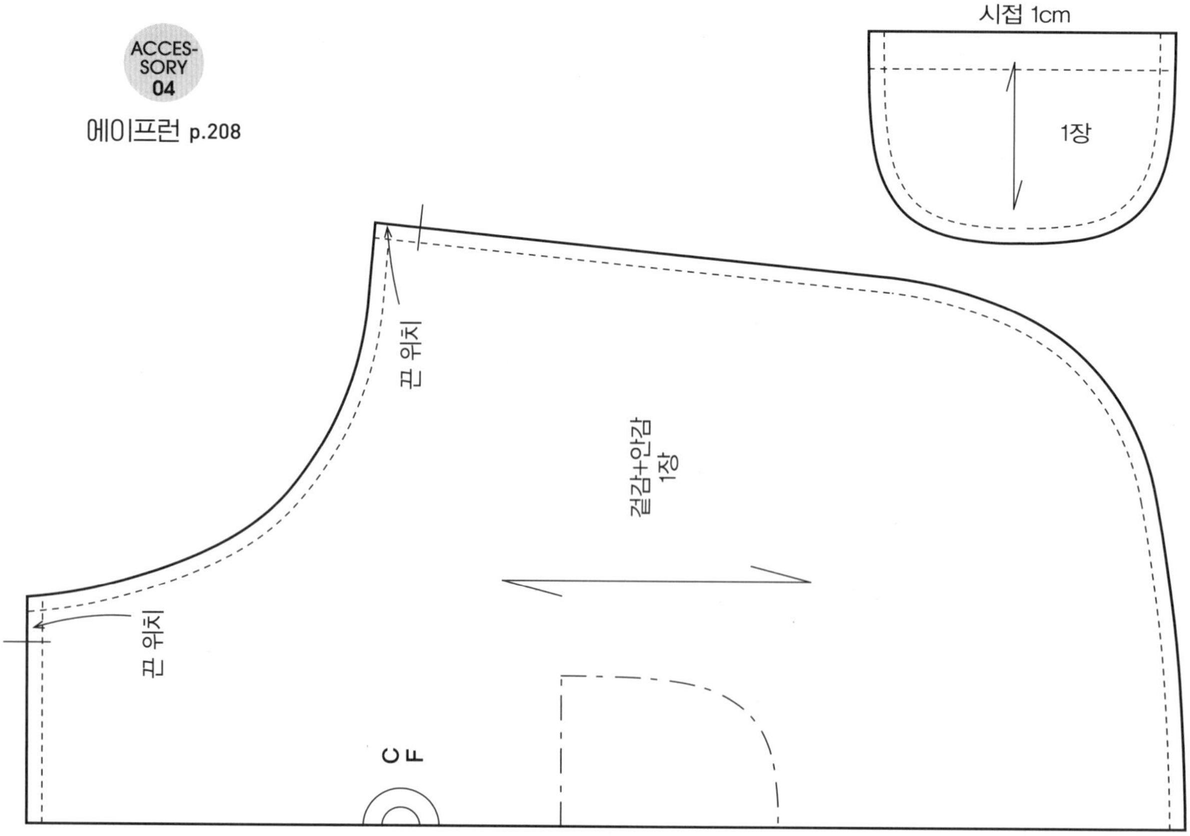

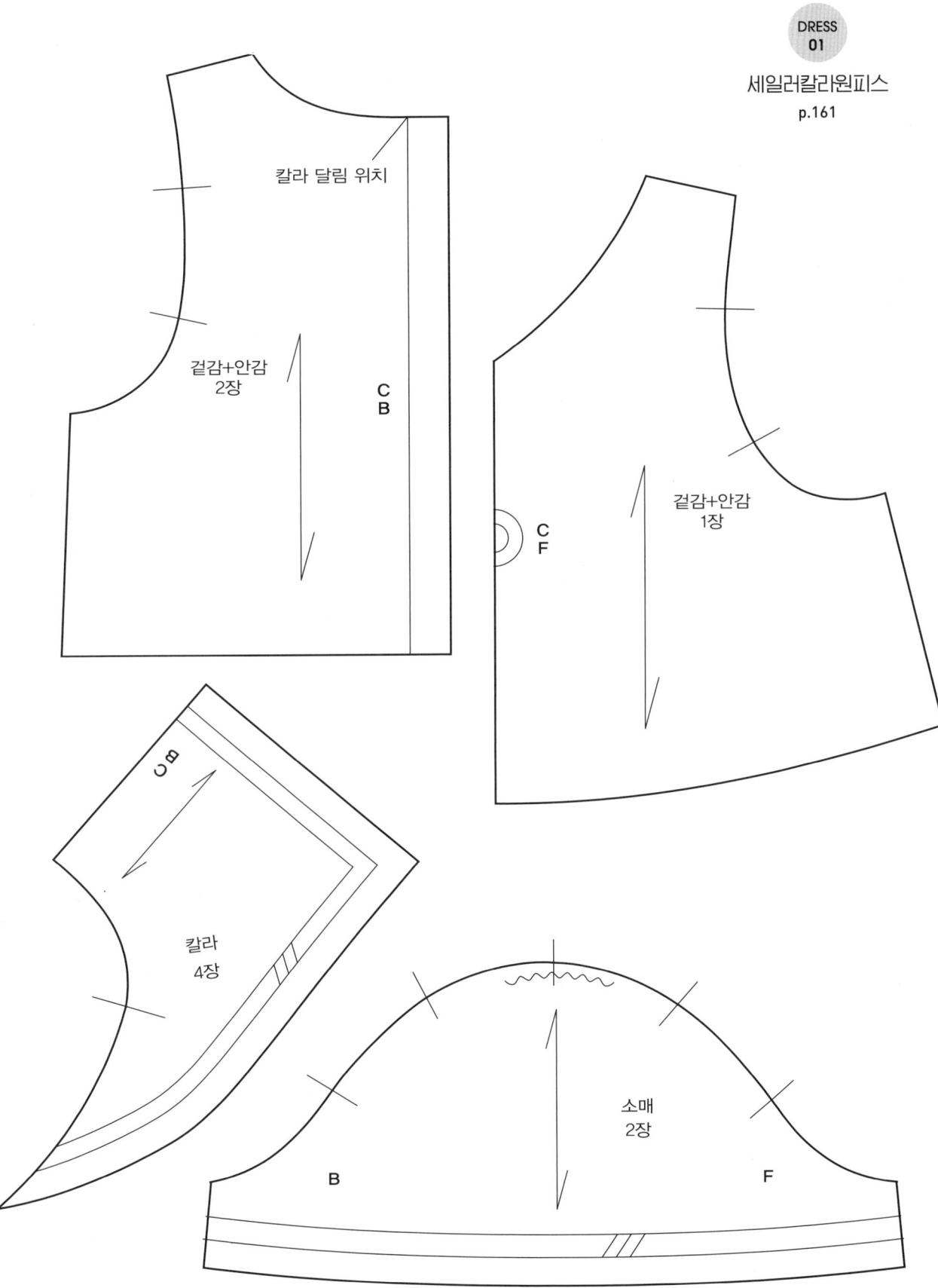

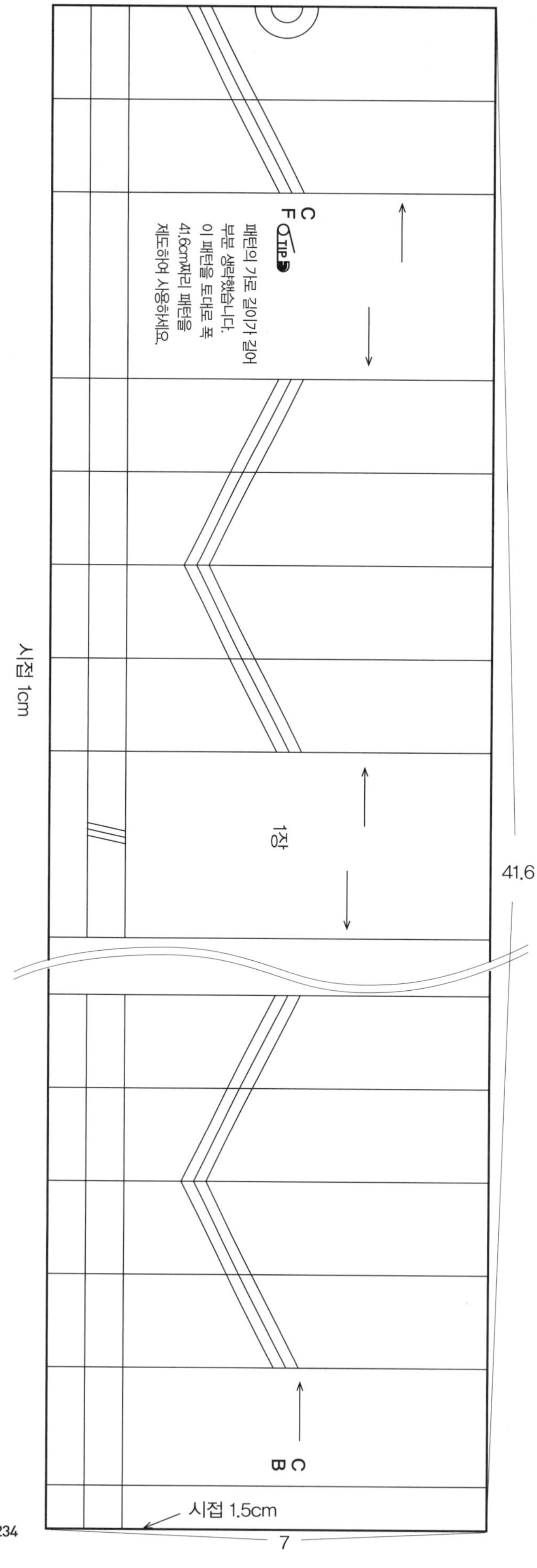

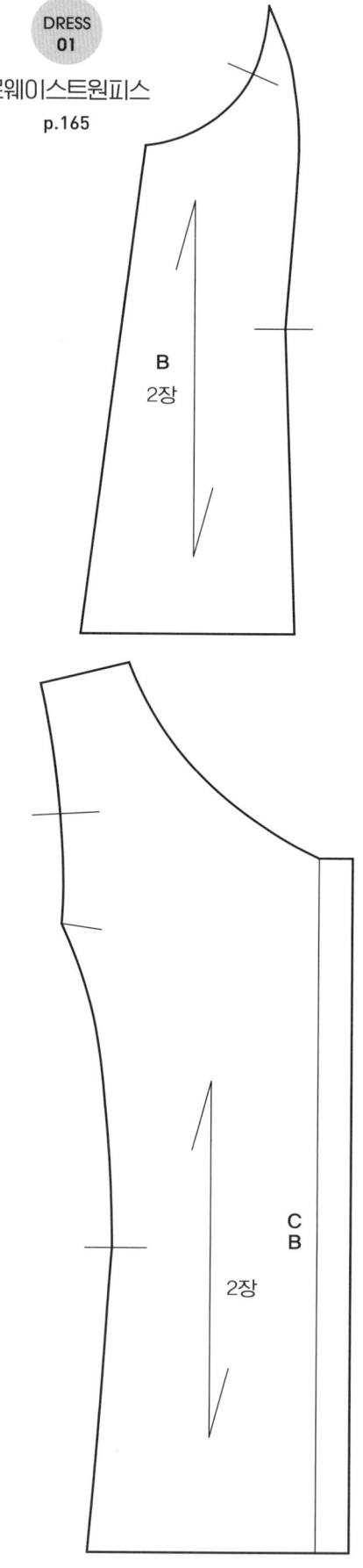

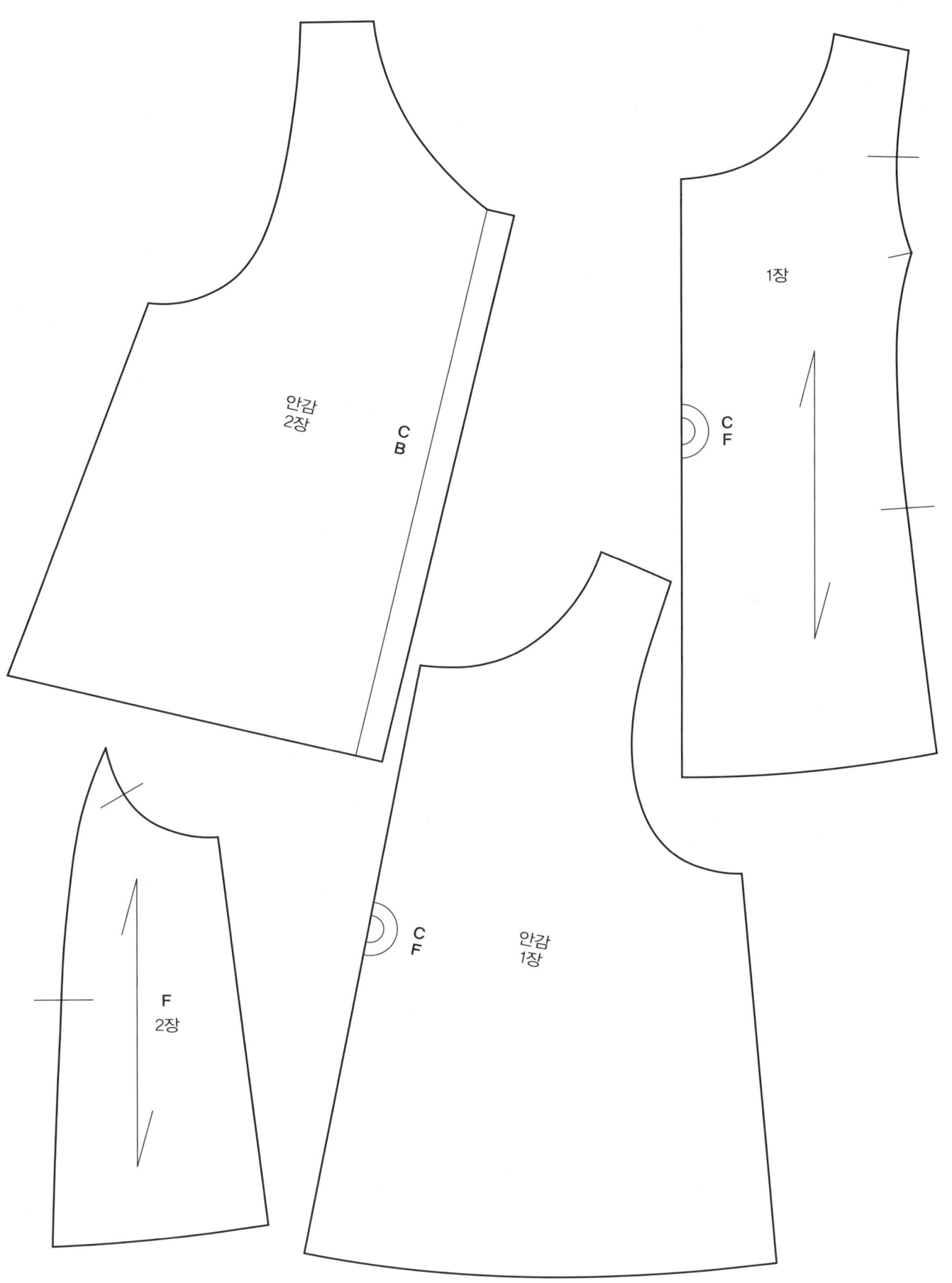

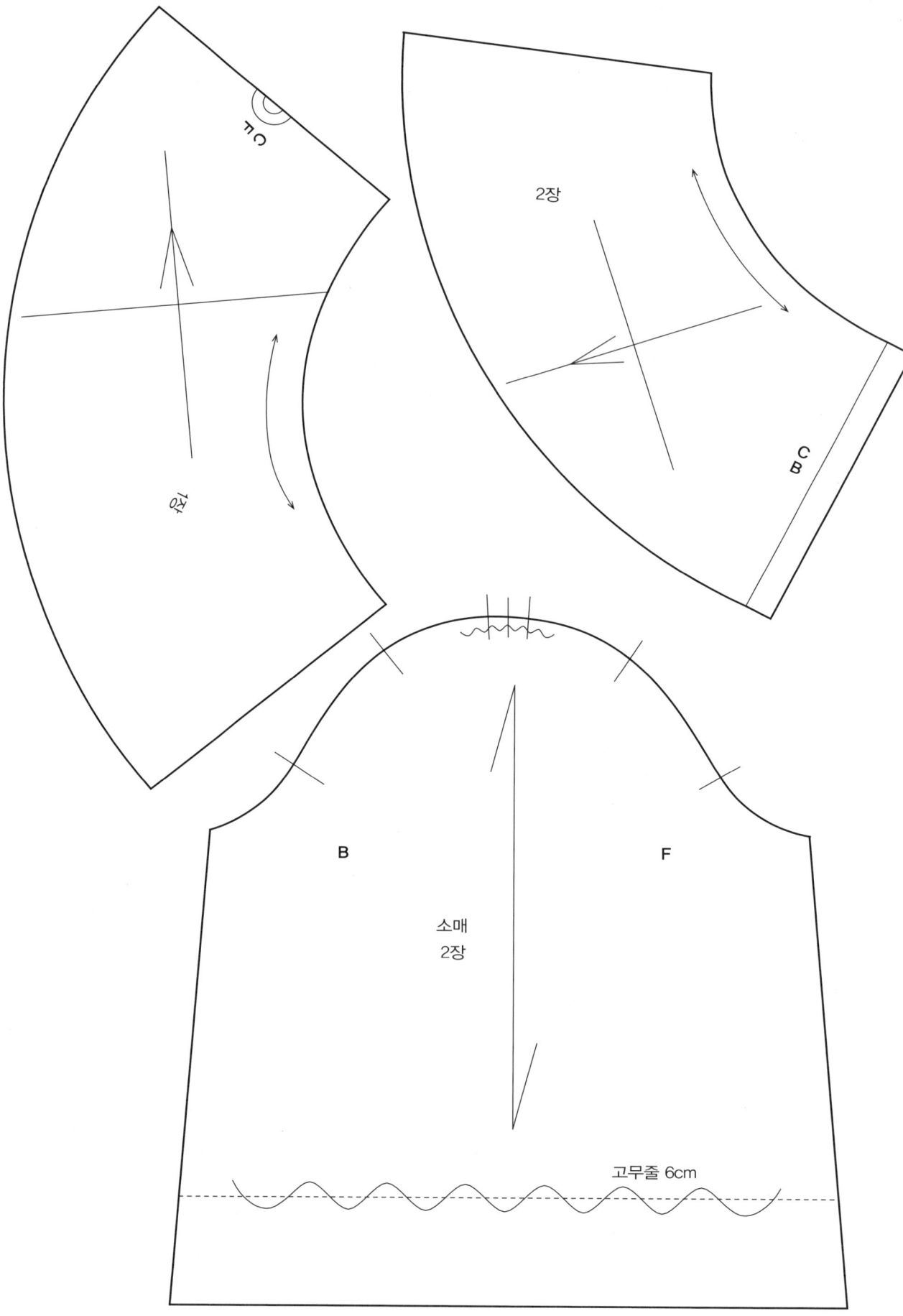

DRESS 03
롱원피스
p.169

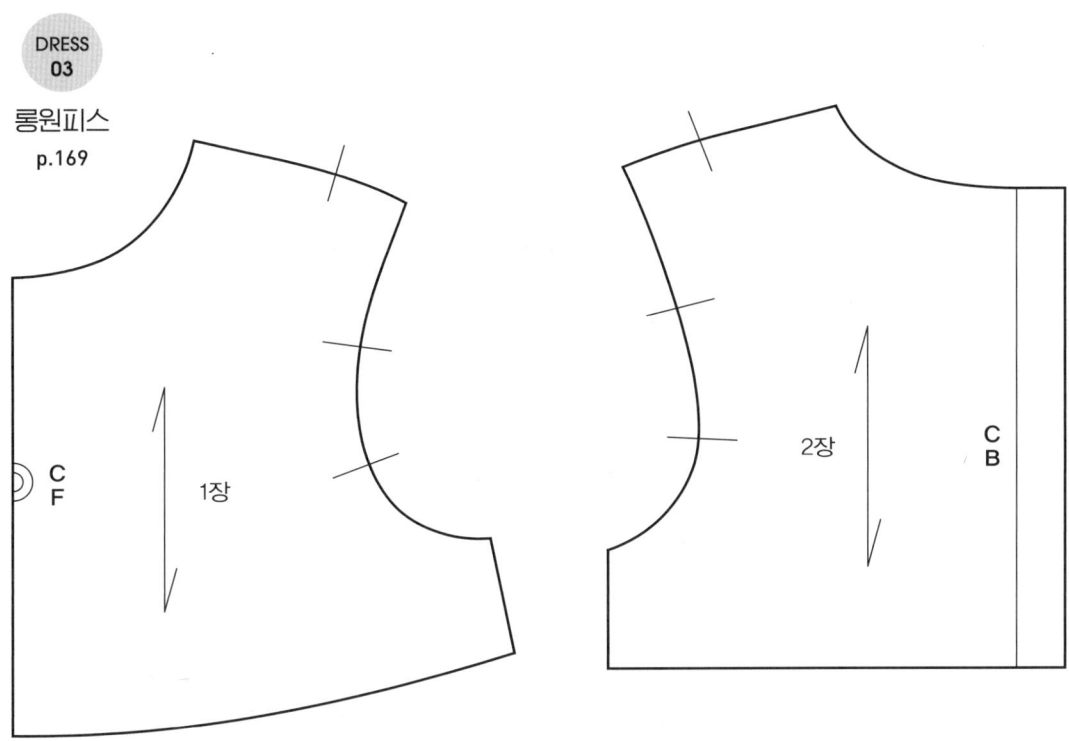
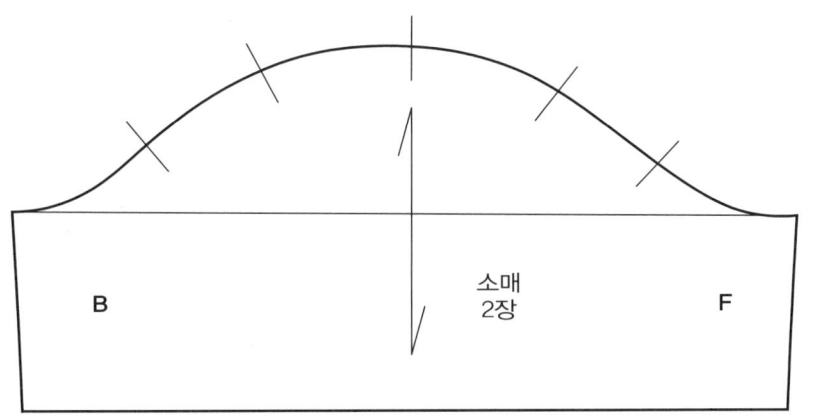
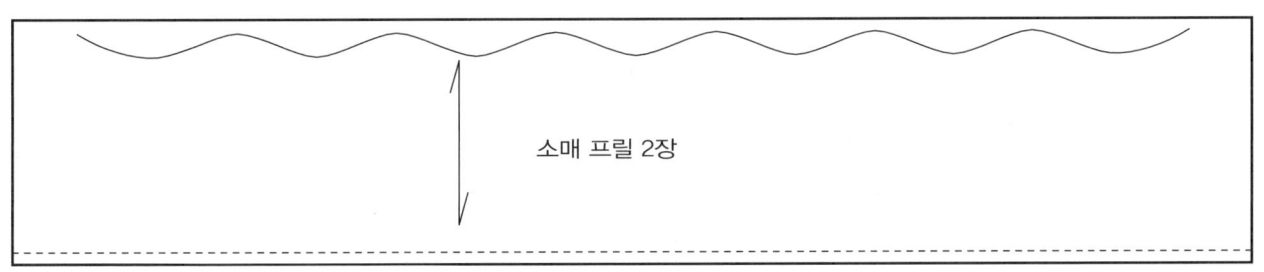

TIP

패턴의 가로 길이가 길어 부득이하게 잘라 실었습니다.
옆선(ss)을 기준으로 두 패턴을 붙이면
한 장의 패턴이 완성됩니다.

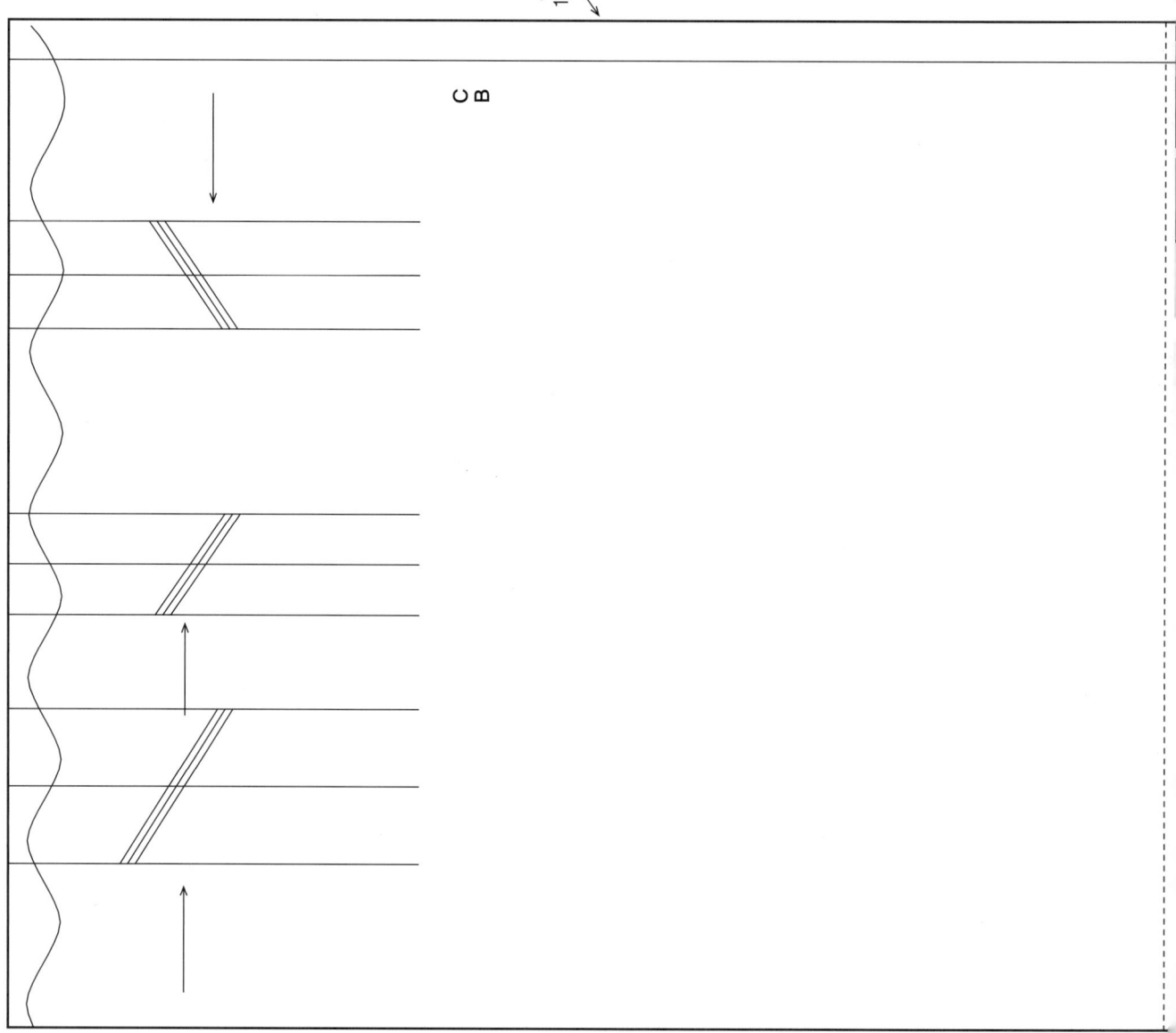

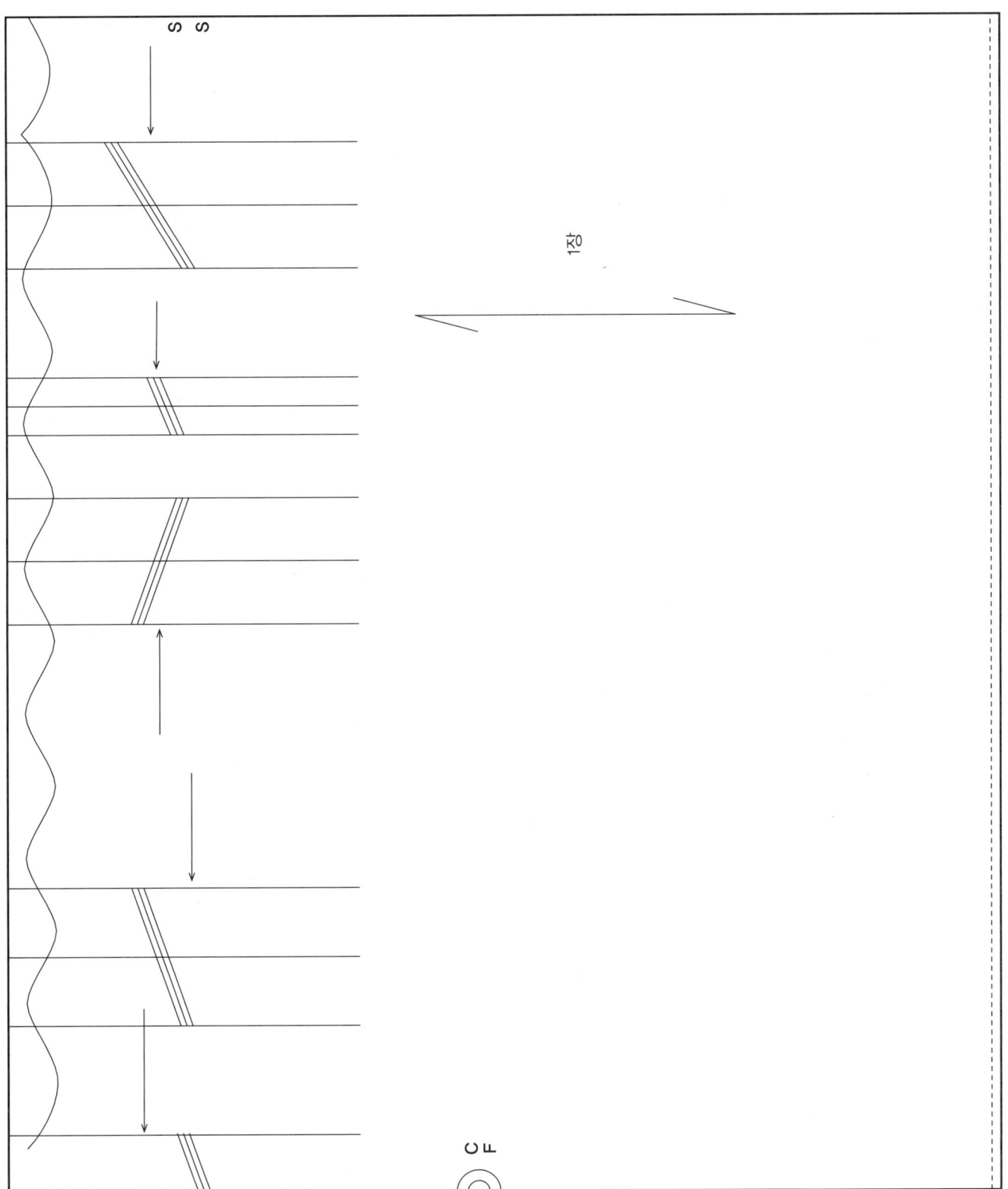

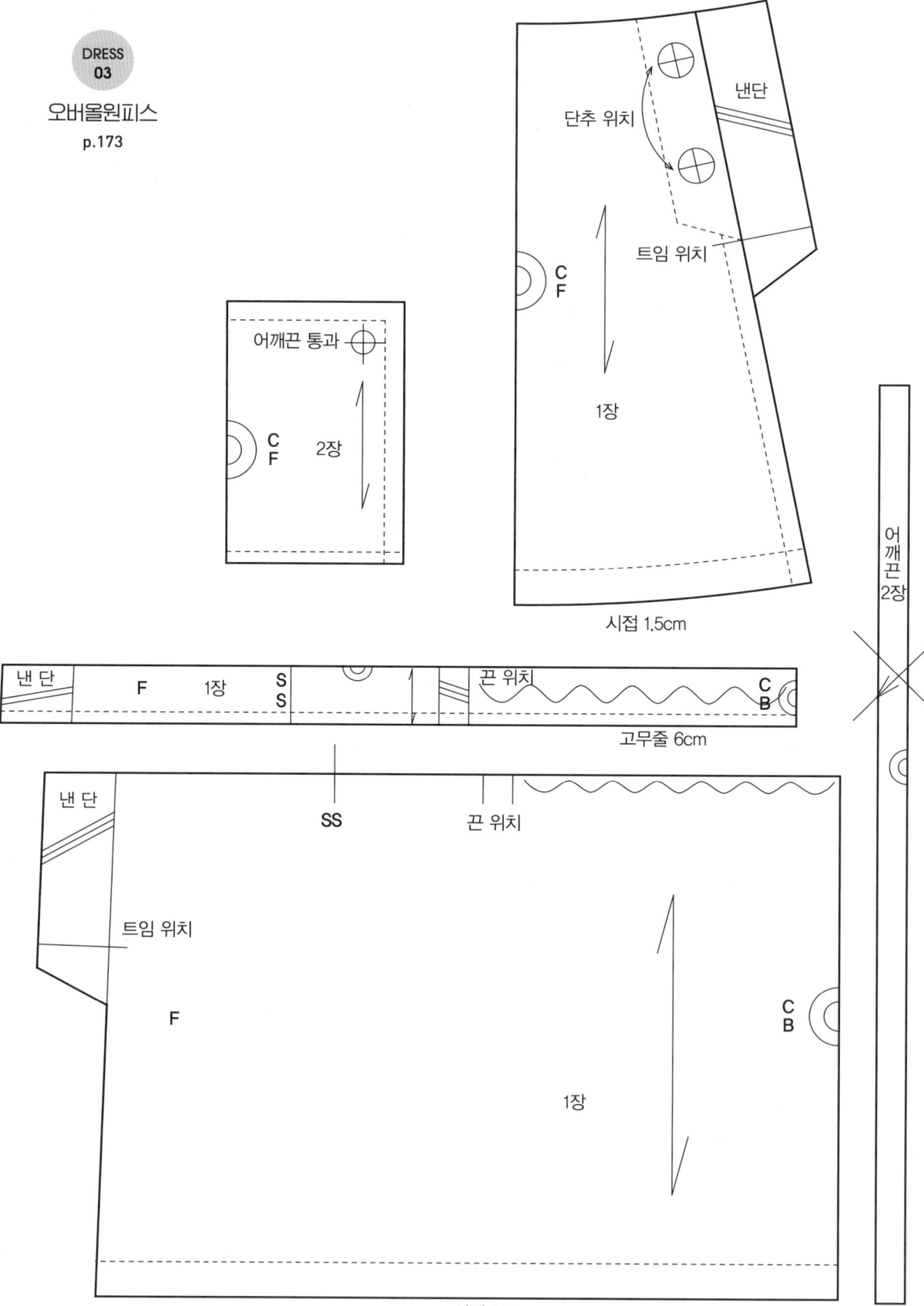

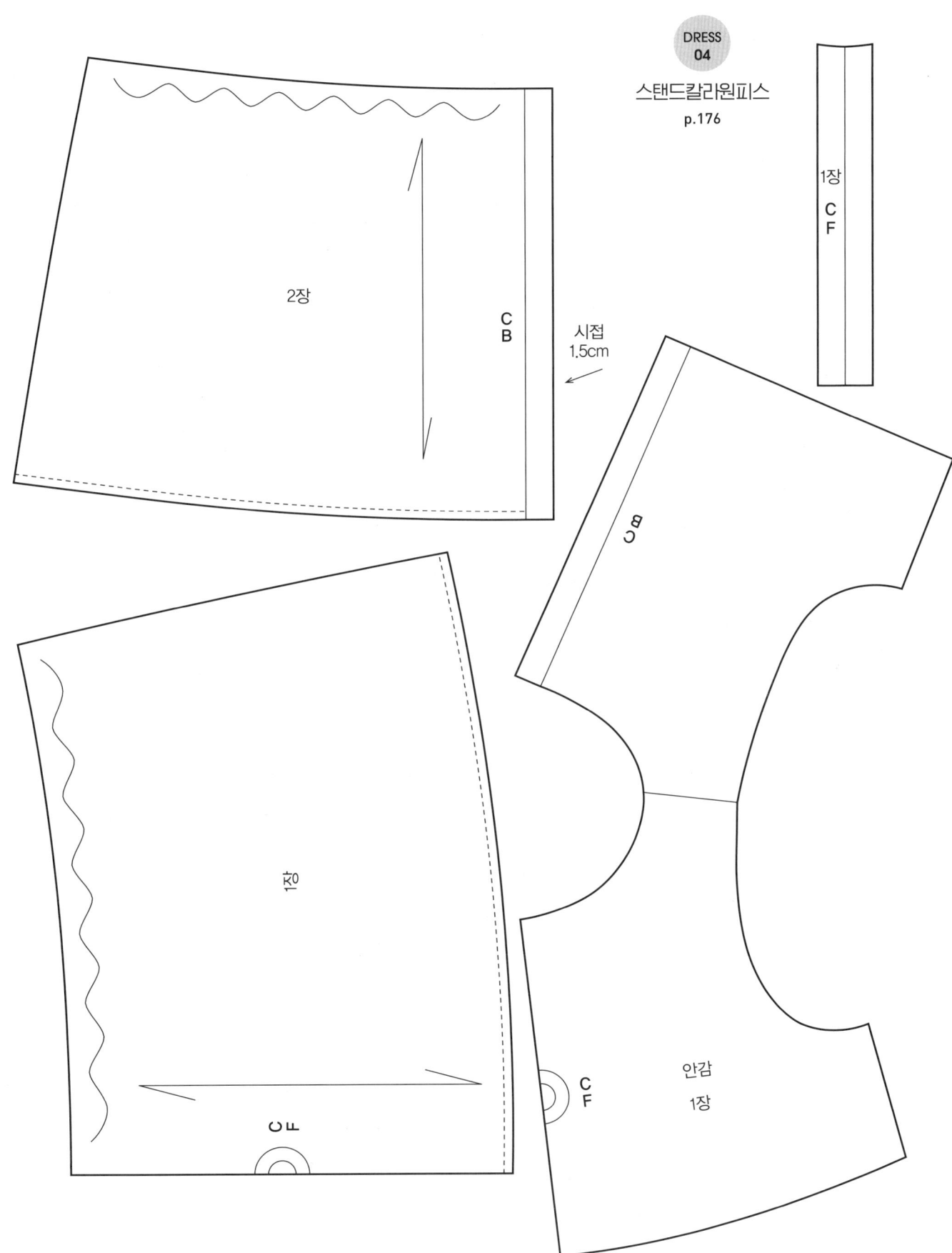

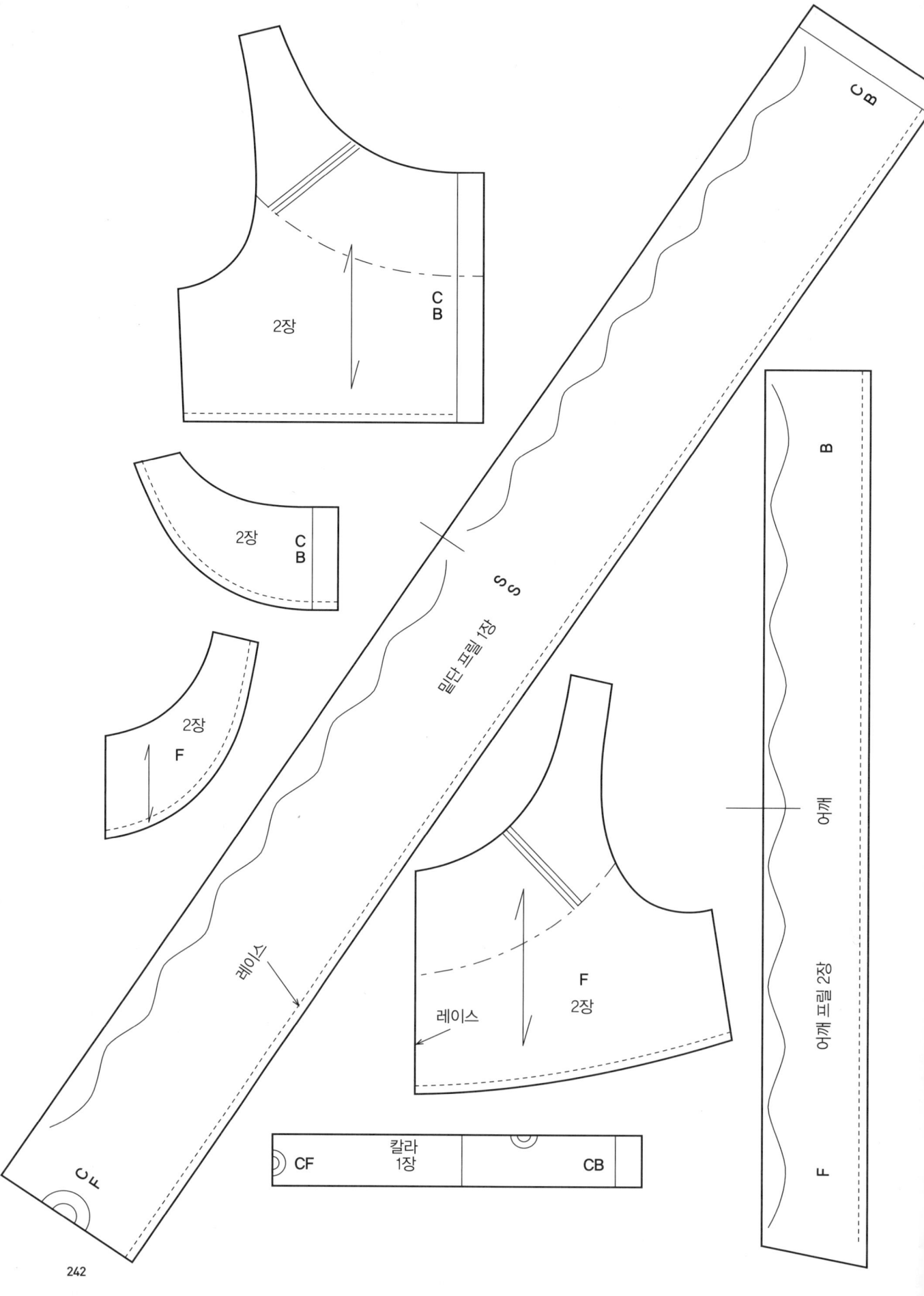

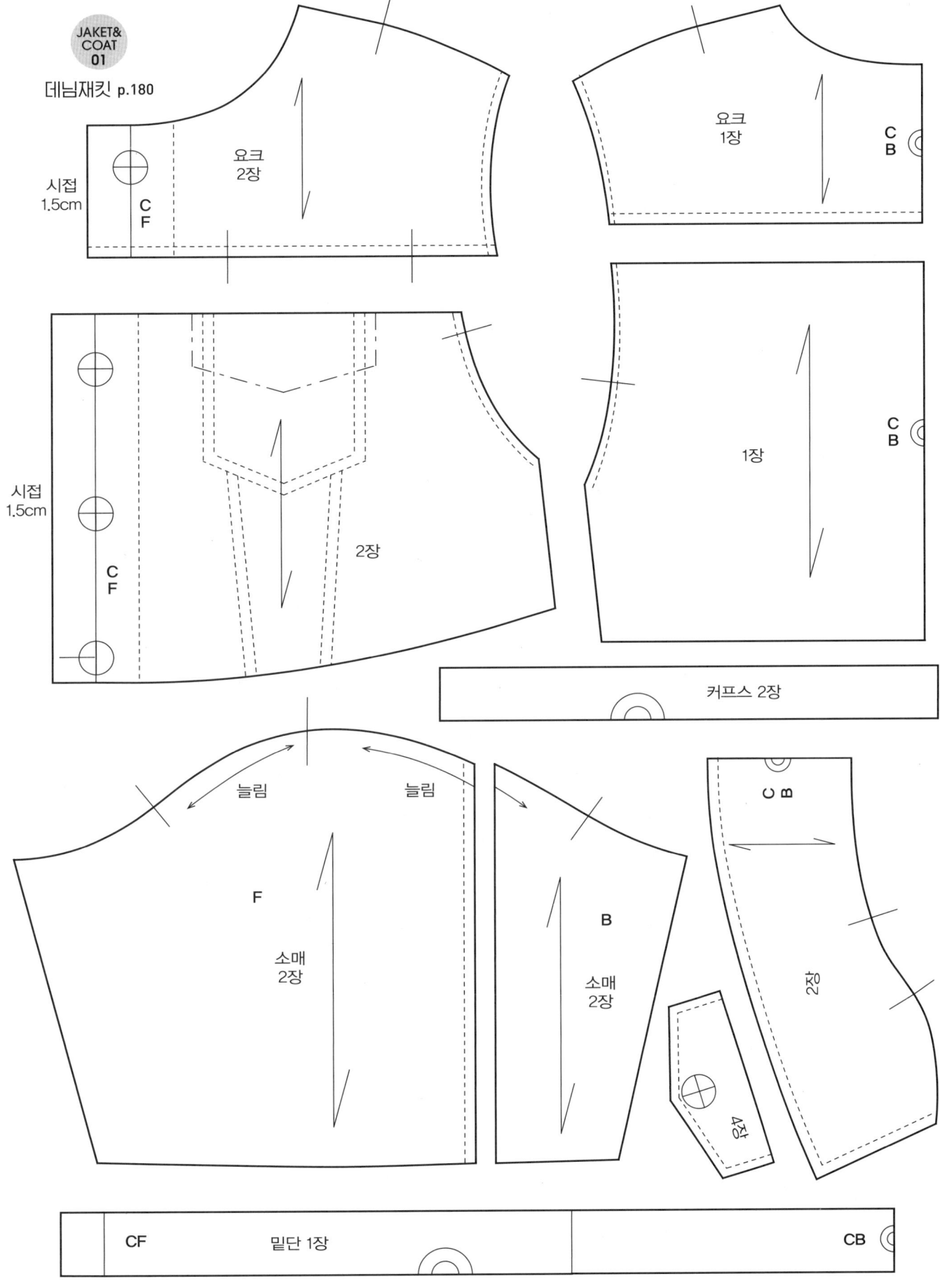

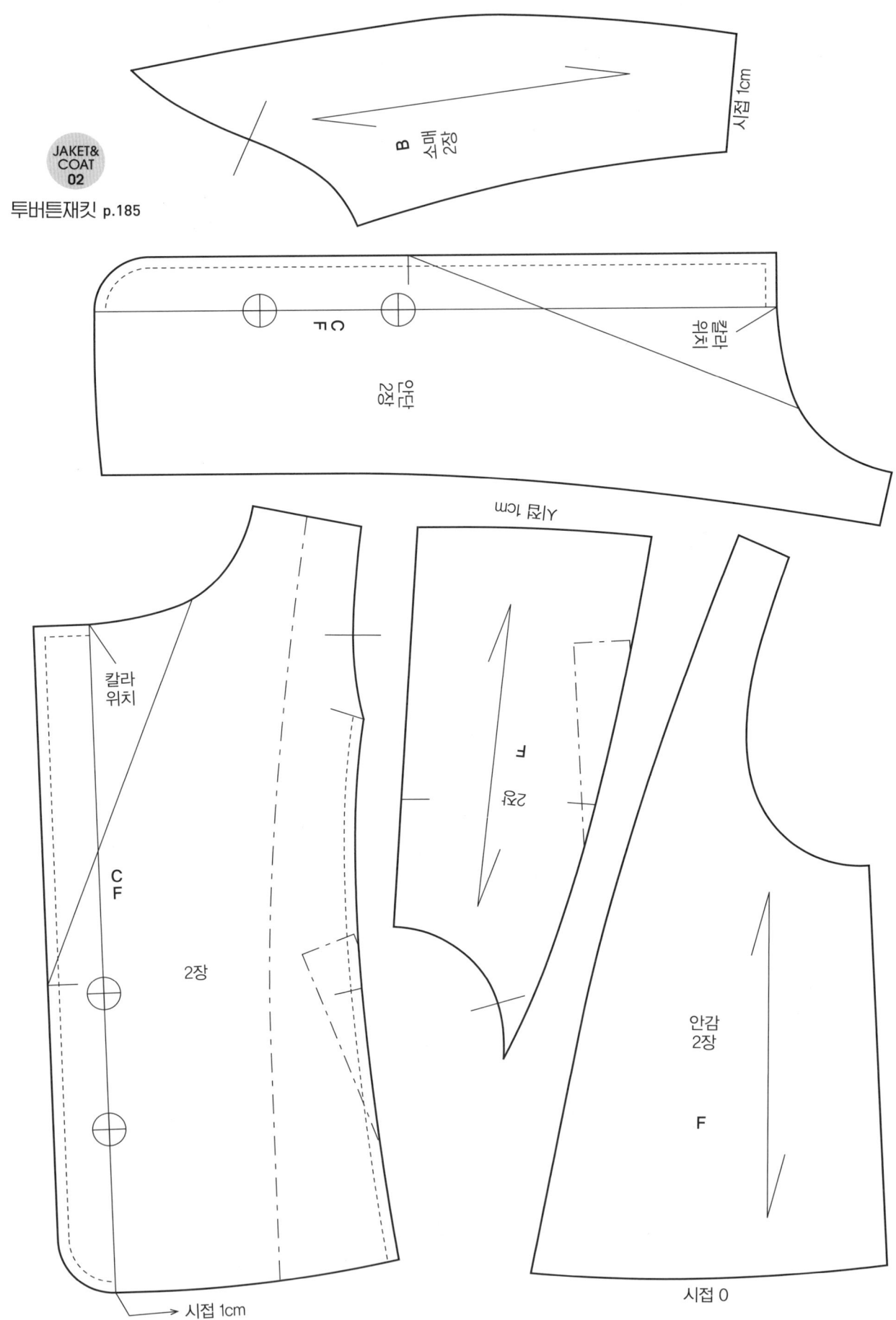

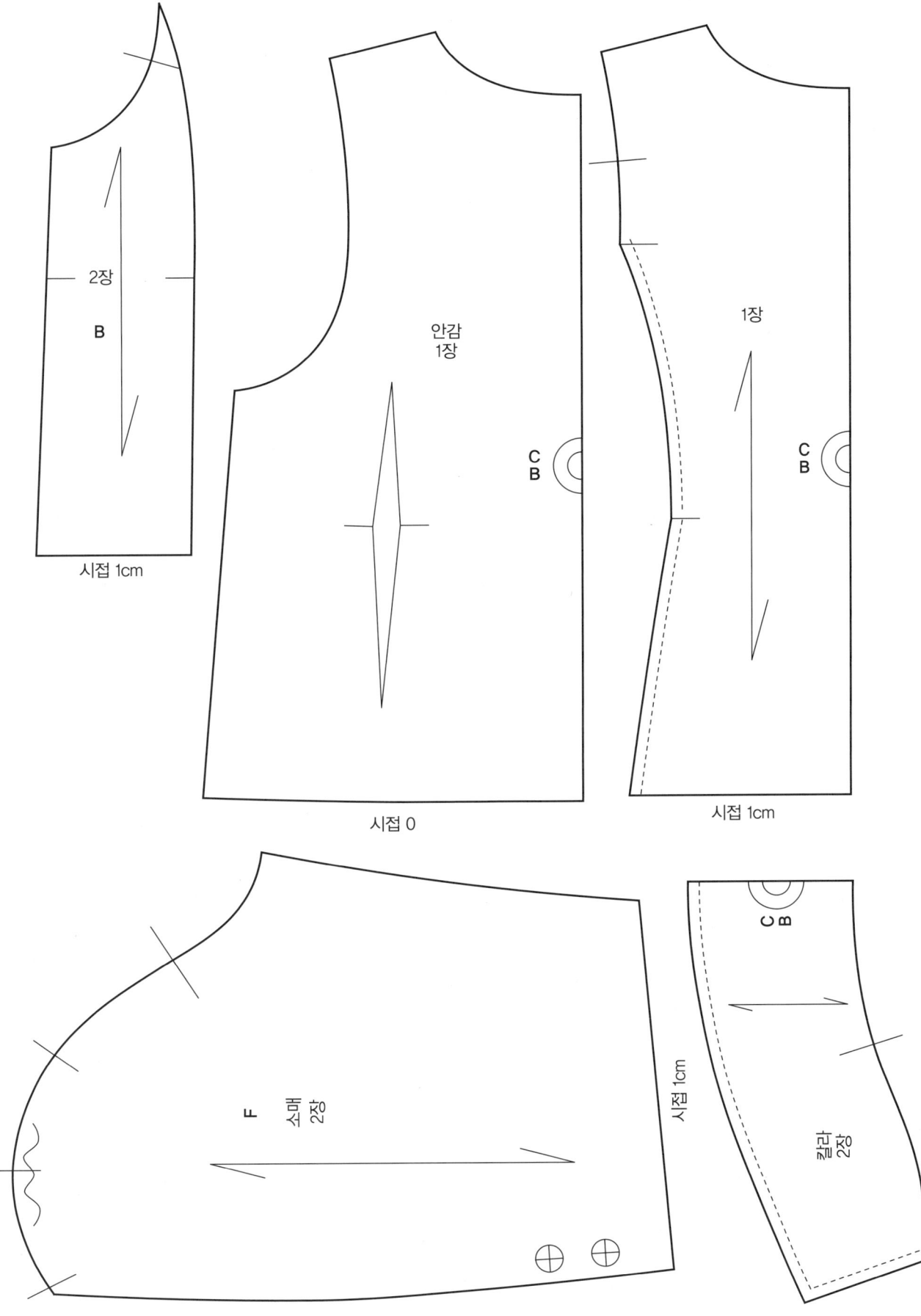

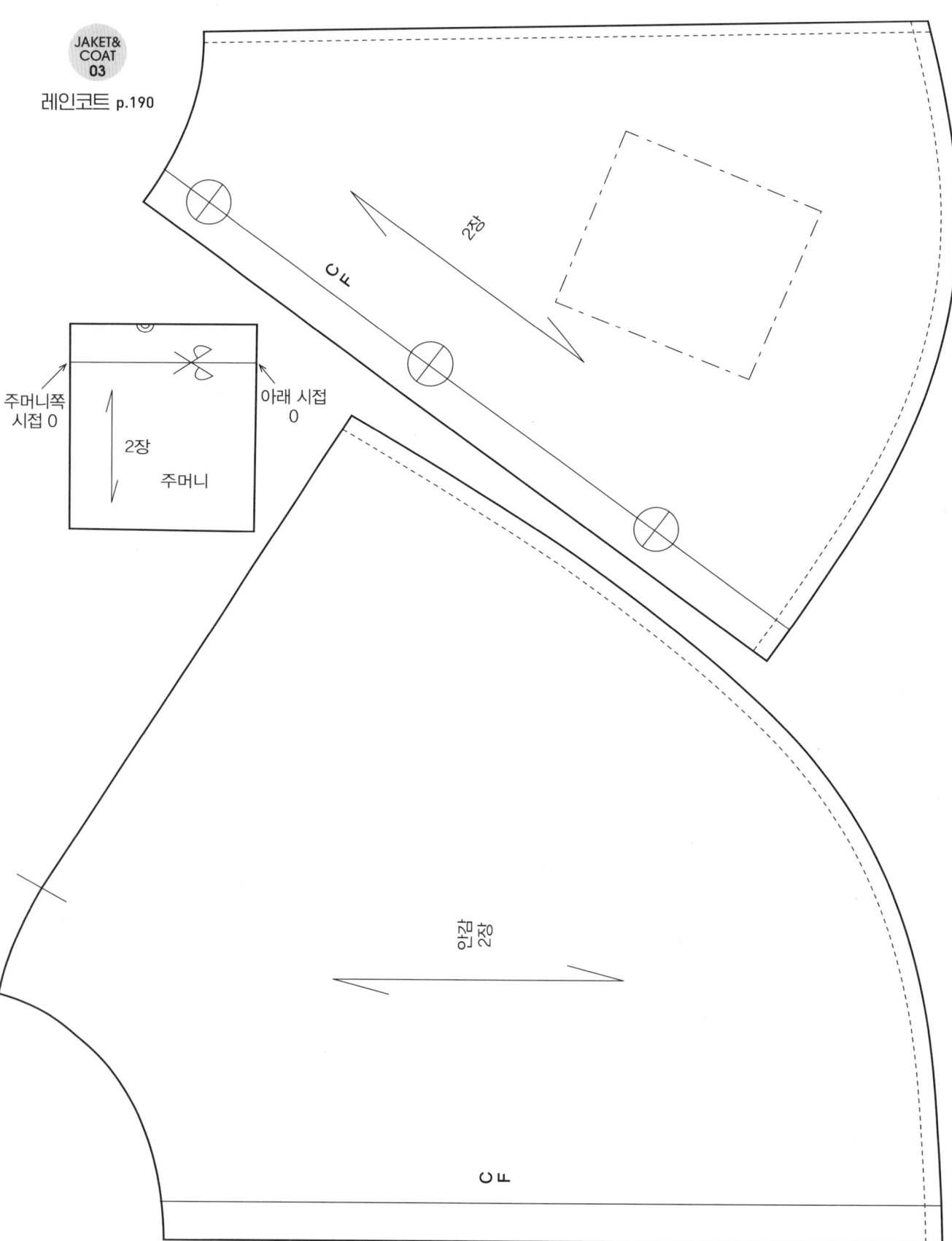

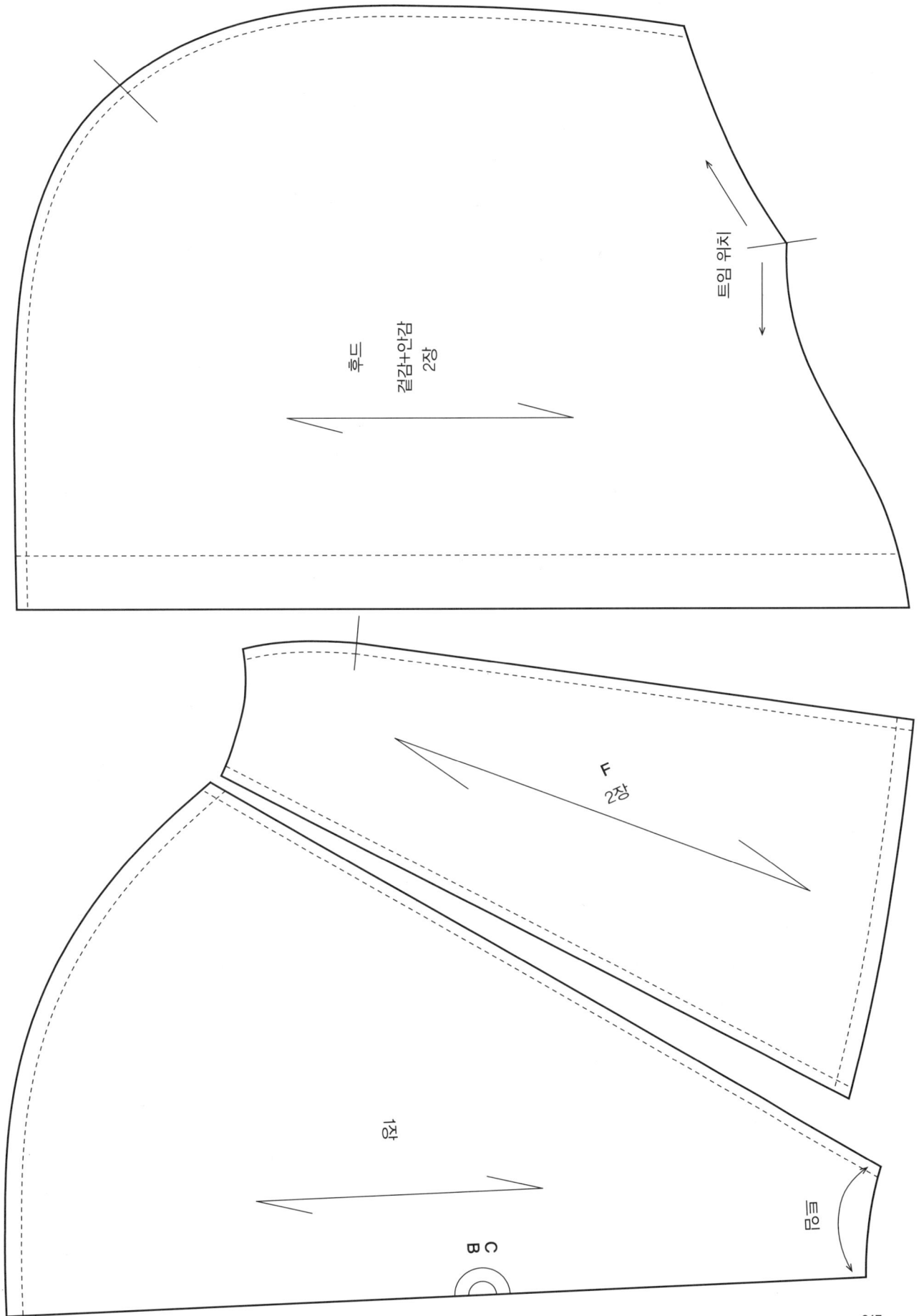

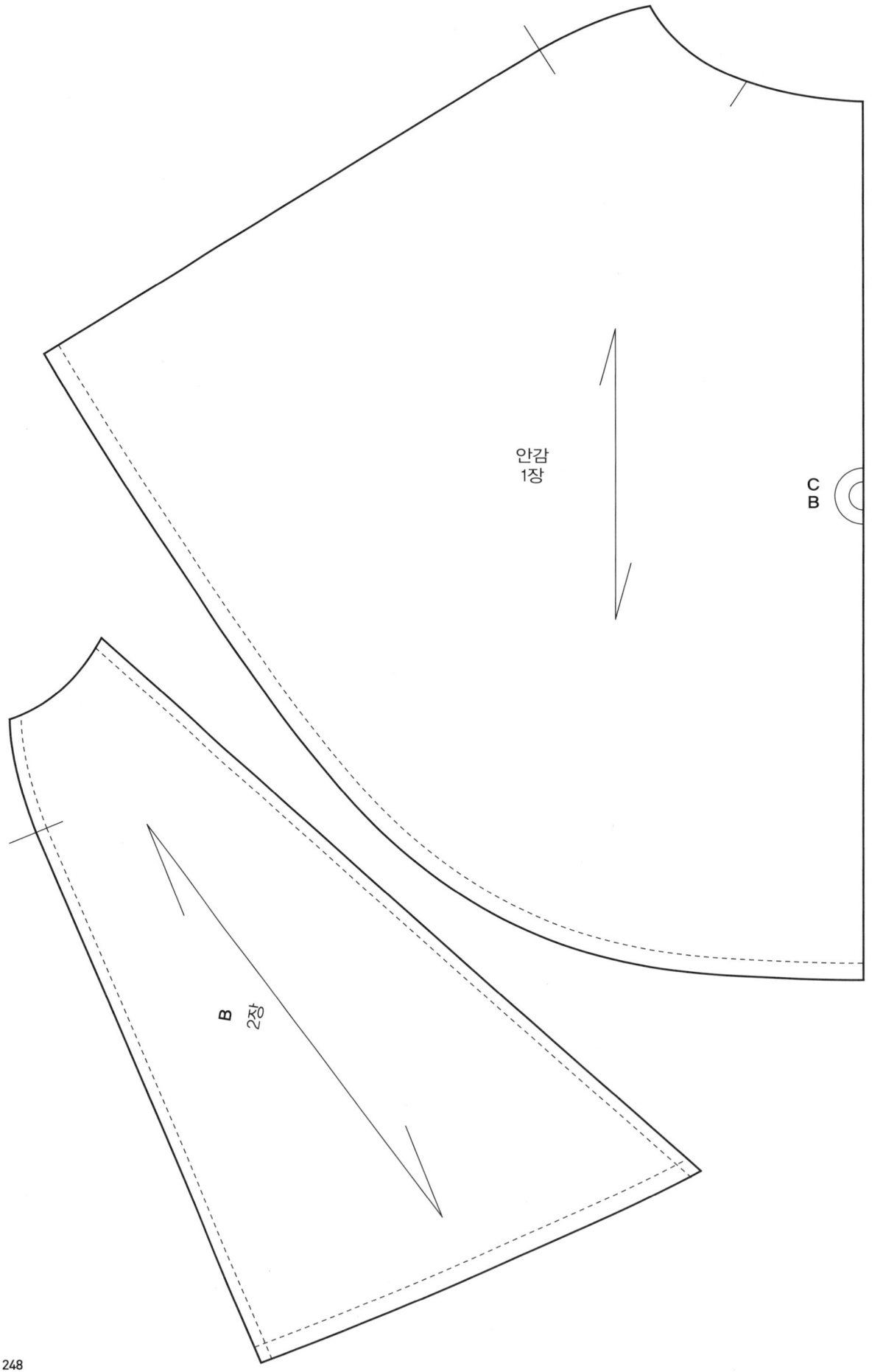

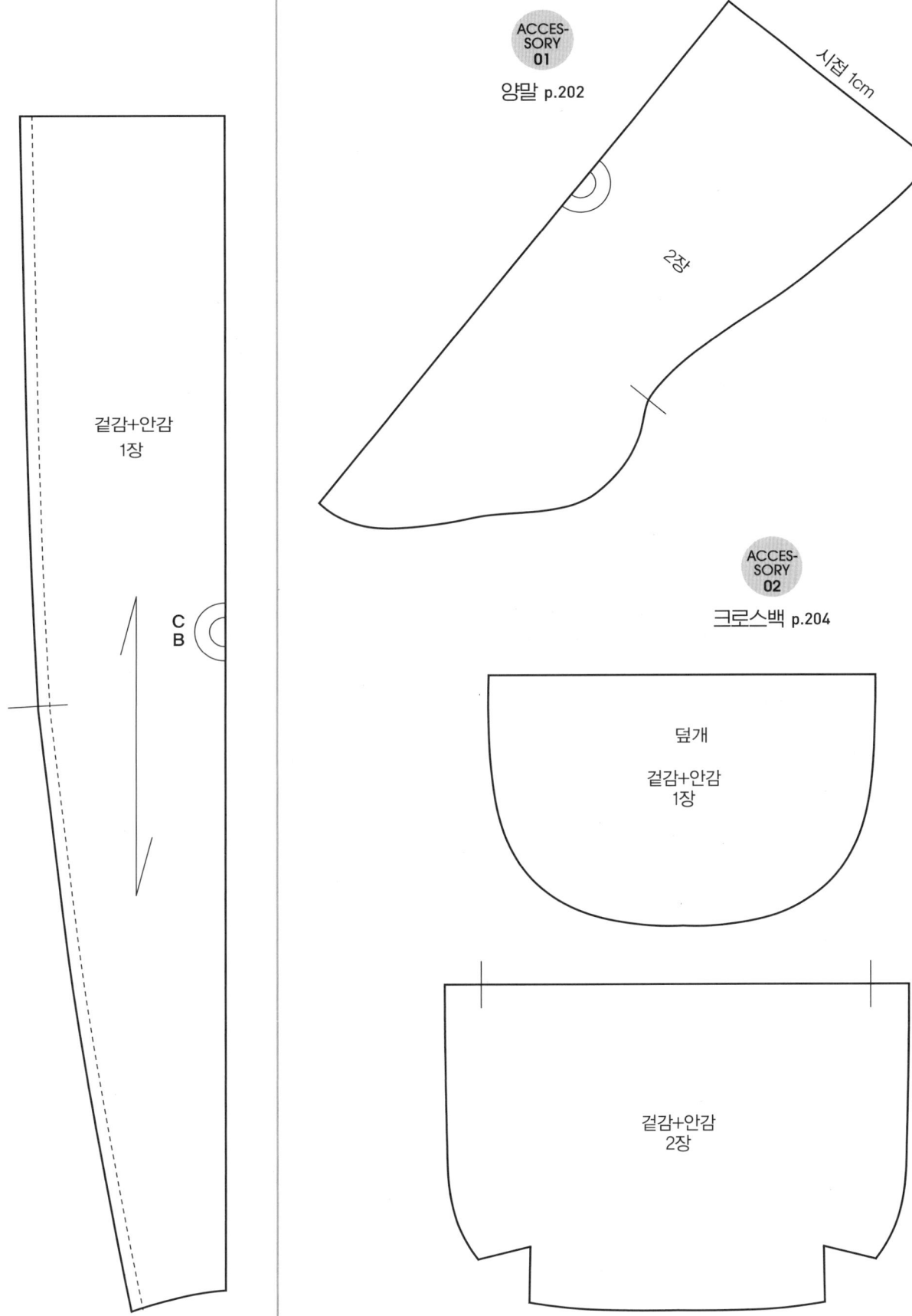

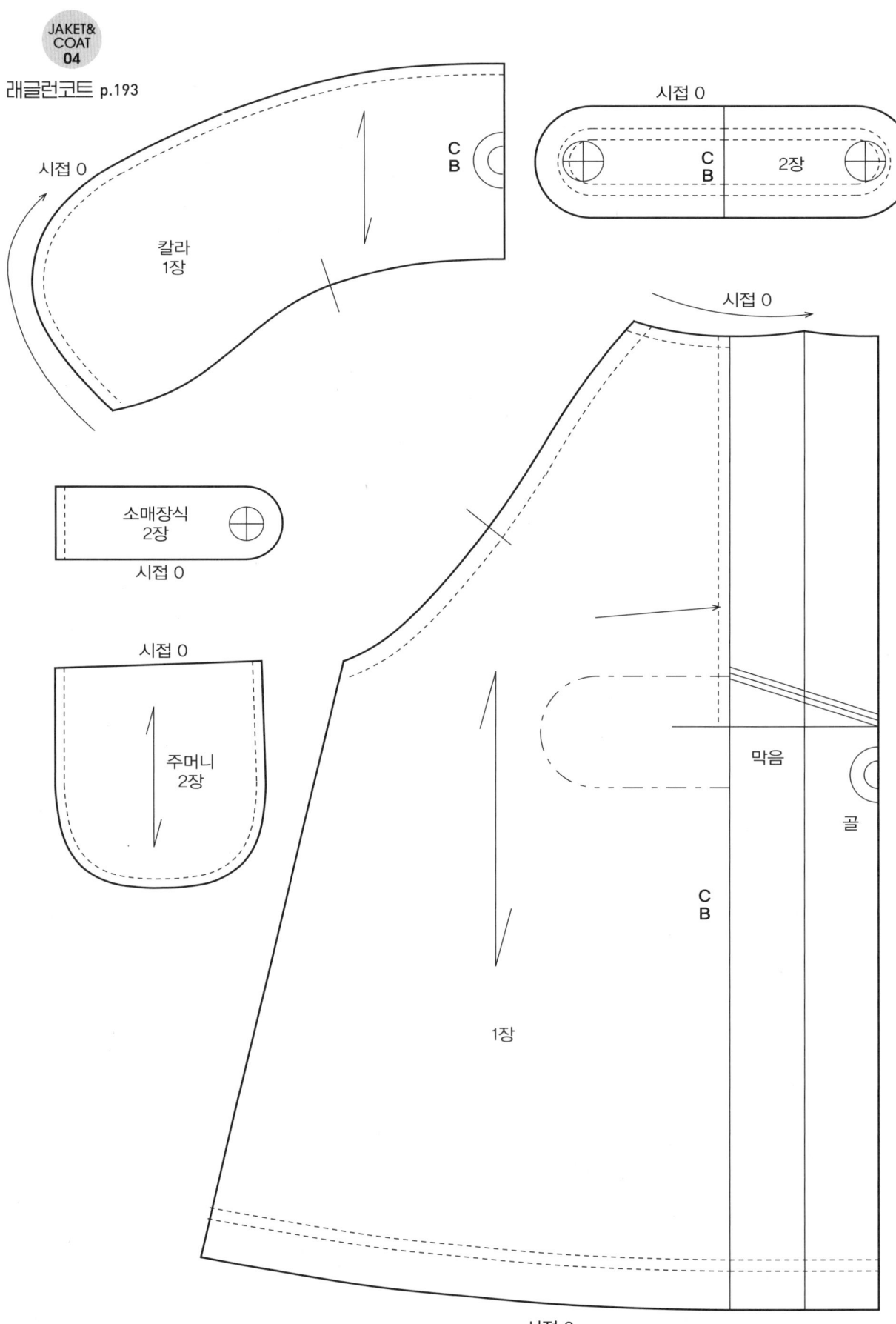

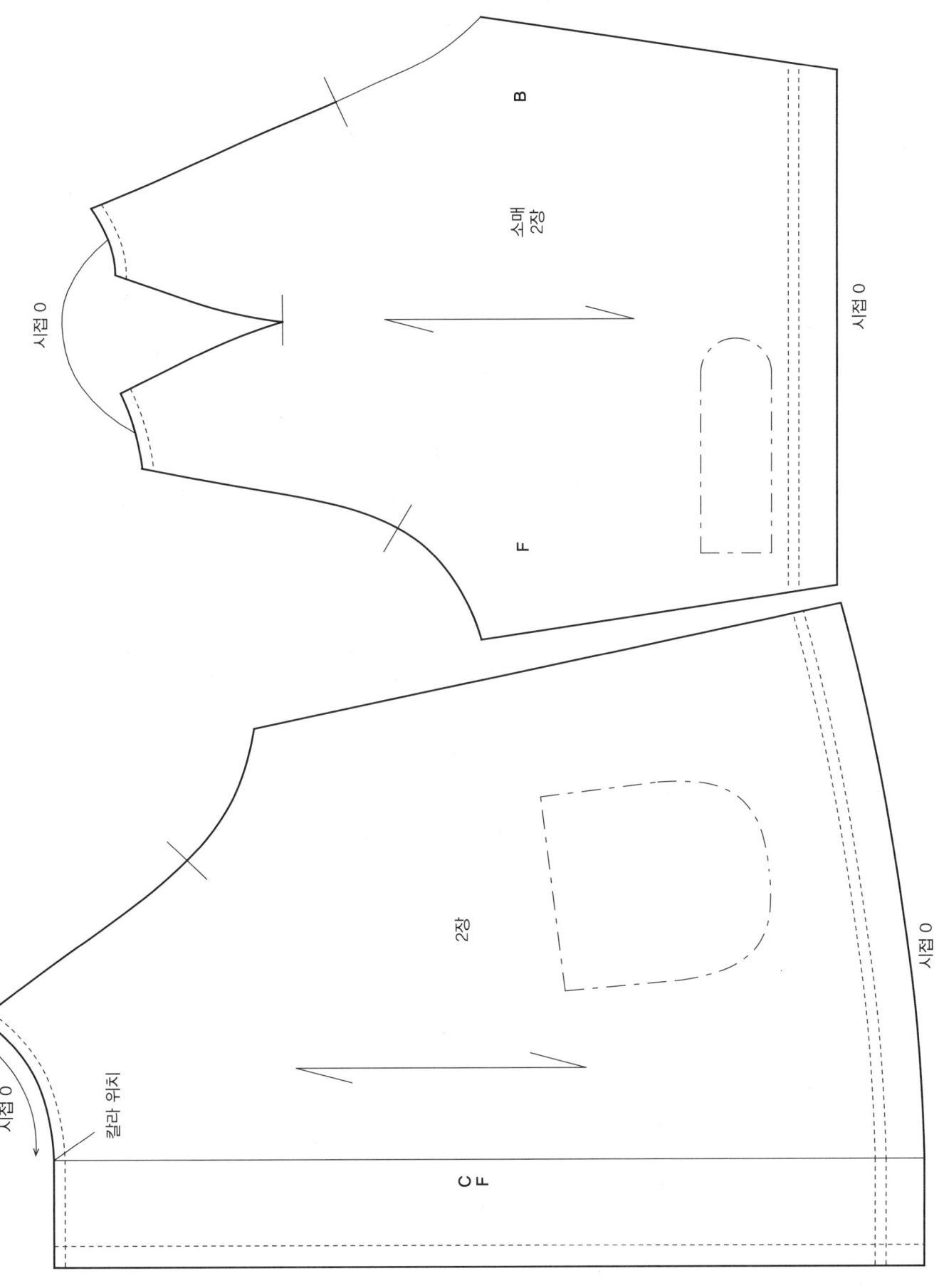

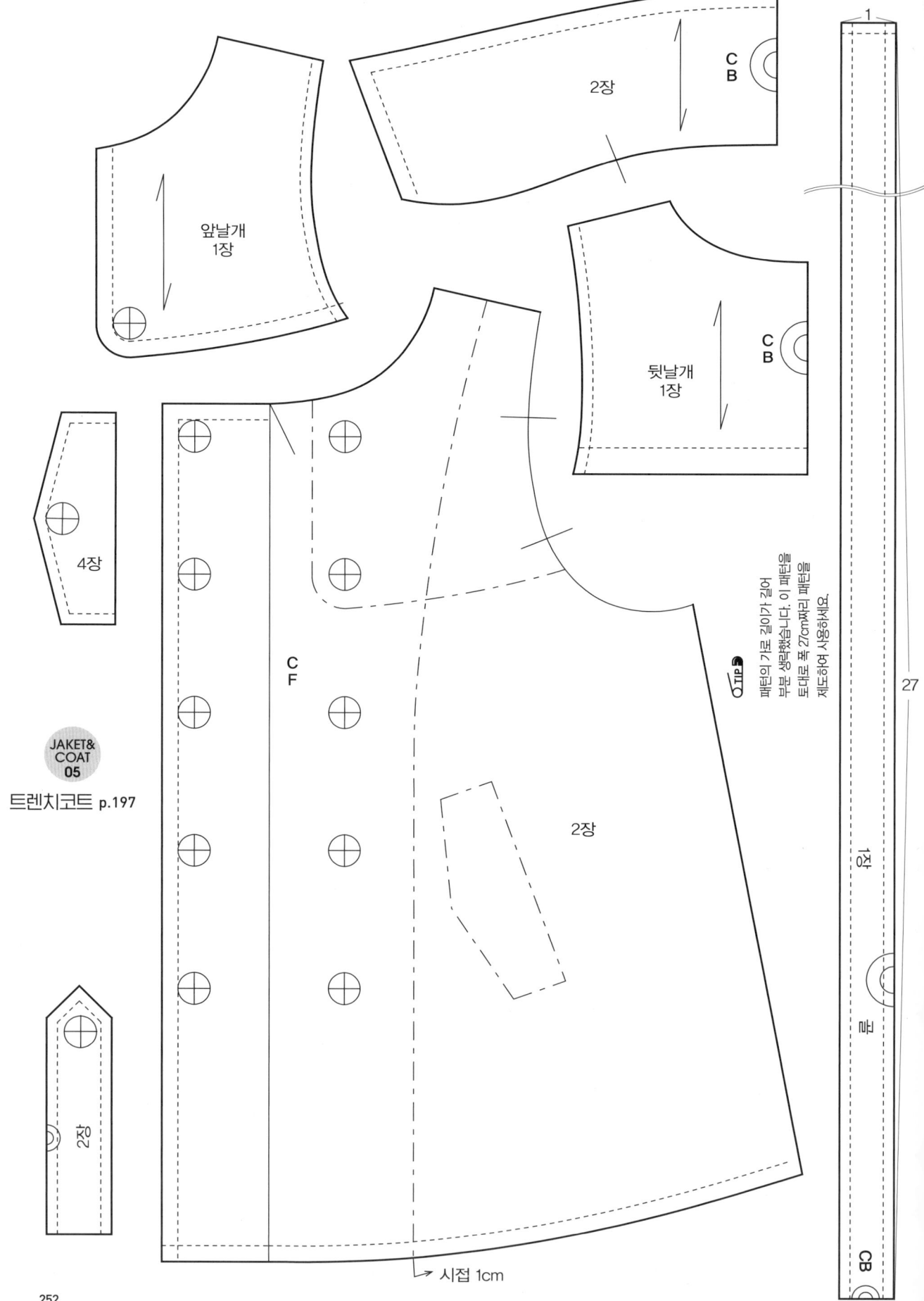

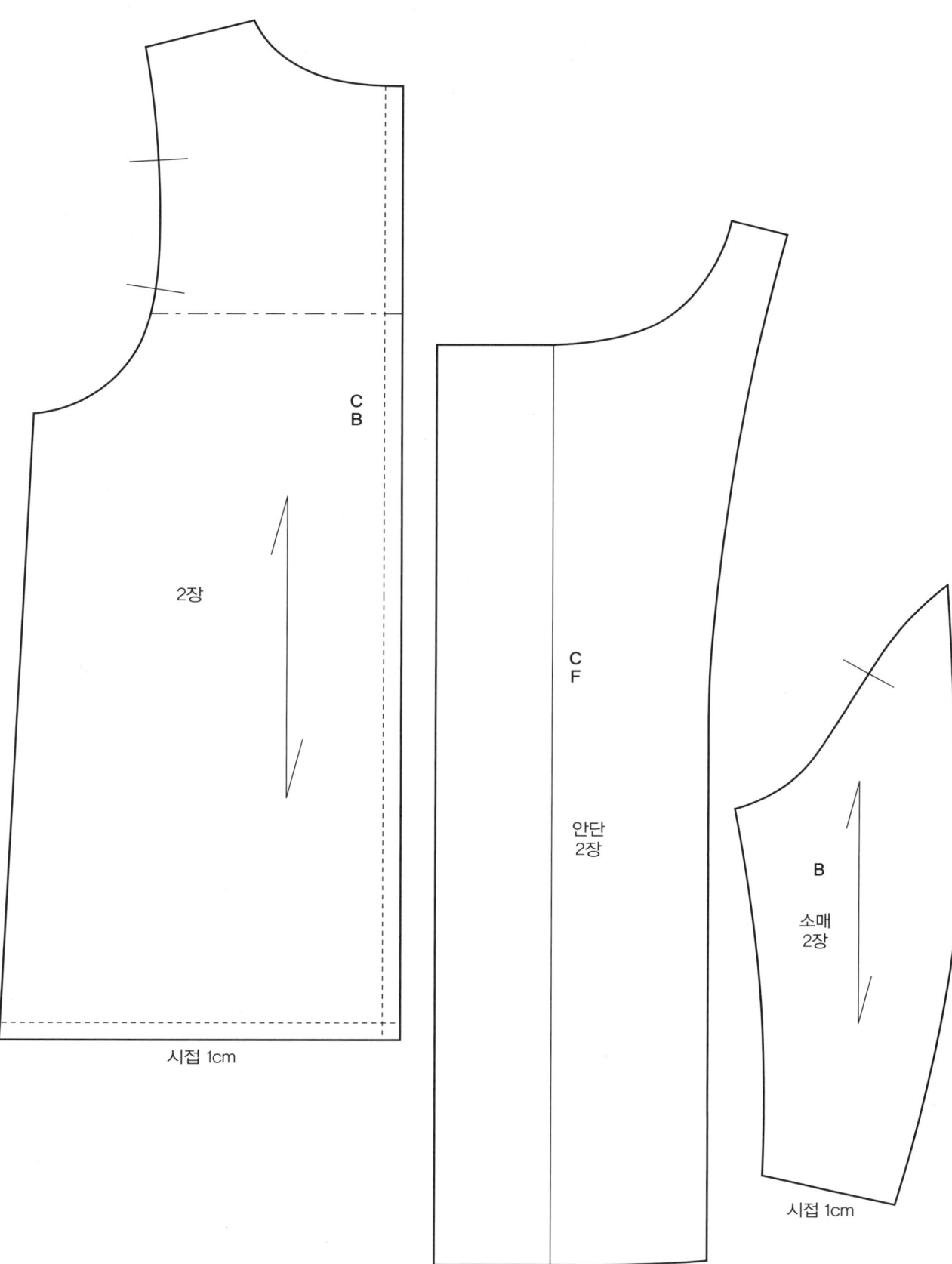

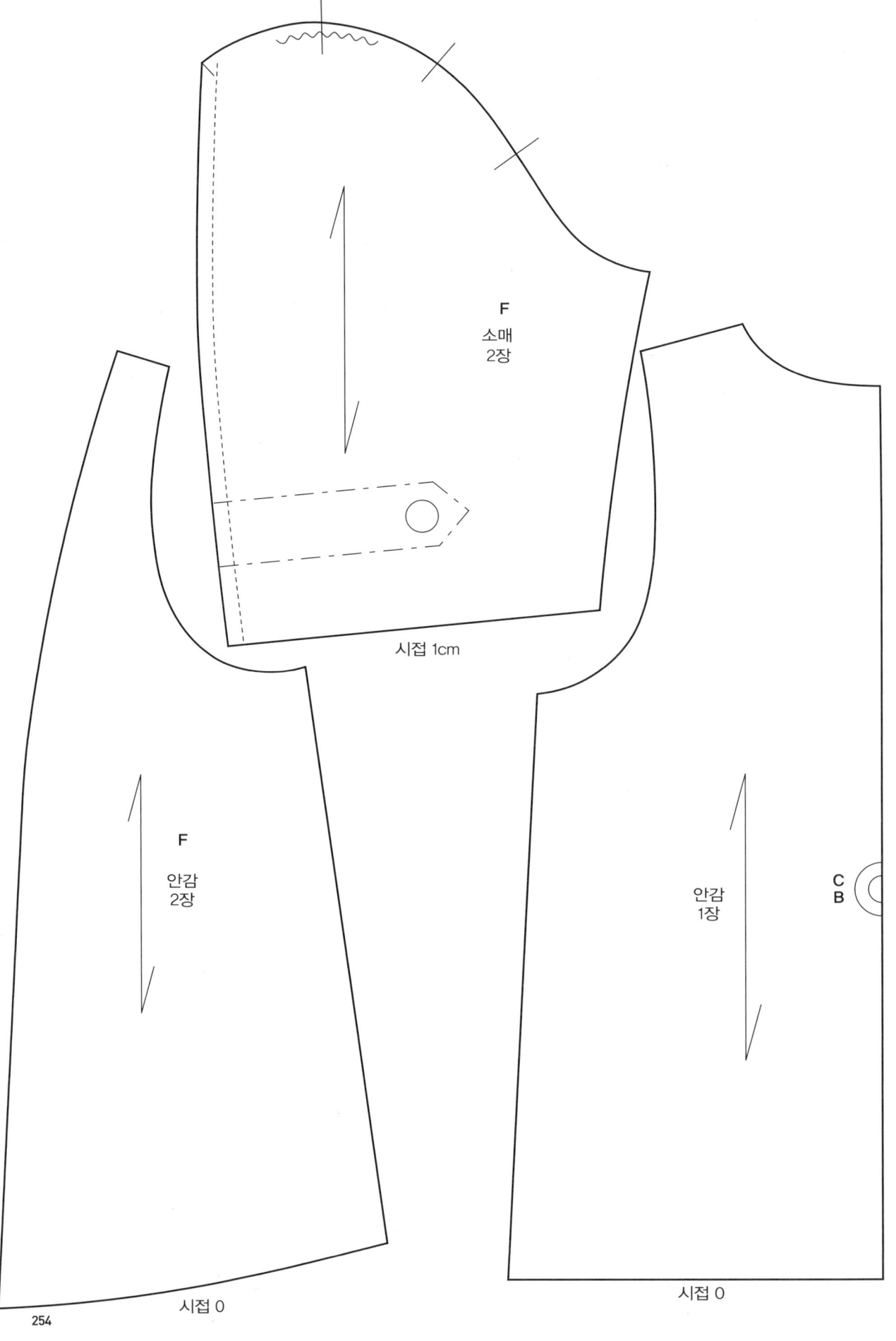

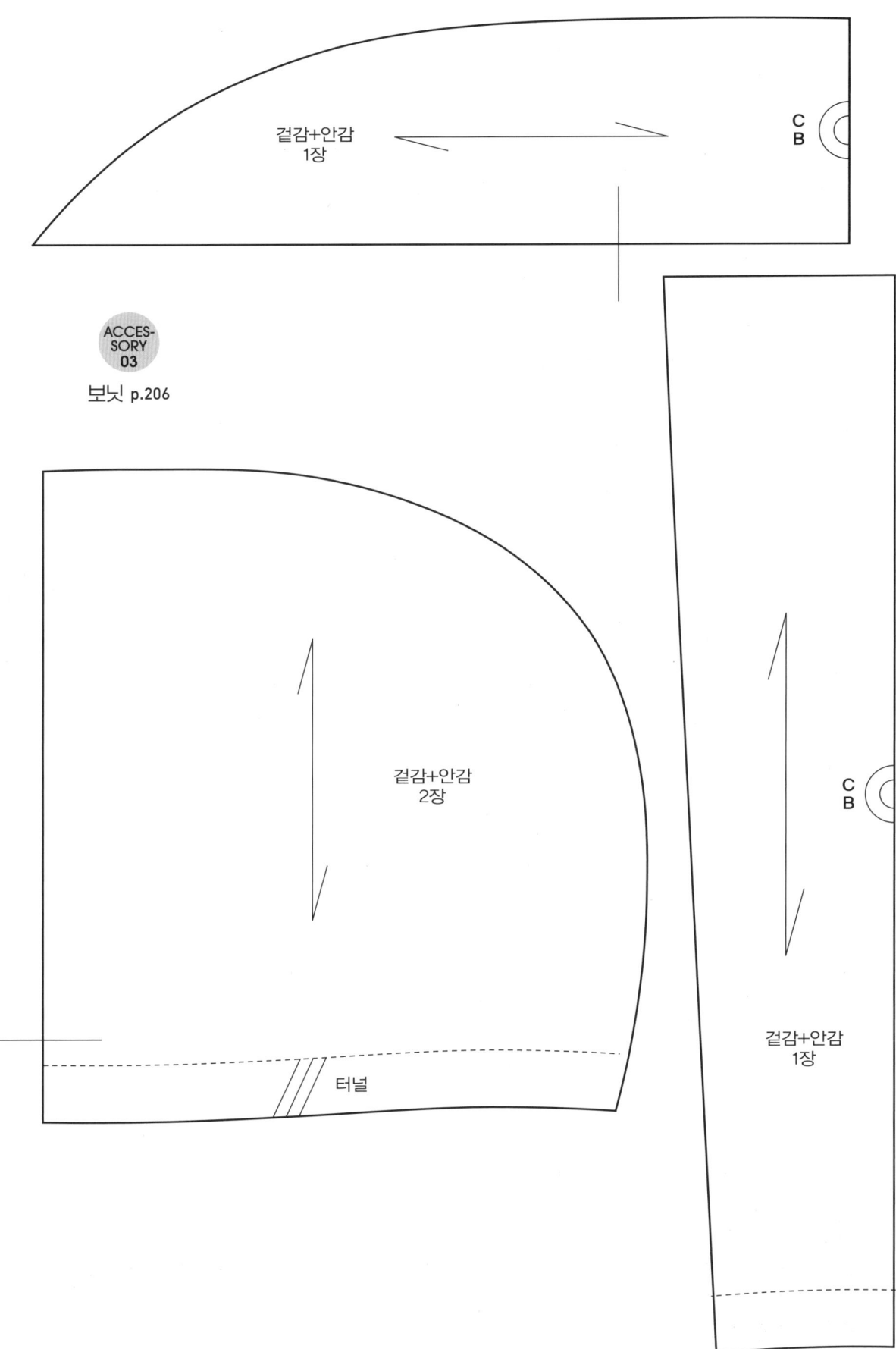

패턴사 샨잉의
인형옷 패턴 수업

초판 1쇄 발행 2017년 11월 15일
초판 8쇄 발행 2023년 10월 24일

지은이 샨잉
펴낸이 김영조
편집 김시연 | **디자인** 이병옥 | **마케팅** 김민수, 조애리 | **제작** 김경묵 | **경영지원** 정은진
외주디자인 ALL designgroup
펴낸곳 싸이프레스 | **주소** 서울시 마포구 양화로7길 44, 3층
전화 (02)335-0385/0399 | **팩스** (02)335-0397
이메일 cypressbook1@naver.com | **홈페이지** www.cypressbook.co.kr
블로그 blog.naver.com/cypressbook1 | **포스트** post.naver.com/cypressbook1
인스타그램 싸이프레스 @cypress_book | 싸이클 @cycle_book

ISBN 979-11-6032-035-0   13630

·이 책은 저작권법에 따라 보호 받는 저작물이므로 무단 전재 및 무단 복제를 금합니다.
·책값은 뒤표지에 있습니다.
·파본은 구입하신 곳에서 교환해 드립니다.
·싸이프레스는 여러분의 소중한 원고를 기다립니다.